THEATERBIBLIOTHEK

MYTHEN.MUTANTEN: »Wie bei allem kulturellen Erbe, so findet auch das Nachleben der antiken mythologischen Imagination nicht in musealer Verwahrung statt, sondern allein in mutiger Mutation, in aktueller Umschrift, in jeweils neu gefundener Metamorphose der überlieferten Figuren, Erzählungen, Motive. Als Arbeit am Mythos.« (*Hans-Thies Lehmann*). Im Laufe eines Jahrzehnts verfasste Simon Werle acht Stücke, die zwar auch klassische Gestalten wie Ödipus und Medea neu beleuchten, sich vor allem aber mit Figuren wie dem von Apollon gehäuteten Satyr Marsyas oder dem in einen Hirsch verwandelten Jäger Aktaion auf dramatisches Neuland wagen. Ein höchst ungewöhnliches Unterfangen: die Mutation der Antike in dramatische Dichtung des 21. Jahrhunderts.

MYTHEN.MUTANTEN: Werle verzichtet auf jede vordergründige Aktualisierung und sucht innerhalb der antiken Bildwelt und Begrifflichkeit die Auseinandersetzung mit Grundfragen der Politik, der Ästhetik, der Philosophie und mit zentralen Themen der klassischen Schicksalstragödie. Er erstrebt eine kreative Allianz mit dem Mythos als möglichem Zugang zu vorbewussten Erfahrungsräumen, die die Rationalität der Moderne negiert. Und er geht dabei das Wagnis ein, innerhalb der szenischen Fiktion Sichtweisen zu reaktivieren, die die heutige Anthropologie als animistisch klassifiziert – auf der Suche nach dem zeitlosen Ursprungsort von Fabelwesen und mythologischen Gestalten sowie als Zone der Interaktion von Gottheit und Individuum.

MYTHEN.MUTANTEN ist »radikales Sprachtheater« (*Lehmann*) und damit ein dem heutigen Zeitgeist widerständiges Unternehmen. Dafür hat jetzt der Leser die Chance, die in diesem Bereich vom Kanon der Tradition gezogenen Grenzen zu durchbrechen und sich einzulassen auf eine Begegnung mit einer nur scheinbar fernen Welt mit menschlichen Bäumen, mit Kentauren und sprechenden Zecken, mit Feldherren und Philosophen, und nicht zuletzt mit den Gottheiten des klassischen Griechenland und des alten Ägypten.

Simon Werle

Mythen.Mutanten

Acht Stücke im antiken Kontext

Nachwort von Hans-Thies Lehmann

Der Verlag der Autoren gehört den Autoren des Verlages

Herausgegeben und lektoriert von Karlheinz Braun

Dieser Band wurde gefördert von der

Frankfurt am Main

Bibliografische Informationen der Deutschen Nationalbibliothek
Die Deutsche Nationalbibliothek verzeichnet diese Publikation in der Deutschen Nationalbibliografie; detaillierte bibliografische Daten sind im Internet unter http://dnb.dnb.de abrufbar.

1. Auflage 2014

© Verlag der Autoren, Frankfurt am Main 2014
Alle Rechte vorbehalten, insbesondere das der Aufführung durch Berufs- und Laienbühnen, des öffentlichen Vortrags, der Verfilmung und Übertragung durch Rundfunk, Fernsehen und andere audiovisuelle Medien. Die Rechte der Aufführung sind nur zu erwerben von der

Verlag der Autoren GmbH & Co. KG
Taunusstraße 19, 60329 Frankfurt am Main
Telefon: 069 23 85 74-20, Fax: 069 24 27 76 44
E-Mail: theater@verlagderautoren.de
www.verlagderautoren.de

Satz: Maintypo, Frankfurt am Main
Umschlaggestaltung und Vignette auf S. 1: Janis Elko, Frankfurt am Main
Druck: betz-druck GmbH, Darmstadt

Printed in Germany
ISBN 978-3-88661-365-6

INHALT

HIPPOLYTOS. Der Menschenbaum	7
MELOS. Die Invasion	39
MARSYAS. Der Wettstreit	81
AKTAION. Die Verwandlung	109
MEDEA. Das Sonnenfleisch	155
THEBEN. Die Botschaft	199
NAUKRATIS. Die Doppelstadt	257
APELLES UND KAMPASPE. Das Vexierbild	311
Hans-Thies Lehmann, Nachwort	369
Quellenangaben	383

HIPPOLYTOS
Der Menschenbaum

HIPPOLYTOS, Sohn des Theseus
PARRHASIOS, Maler

1

Lorbeer

Im Atelier des Parrhasios, inmitten seiner Gärten, auf dem Kranich-Hügel in Troizen.

PARRHASIOS Willkommen auf dem Kranich-Hügel, mein König.
HIPPOLYTOS Nenn mich nicht König, Parrhasios.
PARRHASIOS Seit gestern seid Ihr es. Umso mehr erstaunt es mich, Euch statt im Thronsaal hier in meiner Werkstatt zu sehen.
HIPPOLYTOS Wenn ich denen Reverenz erweisen will, denen ich die Herrschaft über Troizen verdanke, wo sonst könnte ich das tun als hier vor deinen Gemälden?
PARRHASIOS Soll Euch der Anblick von Phädras Porträt die Reise nach Athen ersparen?
HIPPOLYTOS Nicht ihr schulde ich die Krone von Troizen.
PARRHASIOS Hat nicht Eure Stiefmutter sie Euch vererbt?
HIPPOLYTOS Was kann mir die Kreterin in Griechenland vererben, was nicht meinem Vater gehört? Und was ich ihm nicht gern zurückerstatte, sobald er zurückkehrt?
PARRHASIOS Glaubt Ihr, Phädra lässt ihn ohne Grund für tot erklären?
HIPPOLYTOS Der Grund sind haltlose Gerüchte.
PARRHASIOS Und sein eigenes Schweigen, all die Jahre.
HIPPOLYTOS Aber wer sollte Theseus besiegen?
PARRHASIOS Das müsst Ihr die Orakelpriester fragen, nicht den Maler.

HIPPOLYTOS Ich brauche nur sein Gesicht auf deinen Gemälden zu sehen, um zu spüren, ob er noch am Leben ist.
PARRHASIOS Ist das der wahre Grund Eures Kommens? Nun, welches Bild soll ich Euch zeigen, Herr? Wie Euer Vater den Stier des Poseidon bezwingt? Seinen Sieg über den Minotaurus?
HIPPOLYTOS Zeig mir das letzte, das du gemalt hast.
PARRHASIOS Theseus' Rückkehr aus der Unterwelt? Es ist noch nicht vollendet.
HIPPOLYTOS Zeig es mir trotzdem.
PARRHASIOS *führt Hippolytos vor ein großes Tafelgemälde und entfernt Tücher, die es verhüllen* Soweit ist es gediehen. Nach drei Monaten.
HIPPOLYTOS Was bindet dich so lange, Parrhasios?
PARRHASIOS Der schwierige Gegenstand erfordert meine ganze Kunst.
HIPPOLYTOS Warum verschwendest du sie an Nebensächlichkeiten? An die Wellen des Styx und die Planken von Charons Nachen? An Theseus' Schwert, Schild und Panzerhemd? An Muskeln und Sehnen? Ich brauche seine Stirn, die Augen, das Gesicht!
PARRHASIOS Dem widme ich mich dann, wenn mein Modell zurückkehrt.
HIPPOLYTOS Du hast Theseus so oft gemalt. Stehen seine Züge dir nicht wie gemeißelt vor Augen?
PARRHASIOS Jede neue Heldentat hinterlässt auf seinem Gesicht neue Spuren. Je länger eine Ausfahrt dauert, desto stärker verändert kehrt er zurück.
HIPPOLYTOS Was glaubst du, Parrhasios? Werde ich ihn überhaupt noch wiedererkennen?
PARRHASIOS Es ist eher die Frage, ob Theseus in dem Knaben von einst den Mann von heute wiedererkennt.
HIPPOLYTOS Glaubst du, ihm genügt als Beweis meines Mannseins die Zahl meiner Jahre? Oder der Flaum an meinem Kinn?

PARRHASIOS Beweist es ihm durch Taten. Verlasst die sichere Burg. Zieht selbst auf Abenteuer aus.
HIPPOLYTOS Was nützt mir ein Sieg, den er nicht bezeugt?
PARRHASIOS Sucht Theseus und vollbringt ihn vor seinen Augen.
HIPPOLYTOS Wo zwischen den Eiswüsten der Hyperboräer und den Sandwüsten Afrikas soll ich ihn finden?
PARRHASIOS Sucht überall, wo es Verbrecher auszumerzen gilt.
HIPPOLYTOS Hat mein Vater sie nicht alle ausgemerzt?
PARRHASIOS Zumindest alle Wegelagerer zwischen Troizen und Athen.
HIPPOLYTOS Jedes Kind kennt seine Ruhmestaten: Periphetes, der mit seiner Riesenkeule unschuldige Wanderer erschlug, hat er mit seiner eigenen Keule erschlagen. Sinis, der Reisende zwischen Tannenwipfeln zerfetzte, indem er sie zu Boden bog und dann in die Höhe schnellen ließ, ihn ließ er auf die gleiche Weise zerfetzen.
PARRHASIOS Und Prokrustes, der seinen Opfern die Glieder entweder kappte oder verrenkte, bis sie den Maßen seines Betts entsprachen, sandte er auf eben diese Weise in den Tod.
HIPPOLYTOS Warum hat mein Vater seine Gegner nicht einfach unschädlich gemacht, Parrhasios? Sie mit einem einzigen Schwerthieb getötet, anstatt sie auf so grausame Weise hinzurichten?
PARRHASIOS Die Frage, Hippolytos, richtet Ihr besser an ihn selbst.
HIPPOLYTOS Hast du diese Taten nicht in deinen Bildern dargestellt? Wie konntest du sie malen, wenn du sie nicht verstehst?
PARRHASIOS Ich glaube, die Grausamkeit der Strafe soll dem Gesetz der Vergeltung Genüge tun. Und zugleich künftige Verbrecher von künftigem Unrecht abschrecken.
HIPPOLYTOS Ich bin kein künftiger Verbrecher. Aber auch mich schreckt sie ab. Ich bin bereit zu kämpfen, aber ich will nicht grausam sein.

PARRHASIOS Wovor verspürt Ihr die größere Angst: Grausames zu tun oder es zu erleiden?
HIPPOLYTOS Ich kann beides nicht trennen. Allein schon der Gedanke an Qual, ob zugefügt oder erlitten, entsetzt mich.
PARRHASIOS Vielleicht seid Ihr anstatt zum Krieger zum Staatsmann bestimmt, der Troizen eine lange Friedenszeit beschert.
HIPPOLYTOS Eine Memme, in den Augen meines Vaters.
PARRHASIOS Eine Memme? Er braucht nur zu sehen, wie waghalsig Ihr Euer Gespann über die Rennbahn jagt. So eng um die Wendesäule, dass die Nabe durch die Reibung Funken schlägt! Und immer als Erster am Ziel, mit weitem Abstand.
HIPPOLYTOS Aber die einzigen Ungeheuer, die der kühne Wagenlenker bisher vertilgte, bestanden aus Honigmandeln und Bohnenkuchen.
PARRHASIOS Vielleicht seid Ihr, Hippolytos, der Amazonensohn, eher den Künsten Apollos zugetan als denen des Ares.
HIPPOLYTOS Male ich? Tanze ich? Bin ich ein Dichter?
PARRHASIOS Führt bei den Festspielen nicht Eure Stimme den Chor?
HIPPOLYTOS Was nützt mir in den Augen meines Vaters der Gesang?
PARRHASIOS Es gibt nicht nur den Ruhm der Schlacht, sondern auch den der Spiele. Geht nach Delphi. Nach Nemea. Nach Olympia. Und kehrt aus der Rennbahn mit dem Siegeskranz zurück.
HIPPOLYTOS Oder mit dem ewigen Makel: »Seht da, der Sohn des großen Theseus! Selbst als Pferdetreiber ein Versager!«
PARRHASIOS Es gibt auch den Wettstreit der Sänger.
HIPPOLYTOS Meiner Stimme fehlt es an Kraft. Manchmal verweigern sogar meine Pferde ihr den Gehorsam.
PARRHASIOS Was die Stimme nicht kann, kann das nicht die Peitsche?
HIPPOLYTOS Nicht meine. Die Rücken meiner Pferde ziert noch keine einzige Schwiele.

PARRHASIOS Ist es nicht bewundernswert, dass Ihr keine Gewalt benötigt, um sie zum Sieg anzuspornen?
HIPPOLYTOS Anspornen kann ich sie. Aber nicht immer zügeln. Ich fürchte, eines Tages reißt ihr Feuer sie fort.
PARRHASIOS Was kann Euch Schlimmes widerfahren, Hippolytos?
HIPPOLYTOS Ich habe ein Schreckbild vor Augen: mein letztes Rennen. Ich halte beim Wenden beide Leinenpferde eng wie immer. Aber das linke prescht unversehens geradeaus und lässt mein Gefährt gegen die Säule krachen. Es zerbirst. Der Aufprall schleudert mich aus dem Wagenstuhl. Im Sturz verfange ich mich in den Zügeln. Und weil meine Stimme die Tiere nicht erreicht, um sie zum Stehen zu bringen, schleifen sie mich zu Tode.
PARRHASIOS Wenn diese Furcht Euch wirklich plagt, könnt Ihr sie meisterhaft verbergen.
HIPPOLYTOS Nicht nur verbergen. Überwinden. Aber wie eine Hydra erhebt die überwundene sich jedes Mal aufs Neue.
PARRHASIOS So wie sich in fernen Zonen immer neue Wegelagerer erheben, die Euer Vater immer neu besiegen muss.
HIPPOLYTOS So geht deiner Malerei der Stoff nicht aus.
PARRHASIOS Nicht unbedingt zu meinem Glück.
HIPPOLYTOS Bist du nicht gern Heroenmaler?
PARRHASIOS Viel lieber als Helden und überwältigte Verbrecher male ich die friedlichen Bewohner meiner Gärten: den verschlagenen Efeu, die verschwörerische Eibe, das verschwiegene Moos. Die Landschaften von Argolis, Mädchen beim Reigentanz oder Epheben im Stadion.
HIPPOLYTOS Im olympischen Siegeskranz?
PARRHASIOS Den braucht Ihr nicht. Ich bedaure sehr, dass Ihr mir nur ein einziges Mal Modell stehen wolltet.
HIPPOLYTOS Wie viele Sommer ist das her? War es nicht noch vor Theseus' letzter Ausfahrt?
PARRHASIOS Das kann nicht sein. Da ward Ihr noch ein Knabe. Und »Hippolytos als Diskuswerfer« ist ein Jünglingsbildnis.

HIPPOLYTOS *schaut sich suchend um* Hast du es in deiner Lagerhalle abgestellt, Parrhasios? Ich kann es nirgends erblicken.
PARRHASIOS Es wurde darüber verfügt, Herr.
HIPPOLYTOS Von wem?
PARRHASIOS Von Eurer Stiefmutter.
HIPPOLYTOS Phädra besitzt mein Bild? Ohne mein Wissen?
PARRHASIOS Es soll sie an den jugendlichen Theseus erinnern. So sehr hat sie ihn darin bewundert, dass es angeblich ihr Schlafzimmer ziert.
HIPPOLYTOS Was kann ihr daran liegen, mich täglich nackt zu sehen? Hat sie nicht selber ansehnliche Söhne?
PARRHASIOS Die ließ sie nicht malen. Zumindest nicht von mir.
HIPPOLYTOS Warte, bis ich in die Fußstapfen meines Vaters getreten bin, Parrhasios. Dann stehe ich dir gern Modell.
PARRHASIOS Dann vollbringt sie bald, die staunenswerten Heldentaten.
HIPPOLYTOS Das heißt, ich muss bald die Kunst des Tötens lernen.
PARRHASIOS Die des Siegens, Herr.
HIPPOLYTOS Und die, Schmerz zu ertragen.
PARRHASIOS Den eigenen? Oder den der Besiegten?
HIPPOLYTOS Ist der eine von dem anderen zu trennen?
PARRHASIOS Eine hohe Kunst, ebenso wichtig wie schwierig. Selbst ich, der Maler, musste mich mühsam darin üben.
HIPPOLYTOS In welchem Kampf?
PARRHASIOS Er findet noch immer statt. Auf einem Gemälde.
HIPPOLYTOS Kenne ich es?
PARRHASIOS Es hängt in meiner Werkstatt, aber Ihr kennt es nicht.
HIPPOLYTOS Warum enthältst du es mir vor? Mir, dem Bewunderer deiner Kunst?
PARRHASIOS Nicht nur Euch. Sogar mir selber.
HIPPOLYTOS Warum? Wo ist es, Parrhasios?
PARRHASIOS Dort hinter der Säule.
HIPPOLYTOS Das der schwarze Vorhang verhüllt?

PARRHASIOS Ja, Herr, und zu Recht.
HIPPOLYTOS Lüfte den Vorhang!
PARRHASIOS Ungern, Herr.
HIPPOLYTOS Lass mich nicht bitten, wo ich befehlen kann.
PARRHASIOS Ich bitte, Herr: Befehlt mir!
HIPPOLYTOS Parrhasios, zeig mir das Bild hinter dem Vorhang!
PARRHASIOS Das gesamte, Herr? Auf einen Schlag?
HIPPOLYTOS Malst du Stückwerk? Oder soll ich dein Werk in Stücken sehen? Zeig mir das Ganze!
PARRHASIOS Erlaubt dem, der es Schritt für Schritt gemalt hat, es Euch auch Schritt für Schritt zu zeigen.
HIPPOLYTOS Willst du mich auf die Folter spannen, Maler?
PARRHASIOS Im Gegenteil, Herr. Ich will Euch vor der Folter schützen. *Er zieht den Vorhang vor dem verhüllten Bild zur Hälfte beiseite.*
HIPPOLYTOS Wieder sehe ich von Theseus nur Rüstung und Rücken.
PARRHASIOS Das Gesicht ist dem Gegner zugewandt. Ich wollte es in den Mittelpunkt setzen. Euer Vater hat eine andere Darstellung bestimmt.
HIPPOLYTOS Wie heißt der Gegner?
PARRHASIOS Polypemon. Mit Beinamen Prokrustes.
HIPPOLYTOS Lass mich ihn sehen, deinen Prokrustes!
PARRHASIOS Ihr wollt es so, Herr. *Er zieht den Vorhang vollends beiseite. Beim Anblick des gefolterten Körpers kämpft Hippolytos mit dem Erbrechen.*
HIPPOLYTOS Den Vorhang, Parrhasios! Den Vorhang! Rasch! *Parrhasios zieht den Vorhang zu.* Wie konntest du! Wie konntest du das malen?
PARRHASIOS Auf Befehl, Herr.
HIPPOLYTOS Wessen?
PARRHASIOS Des Theseus. Eures Vaters. Was braucht Ihr, Herr? Wein? Wasser? Räucherwerk? Soll ich die Diener rufen? Einen Arzt?

HIPPOLYTOS Nein, frische Luft genügt. Ein Gang durch deine Gärten. Nein, begleite mich nicht. Ich brauche Stille, Parrhasios. Stille, Luft und Bäume.

2

Zypresse

Im Atelier des Parrhasios, am selben Tag.

PARRHASIOS Ihr seid noch blass, Herr! Wollt Ihr ein Ruhelager?
HIPPOLYTOS Deine Diener haben mir Wein und Lavendeltücher gebracht. Ruhen werde ich heute Nacht. Und hoffentlich von deinen Gärten träumen.
PARRHASIOS Kennt Ihr meine Studien nach der Natur, Herr? Die Blumenbilder?
HIPPOLYTOS Hast du nicht selbst gesagt, du bist daran gescheitert?
PARRHASIOS Mein allzu hoher Anspruch hat Bescheidenheit gelernt. Er wollte nichts Geringeres, als dass Narzisse, Lotos, Hahnenfuß auf meinem Malgrund Wurzel schlagen. Ihr fixiertes Abbild sollte auf meiner Holztafel gedeihen und sich vermehren wie im Erdreich. Aber wirkliches Leben zu schaffen ist noch keinem Pinsel geglückt.
HIPPOLYTOS Anscheinend warst du erfolgreicher mit dem wirklichen Sterben. Parrhasios! Zieh den Vorhang noch einmal zurück!
PARRHASIOS Wozu, Herr?
HIPPOLYTOS Tu es, sag ich! *Parrhasios gehorcht. Hippolytos betrachtet das enthüllte Gemälde eine Weile stumm.* Die Sühne des Prokrustes! Der Lohn seiner Taten! Theseus zerbricht ihm die

Gelenke. Renkt ihm die Glieder aus! Bei lebendigem Leib! Dieser Mund! Die aufgerissenen Augen! Das ist echter Schmerz! Parrhasios? Warst du Augenzeuge des Kampfes?
PARRHASIOS Es war kein Kampf. Es war eine Hinrichtung.
HIPPOLYTOS Du hast ihr beigewohnt?
PARRHASIOS Ja, Herr. Das habe ich. Hier in meiner Werkstatt.
HIPPOLYTOS Hat mein Vater den Prokrustes nicht dort getötet, wo er sein Unwesen trieb? In Korydallos?
PARRHASIOS Ja, Herr.
HIPPOLYTOS Wie konnte Polypemon zweimal sterben? Dort in Korydallos und hier in Troizen?
PARRHASIOS Der Mann auf dem Gemälde ist nur ein Modell, Herr.
HIPPOLYTOS Wie? Er ist nicht Prokrustes? Wer dann?
PARRHASIOS Ein Sklave.
HIPPOLYTOS Und dieser Sklave hatte keinen Namen?
PARRHASIOS Doch, Herr. Er hieß Anthelios.
HIPPOLYTOS Und dieser Anthelios starb?
PARRHASIOS Ja, Herr.
HIPPOLYTOS Beim Modellstehen?
PARRHASIOS Er lag, Herr.
HIPPOLYTOS Auf einer Folterbank?
PARRHASIOS Ja, Herr.
HIPPOLYTOS Für welches Verbrechen?
PARRHASIOS Für keines, Herr. Er war ein Schiffbrüchiger, aus Kreta. Er hatte, kaum an den Strand gespült, Fischern ein Boot gestohlen. Angeblich wollte er damit seine Schicksalsgenossen retten, die noch auf dem Wasser trieben. Die gute Absicht half ihm nicht. Man warf ihn ins Gefängnis. Gelandet ist er auf dem Sklavenmarkt.
HIPPOLYTOS Theseus hat einen völlig unschuldigen Mann getötet? Und so grausam?
PARRHASIOS Das haben seine Schergen getan. Geschulte Folterknechte.

HIPPOLYTOS Auf Befehl meines Vaters? Dass du es malst?
PARRHASIOS Ja, Herr. Dass ich es male. Den Tod des Prokrustes.
HIPPOLYTOS Parrhasios! Das hast du über dich gebracht? Das hast du ertragen?
PARRHASIOS Über mich gebracht. Aber ertragen nicht.
HIPPOLYTOS Du hast es abgebildet! Exakt und kunstvoll bis in jede Pore!
PARRHASIOS Ich musste.
HIPPOLYTOS Und konntest! Wie? Hast du dir Wachs in die Ohren getan?
PARRHASIOS Die Schreie waren nicht zu hören, Herr. Anthelios war geknebelt.
HIPPOLYTOS Und die Brandwunden? Woher rühren die?
PARRHASIOS Von glühenden Eisen.
HIPPOLYTOS Hat Prokrustes seine Opfer auf diese Art gequält?
PARRHASIOS Nein, Herr. Aber als Euer Vater mein Zaudern und meinen Angstschweiß sah, hat er es so bestimmt.
HIPPOLYTOS Wozu? Um dich abzuhärten?
PARRHASIOS Ja. Unter dem Vorwand, mir Gelegenheit zum Studium zu geben.
HIPPOLYTOS Zum Studium wessen?
PARRHASIOS Wie verschiedenartiger Schmerz verschiedenartige Formen des Ausdrucks im Gesicht hervorbringt.
HIPPOLYTOS Wozu brauchst du, der Maler, Folterinstrumente? Genügt dir als Werkzeug nicht das Gedächtnis? Die Kraft der Vorstellung? Die Phantasie?
PARRHASIOS Mir genügen sie. Eurem Vater nicht. Er wollte statt Phantasie Natur. Die ungeschminkte Wirklichkeit. Gemimter Schmerz ist ihm nur eine Fratze des tatsächlichen. Nichts anderes als Lüge und Betrug.
HIPPOLYTOS Warum hast du nicht widersprochen?
PARRHASIOS Einem König widersprechen? Einem Theseus? Der notfalls mit der Folter überredet?
HIPPOLYTOS Nicht den Maler!

PARRHASIOS Ihr kennt Theseus nicht. Ihr ward ein Knabe, als Ihr ihn zuletzt saht.
HIPPOLYTOS Sohn einer Mutter, die er umgebracht hat!
PARRHASIOS Antiope, die Amazone, hat den Kampf begonnen.
HIPPOLYTOS Man erschlägt kein Weib! Und danach gab es so viele andere Weiber, die er in sein Bett riss für eine Nacht und im Morgengrauen im Stich ließ. Ich kenne Theseus. Dachte ich. Aber das hier... Parrhasios!
PARRHASIOS Ihr, Herr, wolltet, dass ich dieses Bild enthülle. *Er will den Vorhang wieder zuziehen.*
HIPPOLYTOS Lass, Parrhasios. Lass! Ich wollte meinen Vater in der Ferne suchen. Und hier, so nahe, finde ich ihn. Jetzt darf ich nicht flüchten.
PARRHASIOS Mir erlaubt die Flucht.
HIPPOLYTOS Wovor?
PARRHASIOS Vor der Erinnerung. *Er zieht den Vorhang zu.*
HIPPOLYTOS Ist sie so schrecklich?
PARRHASIOS Unauslöschlich. Das vor allem. *Stille.* Dabei wollte ich, dass dieses Schauspiel möglichst rasch vorüberging. In ein paar Augenblicken wollte ich die ganze Qual, das ganze Sterben dieses Mannes erfassen, um den Schergen sagen zu können: »Genug, es reicht, erlöst ihn, macht ein Ende!« Alles wollte ich dazu beschleunigen: die Vorzeichnung, jede skizzierte Linie, den Weg des Pinsels, jeden Atemzug und jeden Wimpernschlag. Aber alles sträubte sich. Die Arbeit ging unendlich langsam. Bleiern. Wie aufgepeitschtes Wasser brandete der Schmerz über dieses Gesicht und ertränkte alles Fassbare. Jeder Versuch der Abbildung erlitt Schiffbruch in diesem Meer von Blut und Qual. Womit ich auch ansetzte, ich löschte es wieder aus, sogar die Studien, zu denen mich Euer Vater zwang. So wie dieser Leib vor mir gestreckt und überdehnt wurde, so streckten und überdehnten sich die Augenblicke. Selbst das Blut, das aus den Wunden sickerte, war davon erfasst. Es schien zu stocken, noch bevor es gerann. Was half mir, um sein Schillern einzufangen,

meine berühmte Kunst des Helldunkels und der Höhung? Was vor diesem unaufhörlichen Gewoge meine Meisterschaft der Umrisslinie? Ich brauchte eine andere Linie: die Grenze zwischen mir und diesem Menschenwesen. Eine Mauer zwischen meinem Fleisch und seinem, dessen Qualen ständig in mich übergehen wollten und es nicht durften, wenn mein Werk nicht scheitern sollte. Und scheitern durfte es um keinen Preis. Aber den Schmerz dieses Körpers da vor mir nicht zu fühlen, erbarmungsloser Stein zu sein, war selber Schmerz.

HIPPOLYTOS Gemimter? Geschminkter? Die Fratze des tatsächlichen?

PARRHASIOS Das Fleisch zischte unter der Glut, die Gelenke krachten unter dem Zug der Ketten, roter Speichel rann unter dem Knebel hervor, die seinen Schrei erstickten. Das war der Schmerz, der tatsächliche, der des Anthelios. Und mir, Parrhasios, schnürten Übelkeit und Angst die Kehle zu.

HIPPOLYTOS Angst wovor? Vor Theseus, dem Tyrannen?

PARRHASIOS Wenn ich die Wahrheit sagen soll – Angst vor dem Hass, den ich auf Euren Vater fühlte. Angst vor dem Drang, vor ihm auszuspucken.

HIPPOLYTOS Stand er dabei?

PARRHASIOS Nur zu Beginn, um alles anzuordnen und zu prüfen, ob und wie ich meinem Amt gerecht würde. Dann überließ er den ganzen Vorgang seinem Aufseher Hermias. Der Makedone war ihm hart genug.

HIPPOLYTOS Auch ihn hast du gefürchtet?

PARRHASIOS Ihn und seine schwarzen Doggen, auf Menschenjagd geschult. Aber am allermeisten die Schuld, die ich da auf mich lud.

HIPPOLYTOS Ist das die ganze Wahrheit? Hat diese kostbare Gelegenheit zum Studium von etwas so Unerhörtem den Maler nicht gefesselt? Ihn nicht auch erregt?

PARRHASIOS Die Aufgabe ließ für Erregung keinen Raum. Höchstens für Staunen. Vor dem Unfassbaren.

HIPPOLYTOS Was war daran so unfassbar, Parrhasios?
PARRHASIOS Selbst die Folterknechte merkten, dass dieser Mann da, dieser Anthelios auf ihrer Streckbank, nicht irgendein Sklave war. Sein Körper trug sonderbare Zeichen. Auf seinen Bauch, um den Nabel, war dunkelblau ein Tintenfisch tätowiert.
HIPPOLYTOS Ist das so sonderbar bei einem Mann aus Kreta, wo sie dieses Bild sogar auf ihre Münzen prägen?
PARRHASIOS Durchaus. Denn als das glühende Eisen Anthelios' Haut berührte, begann der Tintenfisch zu schillern: in Grün, in Gelb und Rot und in Türkis. Die Tentakel bäumten sich auf und griffen nach dem Eisen. Vor Schreck ließen die Schergen von ihm ab; Hermias trieb sie zurück ans Werk. Der Tintenfisch krümmte sich zusammen, verknotete seine Fangarme zu einer Kugel und verschwand spurlos im Nabel des Mannes, der sich selbst nicht krümmen konnte.
HIPPOLYTOS Das hast du phantasiert, Parrhasios!
PARRHASIOS Wohl nicht. Denn während es geschah, fingen die Doggen wie rasend an zu kläffen und rissen sich von ihren Leinen los, durch nichts zu bändigen.
HIPPOLYTOS Um wen anzugreifen? Den Gefangenen?
PARRHASIOS Nein. Eines meiner Gemälde.
HIPPOLYTOS Ein Gemälde?
PARRHASIOS Ja. Phädras Krönungsbild. Nur mit größter Mühe konnten wir es retten. Aber damit nicht genug des Seltsamen. Was man dem Stellvertreter des Prokrustes auch antat, sein Geist war nicht zu brechen. Es war, als schicke Anthelios den Schmerz hinaus über die Grenzen seines Körpers. Mehr noch als die Züge seines Gesichts verzerrte dieser Schmerz den Raum, der ihn und uns umgab. Sogar die Zeit, den Gang des Wetters! Es war ein Frühlingstag. Draußen rollte plötzlich Donner. Wo vorher blauer Himmel war, zogen schwarze Wolken auf, aus denen Blitze zuckten. Selbst in der Werkstatt brach eine seltsame Kälte aus. Sie drang durch alle Knochen bis ins Mark. Die glühenden

Kohlebecken waren zu anderem bestimmt. Aber ich musste den Pinsel absetzen und meine Hände daran wärmen, weil sie derart zitterten, dass meine Arbeit nicht mehr voranging. Als halte ein erzürnter Gott sie auf.

HIPPOLYTOS War ein Gott erzürnt? Oder Parrhasios von Sinnen?

PARRHASIOS Vielleicht nicht bei Verstand, aber bei Sinnen mehr denn je. Ich schaute, spürte, schmeckte, roch überdeutlich alles um mich her. Und plötzlich, weit vor dem letzten Pinselstrich, da roch ich ihn, den Tod, wie er sich anschlich! Anschlich, um mir mein Modell zu rauben. Da fiel die Lähmung ab. Ich schrie die Schergen an: »Hört auf. Bringt Wasser! Binden! Salben!«

HIPPOLYTOS In einer Folterkammer?

PARRHASIOS Es war ja alles vorgesehen für den Fall. Aber es war zu spät. Anthelios' Wirbelsäule war zerbrochen. Da also starb mein Werk vor meinen Augen. Für immer unvollendbar.

HIPPOLYTOS Hier hängt es doch, an deiner Wand, vollendet!

PARRHASIOS Ja. Weil wieder etwas Seltsames geschah. Ich ließ mein Werkzeug fallen, Malstab, Pinsel und Palette, und beugte mich über den Sterbenden. Ich wollte es nicht, aber ich hörte mich selber sagen: »Bleib so! Bleib so, Anthelios! Stirb noch nicht!«

HIPPOLYTOS Und blieb er? Blieb er so?

PARRHASIOS Ein letzter Atemzug füllte seine Brust. Sie hob sich, ohne sich zu senken. Kein Wimpernschlag. Die Zeit stand still. Das sterbende Gesicht drang in mich ein, wie mit dem Brandeisen geprägt. Erst als es eingebrannt war in mein Hirn, schloss Anthelios die Augen und war tot. Am nächsten Tag malte ich aus dem Gedächtnis dieses Bild zu Ende, den Tod des Prokrustes.

HIPPOLYTOS Aus dem Gedächtnis? Meinem Vater lebenswahr genug?

PARRHASIOS Theseus zollt nie Lob. Aber dieses Gemälde nannte er mein Meisterwerk.

HIPPOLYTOS Warum hängt es dann immer noch in deiner Werkstatt statt in Athen in seiner Königsburg?
PARRHASIOS Es ist nicht für den Palast, sondern für seinen künftigen Heroentempel bestimmt. Dem Gedächtnis der Nachwelt. So war es gedacht: ein Augenblick des Schmerzes für eine Ewigkeit von Ruhm.
HIPPOLYTOS Wessen? Des Malers?
PARRHASIOS Nein, des Helden. Ich bin nur das vergängliche Werkzeug.
HIPPOLYTOS Immerhin hat mein Vater das Werkzeug mit Gunstbeweisen überhäuft.
PARRHASIOS Ja. Er hat mich herausgeholt aus meiner Malerhütte in der Vorstadt. Mir dieses Landgut geschenkt, hier auf dem Kranich-Hügel, mit Blick über die Küste. Mit all den Gärten: dem der Rosen, dem der Statuen, dem der Düfte und dem der Lotosteiche. Er bot mir Bedienstete, Pferde, Gold und Silber, um meine Modelle fürstlich zu entlohnen und mich selber königlich. Ich ahnte: diese Gunst hat einen Preis. Wie sollte ich wissen, dass er so hoch sein würde?
HIPPOLYTOS Was geschah mit dem, der ihn bezahlt hat? Wo landeten Anthelios' Überreste? Auf dem Schindanger?
PARRHASIOS Ich ließ den Leichnam in meinem Garten bestatten.
HIPPOLYTOS Ohne Grabmal? Ohne Erinnerungszeichen?
PARRHASIOS Ich habe über der Grube einen kretischen Feigenbaum gepflanzt.
HIPPOLYTOS Zeig mir den Baum.
PARRHASIOS Das ist unmöglich, Herr.
HIPPOLYTOS Warum?
PARRHASIOS Er ist erfroren.
HIPPOLYTOS Erfroren? In deinem Garten, Parrhasios? Warum lügst du so plump? Als würde ich nicht die Milde unserer Winter kennen.
PARRHASIOS Den Winter kennt Ihr nicht. Er brach mitten im Frühling aus. Ein Jahr nach Anthelios' Tod. In diesem einen

Jahr ging die Natur ihren gewohnten Gang von Säen, Sprießen, Blühen und Welken. Nur Krähenschwärme umschwirrten ständig den Ort, wo der Leichnam im Boden lag, und versuchten, ihn aufzuhacken. Aber dann, nach einem Jahr, blieben die Schwärme aus. Die Sonne stand im Zenit, aber die Luft war klirrend kalt, der Teich vereist. Alles im Umkreis seines Grabs erfror. Der Buchs, die Malven, die Zypressen, die Orangenbäume – und der Feigensetzling. Selbst das Licht des Himmels war verschleiert. Wie mit unsichtbaren Schatten.

HIPPOLYTOS Gibt es die?

PARRHASIOS Es sind die Schatten, die ein Toter wirft. Den Augen verborgen und darum umso mächtiger.

HIPPOLYTOS Deine Gärten blühen und duften. Ich habe gerade ihre Pracht genossen.

PARRHASIOS Ja. Die der Sommergärten. Um das Grab des Anthelios ließ ich in weitem Umkreis eine Mauer ziehen, höher als die Wände meines Hauses, massiv genug, dass sich die Kälte daran bricht. Seither besitze ich einen Wintergarten.

HIPPOLYTOS Wieso habe ich ihn nie gesehen?

PARRHASIOS Eisblumen duften nicht.

HIPPOLYTOS Zeig ihn mir jetzt.

PARRHASIOS Wozu, Hippolytos?

HIPPOLYTOS Ich will den Mann, der dein Prokrustes war, befragen.

PARRHASIOS Anthelios ist tot, Herr.

HIPPOLYTOS Ich werde seinen Leichnam um Antwort bitten.

PARRHASIOS Er liegt tief im gefrorenen Boden.

HIPPOLYTOS Du wirst ihn zum Vorschein bringen, Parrhasios.

PARRHASIOS Wie kann ich das?

HIPPOLYTOS Du tauschst den Pinsel mit dem Spaten.

PARRHASIOS Ich bin kein Totengräber, Herr.

HIPPOLYTOS Du sollst nur Gärtner sein.

PARRHASIOS Gebt dem Maler einen Tag, um es zu werden, Herr.

HIPPOLYTOS Eine Nacht, um zu knospen. Einen Tag, um zu blühen. Und dann will ich die Frucht.

3

Schneerose

Im Wintergarten des Parrhasios, vor einer ausgehobenen Grube, in der Nachmittagssonne des folgenden Tages.

HIPPOLYTOS Du hast mich hintergangen, Parrhasios.
PARRHASIOS Inwiefern, Herr?
HIPPOLYTOS Du selber solltest den Boden aufgraben, vor meinen Augen.
PARRHASIOS Meine schwachen Arme hätten es nicht vermocht. Die Erde ist vereist. Meine Diener haben es für mich getan.
HIPPOLYTOS Wo ist der Leichnam, den sie ausgegraben haben?
PARRHASIOS Sie haben keinen gefunden.
HIPPOLYTOS Nicht einmal Gebeine?
PARRHASIOS Nichts!
HIPPOLYTOS Also keine Überreste des Anthelios mehr, die ich befragen kann? Kein Fetzen Stoff? Kein Amulett?
PARRHASIOS Nur, weit verzweigt und tief in die Erde reichend, das Wurzelwerk des erfrorenen Feigenbaums.
HIPPOLYTOS Etwas hat der Tote doch hinterlassen: den Frost.
PARRHASIOS Frost lässt sich nicht befragen.
HIPPOLYTOS Hast du es je versucht?
PARRHASIOS Wonach sollte ich ihn fragen, den Frost Anthelios?
HIPPOLYTOS Ob ihm dein Werk das Opfer seines Lebens wert war.
PARRHASIOS Ich bin kein Geisterbeschwörer.
HIPPOLYTOS Steig hinunter in die Grube und ruf seinen Namen!
PARRHASIOS Hat Euer Vater nicht schon die Unterwelt betreten? Seinem Sohn wird sie sicher bereitwilliger Rede stehen als mir.
HIPPOLYTOS Habe ich Anthelios umgebracht? Schreit sein Blut nach mir?

PARRHASIOS Ich bitte Euch, Herr, lasst es schweigen!
HIPPOLYTOS Steig in die Grube!
PARRHASIOS Bitte erlasst es mir.
HIPPOLYTOS Tu, was ich sage, Maler!
PARRHASIOS *steigt hinab* Bitte reicht mir den Spaten, Herr. *Hippolytos tut es.* Meine Diener haben schlechte Arbeit geleistet. Man kann nirgendwo stehen: überall Strünke, Sprosse und Knollen! *Er beginnt zu hacken.*
HIPPOLYTOS Was das Eisen nicht schafft, schafft das Feuer, zu seiner Zeit. Hör auf zu hacken, Parrhasios! Rufe!
PARRHASIOS *wirft den Spaten aus der Grube und ruft* Anthelios!
HIPPOLYTOS Lauter!
PARRHASIOS *ruft* Anthelios!
HIPPOLYTOS Noch viel lauter!
PARRHASIOS *ruft lauter* An-the-li-os!
HIPPOLYTOS Deine Stimme klingt noch immer fiepsig.
PARRHASIOS Mehr Kraft besitzt sie nicht.
HIPPOLYTOS Entspann die Brust. Den Bauch. Die Kehle. Atme aus! Und ein! Und jetzt!
PARRHASIOS *ruft* Anthelios!
HIPPOLYTOS Du bist ein schlechter Rufer, Parrhasios. Schreie.
PARRHASIOS Welchen Schrei wollt Ihr hören?
HIPPOLYTOS Der Anthelios in der Kehle stecken blieb.
PARRHASIOS Wie kann ich wiedergeben, was ich selbst nie hörte?
HIPPOLYTOS Versuch es.
PARRHASIOS Wenn Ihr darauf besteht, Herr. *Er schreit.*
HIPPOLYTOS Das ist der Schrei eines erschrockenen Mädchens vor der Spinne in der Kleiderkammer.
PARRHASIOS Und so? *Er schreit auf andere Weise.*
HIPPOLYTOS Das ist der Schrei des Schauspielers, nicht der Natur.
PARRHASIOS Wartet, Herr. *Er konzentriert sich und schreit sehr laut. Stille.*
HIPPOLYTOS Was hörst du?
PARRHASIOS Nichts.

HIPPOLYTOS Bist du taub, Parrhasios? Oder verstockt? Was hörst du?
PARRHASIOS *lauscht angestrengt* Was soll ich hören?
HIPPOLYTOS Den Wind! Von Süden.
PARRHASIOS Der ist nicht Anthelios!
HIPPOLYTOS Woher willst du das wissen? Was hörst du noch?
PARRHASIOS Fernes Gekrächz von Krähen und Dohlen.
HIPPOLYTOS Nur Gekrächz? Ich höre auch Lerchenschlag. Den Kleiber. Den Pirol. Den Kiebitz.
PARRHASIOS Ihr habt feine Ohren, Königssohn.
HIPPOLYTOS Auch deine werden sich noch öffnen.
PARRHASIOS Wie können sie das, wenn sie der Frost verstopft?
HIPPOLYTOS Spürst du es nicht? Die Luft ist lind. Schau dich um. Das Eis auf deinem Teich fängt an zu glitzern. Endlich taut es.
PARRHASIOS Meine Finger werden zu Eiszapfen.
HIPPOLYTOS Und dieses Gesumm? Ist es nicht das von Bienen? *Er schnuppert.* Riecht deine Nase nicht den Krokusduft? Es ist, als habe die Natur auf dich gewartet.
PARRHASIOS Auf mich, Herr? Sie hat mich jeden Tag gesehen!
HIPPOLYTOS Aber die eine Frage, die nach Anthelios, hast du ihr nie gestellt.
PARRHASIOS Wer ruft ohne Not einen Rachegeist?
HIPPOLYTOS Ungerufen kommt er desto vernichtender.
PARRHASIOS O hätte ich doch immer nur Moos und Farn und Baum gemalt! Springkraut und Buschwindrose!
HIPPOLYTOS Dann wärst du ruhmlos.
PARRHASIOS Aber vor allem schuldlos.
HIPPOLYTOS Wer weiß, auf welche Streckbank du die Buschwindrose gespannt hättest? Und welche Buße dir deswegen blühte? Vielleicht genau dieselbe wie jetzt. *Er ergreift den Spaten und beginnt, Erdreich in die Grube zu schaufeln, in der Parrhasios bis zum Bauchnabel steckt.*
PARRHASIOS Was tut Ihr, Herr?
HIPPOLYTOS Ich schütte dein Pflanzloch zu.

PARRHASIOS Soll ich hier Wurzeln schlagen, Herr?
HIPPOLYTOS Nein. Nur Dünger sein.
PARRHASIOS Was soll der Dünger treiben?
HIPPOLYTOS Anthelios' Geist.
PARRHASIOS Und wenn er sich nicht zeigen will?
HIPPOLYTOS Gedulde dich.
PARRHASIOS Wie lange, Herr? Den ganzen Tag?
HIPPOLYTOS Und die ganze Nacht, wenn es sein muss.
PARRHASIOS Hier eingegraben? Hungernd, frierend, dürstend?
HIPPOLYTOS Die Wachen bringen dir zu trinken.
PARRHASIOS Ich habe eine andre Bitte.
HIPPOLYTOS Welche?
PARRHASIOS Einen Knebel, Herr!
HIPPOLYTOS Wozu?
PARRHASIOS Damit ich nicht um Hilfe schreie.
HIPPOLYTOS Schreie. Aber nicht um Hilfe! Schrei nach Anthelios. Und wenn sein Geist erschienen ist, dann schlafe. Bei Sonnenaufgang wecke ich dich.
PARRHASIOS Wie soll ich schlafen, Herr, im Kampf gegen die Kälte, das Ungeziefer und die Ratten?
HIPPOLYTOS Sing dir ein Wiegenlied.
PARRHASIOS Ich kenne keines.
HIPPOLYTOS Auch mir hat Antiope keines gesungen. Wohl aber ein Abendlied, ein einziges. Bevor ich dich der Stille deiner Gärten überlasse, singe ich es dir gerne vor. *Er singt.*
  Nun ruhen der Berge
  Gipfel und Schluchten,
  die Höhen, die Ufer der Ströme,
  sie ruhen;
  es ruhen alle kriechenden Wesen,
  so viele die schwarze Erde auch nährt,
  die waldbewohnenden Tiere,
  die Völker der Bienen,
  sie ruhen,

und die Ungetüme im Abgrund des purpurnen Meeres,
die Geschlechter der Vögel mit mächtigen Schwingen,
sie ruhen.

4

Krokus

Abenddunkel desselben Tages im Wintergarten des Parrhasios.

PARRHASIOS Wer ist da?
HIPPOLYTOS Ich bin es. Hippolytos.
PARRHASIOS Ist die Zeit aus den Fugen? Ist das schon die Morgendämmerung?
HIPPOLYTOS Nein, der späte Abend.
PARRHASIOS Warum seid Ihr zurückgekehrt?
HIPPOLYTOS Um einen Becher Wein mit dir zu leeren.
PARRHASIOS Auf meine Freiheit?
HIPPOLYTOS Auf dein Werk!
PARRHASIOS Habt Ihr zum Abendtrunk nicht bessere Gesellschaft? Ihr, der neue König?
HIPPOLYTOS Wen, nachdem ich meine Garde abgeschüttelt habe? Die Schranzen des Palasts? Die Kämmerer, Barbiere, Sybariten, Gratulanten? Die Minister, die den ganzen Tag auf mich gelauert haben? Ich wollte meine Jagdgenossen sehen: Xetrios, Euphraines, Palamnios! Man hat sie aufs Land verbannt. Mein väterlicher Freund und alter Lehrer Theramenes, wo ist der? Abgestellt in die Gesindeküche, dann spurlos verschwunden. Um mich nur Phädras alte Günstlinge und neue Gunsterschleicher. Im Marstall bin ich geendet, Parrhasios! Bei den Pferdeknechten und meinen Pferden. Ich ließ meine

Lieblingsrenner vor den Wagen spannen und aus dem Burghof in die Abendsonne traben, auf gut Glück. Es zog sie nicht zur Rennbahn. Nicht zur Küstenstraße. Nicht auf die altvertrauten Wege um den Hain der Artemis. Sondern bergaufwärts, zu den Hügeln, unbeirrbar wie sonst nur zur Haferkrippe hierher zu deiner Werkstatt, wohin ich sie noch niemals lenkte. Und hier, vor dem Tor zu deinen Gärten, hielten sie an, ohne dass ich in die Zügel griff. Aber als ich ihr Zaumzeug lockern wollte, sind sie vor mir zurückgescheut. Als wäre ich ein Fremder!

PARRHASIOS Vielleicht haben sie Angst, Herr.
HIPPOLYTOS Wovor?
PARRHASIOS Vor der neuen Erbarmungslosigkeit, die sie aus Euren Augen anblickt.
HIPPOLYTOS Wer sieht sie? Meine Pferde oder du?
PARRHASIOS Ich fühle sie am ganzen Leib. Mit jeder Faser.
HIPPOLYTOS Und bist bestürzt? Empört? Und heimlich voller Wut?
PARRHASIOS Was ist mit Euch geschehen, Hippolytos? War Euch das Wehtun nicht verhasst? Und Grausamkeit nicht unerträglich?
HIPPOLYTOS Sie ist mein väterliches Erbteil. Jetzt trete ich es an.
PARRHASIOS Um sie an mir als Erstem auszuüben?
HIPPOLYTOS Du hast sie mir als Erster gezeigt.
PARRHASIOS Warum bin ich ihr Ziel?
HIPPOLYTOS Damit sie sich erprobt.
PARRHASIOS Selbst wenn ich daran zugrunde gehe?
HIPPOLYTOS Wenn sie deinen Tod nicht in Kauf nimmt, ist es nicht wahre Grausamkeit.
PARRHASIOS Nach welchem Maß der Wahrheit?
HIPPOLYTOS Dem, das der wirkliche Anthelios gesetzt hat.
PARRHASIOS Hat meine Kunst kein anderes Maß verdient?
HIPPOLYTOS Ich taste deine Kunst nicht an. Die ist bereits unsterblich.

PARRHASIOS Wie kann das sein, wenn Ihr den Künstler tötet?
HIPPOLYTOS Lege ich Hand an ihn?
PARRHASIOS Bin ich ein Verbrecher? Ein Wegelagerer? Ein Feind?
HIPPOLYTOS Nein, ein Modell.
PARRHASIOS Und wessen? Ist es in Wahrheit nicht Euer Vater, den Ihr töten wollt? Hat nicht er und niemand anderer Anthelios umgebracht? Aber vor allem Antiope, Eure Mutter?
HIPPOLYTOS Was immer Theseus tat und noch tun wird, er bleibt mein Vater. Und nichts ersehne ich so sehr wie seine Rückkehr.
PARRHASIOS Wenn er tatsächlich wiederkommt, wird er für die Misshandlung seines Malers nicht von Euch Rechenschaft fordern?
HIPPOLYTOS Es ist nicht meine Absicht, dich zu töten, sondern dich zu entsühnen.
PARRHASIOS Und wenn Euch der Versuch misslingt?
HIPPOLYTOS Die Vorzeichen, die die Natur uns gibt, sind anders. Seit du hier eingepflanzt bist, blüht dein Wintergarten auf. Als wärst du der große Nil für diese kleine Wüste.
PARRHASIOS Ich bin ein Mensch, Hippolytos! Kein Fluss, kein Tier und keine Pflanze.
HIPPOLYTOS Bist du dir sicher? Hat dich die Kunst, das ewige Nachahmen von fremden Gegenständen, nicht vielleicht auch dir selbst entfremdet?
PARRHASIOS Und die Macht, die plötzlich aus Euch spricht? Durch deren Ausübung Ihr Euren Vater nachahmt? Entfremdet die Euch Eurem wahren Wesen nicht?
HIPPOLYTOS Ich werde diese Nacht in deiner Werkstatt schlafen. Vielleicht lehrt deine Kunst der Nachahmung mich im Traum mein wahres Wesen, und die unnachahmliche Natur dich im Wachen das deine. Gute Nacht, Parrhasios!

5

Ficus

Im Wintergarten des Parrhasios, am nächsten Tag, bei Sonnenaufgang.

HIPPOLYTOS Die Sonne wünscht dir einen guten Morgen, Parrhasios.
PARRHASIOS Er kann nur besser sein als diese Nacht.
HIPPOLYTOS Immerhin bist du nicht erfroren.
PARRHASIOS Aber fast ertrunken.
HIPPOLYTOS Wie das, Parrhasios?
PARRHASIOS Ich habe geschrien. Ich habe gerufen. Den Namen Anthelios. Anthelios ist nicht erschienen, weder sein Körper noch sein Geist. Ich rief die Namen aller Götter und Dämonen. Ich habe sie sogar gesungen, in allen Tönen, die mir zur Verfügung stehen. Vergeblich. Dann schrie ich wieder, denn das Schreien ließ die Zeit schneller vergehen. Es erleichterte den Schmerz. Trotzdem wuchs er mit jedem Atemzug. Je stärker er wurde, desto mehr entmenschten sich meine Züge und mit ihnen mein Empfinden, mein Denken, mein gesamtes Inneres. Ich war auf dem Weg in den Wahnsinn – oder in eine andere Daseinsform, die weder Denken noch Inneres besitzt. Aber vor dem Wahnsinn kam das Wasser.
HIPPOLYTOS Ich sah um deine Werkstatt keine Spur von Regen.
PARRHASIOS Es kam nicht aus dem Himmel, sondern aus dem Boden. Erst habe ich gezweifelt: Hat der Architekt des Gartens unterirdische Springbrunnen angelegt? Ist es Grundwasser, das sich durch geheimnisvolle Poren selbst versprüht? Schließlich habe ich es begriffen.
HIPPOLYTOS Was, Parrhasios, begreifst du?
PARRHASIOS Dass die Zeit dabei war, einen Sprung zu tun, zurück aus der Verzerrung, die die Folter des Anthelios ihr zugefügt hatte, zurück in ihren ungehemmten Fluss. Mit ihr

gemeinsam sprang das gefrorene Wasser aus seinem Gefängnis. Mit einem Schlag verließ der Winter meinen Wintergarten.
HIPPOLYTOS Aber Anthelios ist dir nicht erschienen?
PARRHASIOS Nein, Herr. Aber ich hatte ihn ein zweites Mal vor Augen, vollständiger als damals auf der Folterbank.
HIPPOLYTOS Wie das?
PARRHASIOS Ich habe mich an etwas erinnert, Herr, was ich an jenem Frühlingstag nicht wahrnahm.
HIPPOLYTOS Wie kannst du dich dann daran erinnern?
PARRHASIOS Durch den Sprung der Zeit aus ihrer Krümmung. Sie gab die Augenblicke frei, in denen ich das damals noch nicht Wahrnehmbare dennoch sah; und diese versunkenen Bilder hat das Wasser aus der Erde hochgespült.
HIPPOLYTOS Welche Bilder, Parrhasios?
PARRHASIOS Den tätowierten Tintenfisch um den Nabel des Anthelios. Er hat sich bewegt. Das haben wir alle gesehen. Was dann, uns völlig unerklärlich, ausbrach, war das Gekläff der Doggen; ihr Angriff auf Phädras Krönungsbild, oben an der Nordwand meiner Werkstatt. Aber dazwischen ist noch mehr geschehen, das weiß ich jetzt.
HIPPOLYTOS Was, Parrhasios?
PARRHASIOS Zwei dieser unwirklichen Tentakel ergriffen das glühende Eisen, verformten es zu einer scharfen Klinge und stießen sie tief in Anthelios' Brust. Hervor kam, erst wie Nebel, dann klarer und deutlicher, ein unversehrtes und perfektes Ebenbild des Mannes. Der Doppelgänger richtete sich auf, schwebte quer durch die Halle und verschwand in Phädras Bild. Das alles erreichte damals unsre Augen nicht, wohl aber die der Hunde. Deshalb begannen die Doggen des Hermias zu kläffen. Deshalb verbissen sie sich mit solcher Wut in dieses Gemälde. Sie hätten es noch von der Wand gezerrt und zerstört, durch nichts aufzuhalten als durch tödliche Pfeile. In Phädras Krönungsbild müsst Ihr den Geist von Anthelios suchen, nicht hier auf diesem überschwemmten Acker.

HIPPOLYTOS Wie seltsam, Parrhasios!

PARRHASIOS Was ist daran so seltsam, Herr?

HIPPOLYTOS Bevor ich in deiner Werkstatt einschlief, bat ich getreu meinem Vorsatz die Götter um einen Traum. Den haben sie mir gesandt. Da sah ich dem Bildnis meiner Stiefmutter, von dem du sprichst, eine zweite Phädra entsteigen, ein unversehrtes und perfektes Ebenbild der ersten. Aber diese Doppelgängerin war nackt. So kam sie auf mich zu. Auch ich war nackt, aber zugleich ein anderer Hippolytos – jener Jüngling, den du als Diskuswerfer gemalt hast. Diesen Jüngling zog sie auf das Ruhebett in der Mitte deiner Halle, um dort ihre ehebrecherischen Wünsche an ihm zu erfüllen. Ich wollte mich entziehen, mich sträuben – und vermochte es nicht. Ich war ich selbst und nicht ich selbst, willenlos wie eine Marionette unter ihren Händen – aber keineswegs bewusstlos. Ich fühlte! Schauder und Abscheu, aber vor allem Angst. Denn unser gemeinsames Verbrechen vollzog sich unter Theseus' Augen. Auf deinem verhängten Gemälde ließ mein Vater von Prokrustes ab, um sich mir zuzuwenden – in der gleichen Absicht, mit der gleichen Grausamkeit! Vor Entsetzen bin ich aufgewacht.

PARRHASIOS Hippolytos in Phädras Bett? Auf Theseus' Folterbank? Das klingt nicht nach Wahr-, sondern nach Wahntraum.

HIPPOLYTOS Es war noch dunkle Nacht. Im Fackelschein habe ich das Bild der Frau betrachtet, die mich schon immer mit so sonderbaren Blicken angeschaut hatte. Die Theseus jetzt für tot erklärt und mich mit einem Königstitel ködern will. Da fiel es mir wie Schuppen von den Augen. Zum ersten Mal sah ich auf deinem Gemälde das zerbrochene Amazonenschwert!

PARRHASIOS Diese Trophäe, ihr zu Füßen, war ihr so wichtig wie das Diadem auf ihrem Kopf.

HIPPOLYTOS Phädras Krönungsfest war Antiopes Todestag.

PARRHASIOS Eure Mutter hat versucht, die Hochzeitsfeier zu sprengen. Mit Gewalt.

HIPPOLYTOS Zu recht. Sie war die erste, die rechtmäßige Frau des Theseus. Und ich bin ihr Sohn. Der Sohn, der ihr zerbrochenes Schwert neu schmieden soll.
PARRHASIOS Wozu, Herr?
HIPPOLYTOS Um es zu führen. So wie mein Vater die Keule des Periphetes führt.
PARRHASIOS Gegen wen?
HIPPOLYTOS Ich wollte bei den Hyperboräern nach Wegelagerern und Verbrechern suchen, doch gefunden habe ich eine Tyrannin in Athen. Ich werde sie ausmerzen. Sie und ihre Brut.
PARRHASIOS Wer soll dann herrschen, Herr?
HIPPOLYTOS Ich selbst, der legitime Sohn des Theseus. Beim Antritt meines Erbes werde ich meiner Mutter Antiope einen Tempel errichten. Und ein Denkmal auf der Agora. Und für dieses Denkmal wirst du, Parrhasios, ihr überlebensgroßes Bildnis malen.
PARRHASIOS Wie soll ich das?
HIPPOLYTOS Aus dem Gedächtnis. Du hast sie gekannt.
PARRHASIOS Ich bin gefangen, Herr. Ihr habt mich eingepflanzt.
HIPPOLYTOS Der dich eingepflanzt hat, gräbt dich wieder aus.
PARRHASIOS Es ist zu spät.
HIPPOLYTOS Haben deine Hände und Füße gelitten?
PARRHASIOS Ich habe mein wahres Wesen nicht gesucht. Aber es hat mich gefunden. Der Maler, der nicht Landschaft malte, wird jetzt selbst zur Landschaft.
HIPPOLYTOS Was soll das heißen, Parrhasios?
PARRHASIOS Das Wasser hat sein Werk getan. Es hat die Wurzeln des Feigenbaums zum Leben erweckt. Sie durchdringen meine Sohlen, umschlingen meine Zehen, ranken sich meine Waden hoch. Bald haben sie das Herz erreicht.
HIPPOLYTOS Die Gärtner werden sie behutsam kappen.
PARRHASIOS Selbst wenn Ihr athenische Chirurgen ruft: Wer mich jetzt rodet, tötet mich.

HIPPOLYTOS Du bist ein Mensch, Parrhasios!
PARRHASIOS Der sich verwandelt. Stört mich nicht.
HIPPOLYTOS Was brauchst du, Parrhasios?
PARRHASIOS Frieden, Hippolytos.
HIPPOLYTOS Ich werde dir Nahrung bringen, Wasser, Kleidung, wärmendes Feuer. Du sollst nicht darben.
PARRHASIOS Ich treibe Wurzeln, Herr. Und bald besitze ich Borke, Blätter und Tracheen.
HIPPOLYTOS Über Nacht?
PARRHASIOS Jeder Augenblick birgt für uns Bäume viele Nächte. Lasst sie mich schlafen. Ohne Abendlied.
HIPPOLYTOS Keine Sorge. Ich muss zu meinen Offizieren und Soldaten. Sie sollen wissen: ihr Feldherr heißt jetzt nicht mehr Hermias, der Hundezüchter, sondern Hippolytos, der Amazonensohn. Noch heute lasse ich die Schiffe bemannen. Morgen stechen wir in See. Landen übermorgen im Piräus. Stehen in drei Tagen auf dem Burgberg von Athen und schauen herab auf das befreite Attika. Große Taten stehen bevor. Sie brauchen einen großen Maler. Bleib mir treu, Parrhasios, gleich, in was du dich verwandelst. So treu wie du es Theseus warst.

6

Sepia

Am Morgen des folgenden Tages steht Hippolytos auf der Mauer, die den Wintergarten des Parrhasios umschließt, mit Blick zur Linken hinab auf den Feigenbaum, der aus Parrhasios' Pflanzloch empor gewachsen ist, und zur Rechten auf das Meer, auf dem seine Flotte sich zum Auslaufen sammelt.

HIPPOLYTOS Parrhasios! Parrhasios! Bist du tatsächlich der Baum geworden, den ich Ahnungsloser selbst gepflanzt habe? Antworte mir, Parrhasios! Tu es rasch! Die Flotte wartet. Nur bis der Wind sich dreht, kann ich dich fragen. Feigenbaum, wo sind noch Spuren deines Menschseins: Augen, Nase, Mund? Wo sind jetzt deine Ohren, Maler? *Stille.* Ist dieses Moos dein Haar? Dein Bart diese Borke? Ist dieser Morgentau ein Rest von Speichel, dieses Harz geronnenes Blut? Wie hast du rascher, als du sie hättest malen können, so viele Jahresringe hervorgebracht? Wie atmest du in diesen anderen Gezeiten? *Stille.* Wie fühlt es sich an, das Knospen und das Sprießen? Wie saugst du das Licht an? Wie den Wind? Wie riechst und hörst, wie schmeckst und denkst du? *Stille.* Hast du Anthelios vergessen? Hat deine Hoffnung sich erfüllt? Bist du als Baum der Schuld entwachsen, die an uns Menschen klebt? Warum schweigst du, Parrhasios? Bist du taub für meine Fragen in dem neuen Zwischenreich, schon nicht mehr Mensch und noch nicht restlos Baum? Vielleicht schweigt nur dein Stamm, aber der Wipfel wird sprechen, wenn ihn, ausgewachsen, einst der Wind umweht. *Er wendet sich um, Richtung Meer.* Hoch über dir treibt er in großen Herden die Wolken vom Meer auf das Festland. Unter den Wolken schweben die Fischadler, bis sie hinuntergleiten, um meine Schiffe zu bestaunen, Bug an Bug gedrängt. Von der Hafenmole zieht etwas sie aufs offene Meer hinaus, als tummelten sich dort Schwärme von Meeräschen. Aber etwas anderes dringt da aus der Flut, breit wie der Rücken eines Wals. Das Gebilde bläht sich auf, schillernd wie ein Regenbogen, immer größer; etwas ringelt sich daraus hervor. Sind es Schlangen? Nein, dunkelbraune Arme, die Tentakel eines Riesenkraken werden dort geboren, und hinter ihnen, als mächtige Walze, der Kopf. Der Wind frischt auf und ändert plötzlich seine Richtung. Südwind, Wind von Kreta, treibt den wabernden Koloss in Richtung Festland. Es scheint, als steuere er geradewegs auf eine Beute zu, die er am

Strand erspäht hat. *Er schaut abwechselnd auf den Strand und auf das Meer.* Parrhasios! Menschenbaum! Deine Wurzeln! Rasch! Halte mich fest, bevor mein Alptraum mich fortweht! Trabt dort auf der Küstenstraße wirklich mein Gespann, die vier Thessalier? Weht wirklich mein Feldherrnwimpel über dem scharlachroten Wagen? Wo bin ich selbst? Wer hält die Zügel? Parrhasios! Das Gespann rast am Hafen vorbei und biegt um die Felsen. Dahinter sehen die Pferde das vielarmige Monster, das sich heranwälzt. Jetzt gibt es kein Halten mehr. Kein Zügel, keine Trense hemmt sie. Der leere Wagen schlingert, verlässt die Bahn, rast über Busch und Stein. Aber er ist nicht leer. Der Lenker ist... Hippolytos! Ich selbst als Diskuswerfer. Der nackte Körper, den du, Parrhasios, damals gemalt hast. Hat Phädras Begehren, haben der Blick von tausend Tagen und der Traum von tausend Nächten ihn in Fleisch und Blut verwandelt? Du, Parrhasios, hast ihn geschaffen! Rasch! Mach ihn ungeschehen! Bevor es die Pferde tun, löse ihn wieder auf in Nichts. Parrhasios! Der Wagen rast dahin. Ein Rad bricht. Dann die Achse. Bug und Wand und Boden splittern. Der Diskuswerfer stürzt! Er verstrickt sich in die Zügel! Die Renner hören nicht auf seine Stimme. Sie schleifen ihn über den Boden, über Stock und Stein und in die Brandung. Ein glitschiger Fangarm greift nach ihm. Nach mir. Parrhasios! Theseus! Antiope! Antiope! Antiope!

Hippolytos' Körper stürzt von der Mauer in die Tiefe.

MELOS
Die Invasion

ARGO
GLAUKON
EUPHRADES, Unterhändler von Melos
TEISIAS, Unterhändler von Athen
BEGLEITER DES EUPHRADES (stumm)
BEGLEITER DES TEISIAS (stumm)

1

Fünfzehn Jahre schon dauert der Krieg zwischen Sparta und Athen um die Vorherrschaft in Griechenland. Am Vortag ist auf der bisher neutralen Insel Melos eine athenische Flotte gelandet. Das Erscheinen dieser Streitmacht hat die Bevölkerung hinter die Stadtmauern getrieben. Auch der Wachturm an der Nordküste der Insel, dessen Besatzung das Nahen der Invasoren gemeldet hat, wurde von den Soldaten fluchtartig geräumt. Die breiten Türen des geplünderten Magazins sind aufgebrochen. Ausrüstungsgegenstände und Vorräte liegen verstreut auf dem Gelände umher. In zertrümmerten Krügen und umgestürzten Amphoren forscht eine verwahrloste Frauengestalt nach Essbarem.

ARGO Vermodert. Verrottet. Schon vergoren. Leer. Leer. Leer. *Sie bricht einen versiegelten Krug auf und entnimmt ihm Mehl, das sie gierig aus den Händen zu essen beginnt. Aus anderen Gefäßen holt sie Früchte und verschlingt sie mit dem gleichen Heißhunger. Manche spuckt sie aus, weil sie verfault sind, und spült sich den Mund, um dann wieder gierig zu trinken. Glaukon, der sie von einer Anhöhe erspäht hat, kommt am Stock herbeigehumpelt. Sein linkes Bein ist dick mit roten Binden umwickelt.*

GLAUKON *ruft* Wächter! Soldaten! Packt sie, die sich an den Vorräten der Festung vergreift, die Diebin.

ARGO *unbeirrt* Festung nennst du diesen Haufen Steine? Und wo siehst du Wächter? Oder gar Vorräte? *Isst.* Sie haben alles in die Stadt geschafft, bis auf den Abfall und das Angefaulte. *Isst.* In der Eile der Flucht. Das da, das war für die Hunde. *Isst.* Immerhin besser als Wurzeln, Bast und Birkenrinde. Besser als Algen und Moos.

GLAUKON Du Hündin, bleib bei deinem eigenen Fraß.
ARGO *unbeirrt* Warum, Alter, bist du noch da? Zählst du zum Abfall von Melos? *Nimmt einen Trinkkrug.*
GLAUKON Hände weg!
ARGO Wer hat dich zum Aufseher ernannt, Krüppel? *Sie trinkt.*
GLAUKON *wirft eine Scherbe nach ihr* Verschwinde!
ARGO Ich bin das falsche Ziel. Geh hinunter zum Hafen und treib die Athener ins Meer zurück mit deinen Wurfgeschossen.
GLAUKON Zuerst treibe ich die Ratten aus der Vorratskammer. *Er kommt näher.*
ARGO *reicht ihm eine Frucht* Da, Alter. Die Ratte hat Mitleid mit dir.
GLAUKON Jetzt erkenne ich dich. Schändlicher als eine Diebin, und schädlicher als eine Ratte. *Schlägt ihr die Frucht aus der Hand.*
ARGO Erkennst du mich immer noch? *Sie überstäubt sich die Haare mit Mehl.* Und jetzt? *Reibt sich Mehl ins Gesicht.* Bin ich noch die, die du zu kennen glaubst?
GLAUKON Tarne dich nur. So viele Flüchtlinge es auch sind, du kommst nicht unentdeckt hinter die Mauern. Den Wächtern ist dein Gesicht so unauslöschlich eingeprägt wie mir und jedem auf der Insel. Sie werden schreien: »Seht, das ist sie! Sie wagt es und will am helllichten Tag Zuflucht suchen in unserer Stadt, der sie nichts als Verderben bringt! Packt sie und werft sie die Mauer hinab!«
ARGO Nicht euch Meliern gilt meine Schminke, sondern den andern. Diesmal werden sie nichts und niemanden schonen, nicht die Alten, nicht die Kinder und schon gar nicht die Frauen, außer die, die sich eignen für den Sklavenmarkt am Piräus.
GLAUKON Tarne dich nur! Du bist Argo, die Unheilskrähe, die wir wegen deiner schwarzen Worte aus deinem schwarzen Maul und für deine Verbrechen verbannt haben in die Wildnis, unter andere Krähen, deinesgleichen, herd- und heimatlos.

ARGO Wenn ich eine Krähe bin, dann ohne Flügel. Von keinem Schwarm umgeben, der mich mit nach Süden nimmt, gegen den Lauf der Sonne. Nach Kreta oder in die Wärme des Nillands.

GLAUKON Willst du, sattgefressen, auch noch Mitleid?

ARGO Meine Kehle ist in der Kälte rau geworden, aber noch nicht rau genug für den Rabengesang. Und seit diesem Winter nicht mehr schrill und durchbohrend genug für meinen Beruf. Ich weissage nur noch Fischerkindern, auf welche Seite der Kreisel kippt nach dem wievielten Peitschenschlag.

GLAUKON Ihre Väter beklagen sich über die Stadt, dass sie dich nicht gesteinigt hat, und über Poseidon, dass er dich nicht kentern lässt auf deinem Floß. Wo immer du auftauchst am Horizont, verscheuchst du ihnen die Schwärme und lässt sie mit leeren Reusen heimkehren. Sie müssen zu Muschelsammlern oder Ziegenmelkern werden, sagen sie, wenn nicht Hera deinen bösen Blick von ihnen bannt, indem sie dich endlich umkommen lässt. Aber was der Winter und der Hunger, was Hera und Poseidon nicht taten, das tun hoffentlich jetzt die Athener, nach Eroberer- und Soldatenart, wie du es selber voraussagst.

ARGO Nicht einmal dich, den Krüppel, würden sie schonen. Den alten Mann, der sich noch vor die Mauern wagt, wo alle Waffenfähigen sich schon hinter die Zinnen geflüchtet haben. Wieso füllt nicht die Angst ums Überleben dein ganzes Inneres aus? Wieso ist darin noch so viel Platz für deinen Hass?

GLAUKON Wer hat uns auch noch dieses Unglück herbeigerufen wenn nicht du?

ARGO Dieses Unglück scheint den Krüppel nicht zu schrecken.

GLAUKON Die du mich Krüppel nennst, du Ausgestoßene, warum hat die Erde von Melos dich noch nicht verschlungen? Weil sie fürchtet, unfruchtbar zu werden über solchem Fraß!

ARGO Gut, wenn ihr Schoß nicht länger schwanger geht mit deinesgleichen.

GLAUKON Warum haben sie dir nicht die Zunge herausgeschnitten? Und warum bin ich zu alt, um dich zu erschlagen?
ARGO Auch du bist nicht unbekannt in Melos, Glaukon, und man weiß, dass du Erfahrung hast sowohl im Erschlagen als auch im Dafür-Büßen.
GLAUKON Niemand wird bestraft, der dich umbringt. Denn dich haben sie entrechtet und verbannt wegen Lästerung und Tempelschändung.
ARGO Dich haben sie nicht verbannt, weil sie dich noch nicht durchschauen.
GLAUKON Lästere nur gegen mich, bring mich in erhabene Gesellschaft! Nennst du Apollo nicht Smintheus: Mäuseherr! Und Hera eine Waschtroggöttin! Statt ihr an ihrem Festtag zu opfern, schändest du ihr Heiligtum. Vergreifst dich an ihrem Standbild!
ARGO Ich habe nur geprüft, ob wirklich etwas darin lebt.
GLAUKON Unter deinem bösen Blick ist ihr Kopf zersprungen – vor den Augen ihrer Priesterinnen. Vor ihren Augen hast du ihr goldgewirktes Gewand zerfetzt, ihr Geschmeide geraubt und seine kostbarsten Juwelen in deinem Rachen versenkt. Warum haben sie dich nicht auf der Stelle zerrissen und die Aasvögel mit deiner Bestattung betraut?
ARGO Die Tempelwächter haben es versucht.
GLAUKON Die Memmen haben Angst vor dem ägyptischen Dämon, von dem du angeblich besessen bist. Vor deinen Kassandrarufen vom bevorstehenden Untergang unserer Stadt. Aber du bist von keinem fremden Dämon besessen, sondern nur von der eigenen Bosheit! Mich kannst du nicht schrecken, du Mänade ohne Dionysos! *Er hinkt auf sie zu und bedroht sie mit seinem Stock.*
ARGO Bewahre dir deinen Stock, du brauchst ihn noch.
GLAUKON *bedroht sie weiter* Die Archonten wollten dich in den heißen Quellen verbrühen; aber sie hatten Angst, dass die Quellen für immer versiegen. Sie wollten dich vom Chalakas-

felsen hinunterschleudern, aber sie hatten Angst, dass dann die Erde wieder bebt. Sie wollten dich in einen Stollen einmauern, aber waren sich unsicher, ob nicht das ganze Bergwerk einstürzt. Selbst von einem Schiff dich ins Meer zu werfen wagen sie nicht; vielleicht bist du ein Köder für Ungeheuer, die, einmal gerufen, unsere ganze Insel verschlingen.

ARGO Den Stock brauchst du dringend, um deine roten Binden daran festzuknoten, als weithin sichtbares Signal.

GLAUKON Du Abschaum suchst Genossen in deiner Verworfenheit; aber ich paktiere nicht mit dem Verrat.

ARGO Du müsstest mit dir selbst paktieren.

GLAUKON Ein Wort noch! *Bedroht sie von neuem.*

ARGO Bist du dir über den Preis nicht schlüssig? – Lass die Athener deine Dienste aufwiegen mit den Kosten ihrer teuersten Belagerungsmaschine! Denn ohne Widder, nur mit der Kraft der Hinterlist, rammst du ihnen ein Loch in die Mauer, die Melos beschützt.

GLAUKON Du, hättest du noch Heimatrecht in Melos, würdest es verraten! Nicht mich hat es verbannt und für vogelfrei erklärt.

ARGO Zwölf Jahre lang hat es dich in den Berg geschickt, an sieben Kettengliedern zwischen Bein und Bein, mit einer stumpfen Hacke, um den Obsidian zu heben. Verurteilt nach Gesetz und Recht. Zwölf Jahre. Und noch immer schwärt dein Bein und will nicht heilen. Und darum hasst du deine Heimatstadt!

GLAUKON Und du hättest so gern eine. Als Findelkind haben sie dich aufgelesen in einem morschen Boot, die Nabelschnur noch um den Hals gewickelt – die Einladung, das zu tun, was deine Rabenmutter nicht wagte: dich zu erwürgen!

ARGO An mir lässt du den Hass aus, den du vor deinen einstigen Richtern verbirgst. Dem ach so Demütigen werfen sie Nachsicht und Vergessen zu wie einem Hund den Knochen, um den er lang genug gewinselt hat.

GLAUKON Ein Zwischenwesen bist du, mit einem Scheitelauge wie einst Echsen und Warane.

ARGO Doch Hund warst du lang genug, nämlich der Hund deines Bruders, des berühmten Athleten, und dabei wärst in Nemea doch du so gern der Sieger gewesen. Damals warst du so voll Neid wie jetzt voll Rachsucht.

GLAUKON Du Monsterwesen lässt dich im Dickicht von Wölfen bespringen und zwischen den Klippen von Kraken begatten!

ARGO Aber Argo sagt dir: die Rache wird dein Bein nicht heilen, selbst wenn es dir Athen mit Gold aufwiegt.

GLAUKON Wo du die Ohren der Stadt nicht mehr vergiften kannst, suchst du nach anderen Opfern. Erst die Fischerkinder und jetzt mich. Brüll sie nur von den Mauern, deine Verleumdung.

ARGO Ich kann schweigen.

GLAUKON Auf deine Gnade spuck ich. *Speit aus.*

ARGO Du spuckst gegen den Wind.

GLAUKON Niemand in Melos wird dich anhören, niemand dir glauben, weil dir jeder den Tod wünscht. Nur einen Platz wolltest du innehaben in unserer Stadt: den der selbsternannten Oberpriesterin für selbsternannte Götter. Du hättest hinunter sollen ins Bergwerk, bis du darin Steine frisst und Wurzeln schlägst.

ARGO Mein Name wohnt über Tag: auf dem Marktplatz von Melos, wie ein unheilbares Geschwür. Und so sehr ihr ihn auch verwünscht, ihr treibt ihn doch nicht aus, weder ins Meer noch ins Bergwerk. So wie du das unheilbare Geschwür aus dir nicht austreibst: die Erinnerung an deinen Bruder. Anthimos reißt Nacht für Nacht ein Loch in deinen Schlaf.

GLAUKON Mir geht es wie den Delphinen; sie schlafen im Schwimmen, und von ihren Augen ist immer eines abwechselnd offen.

ARGO Eher wie eine Echse schleichst du dich nachts an den Wächtern vorbei.

GLAUKON Ich muss meine Wunde im Meerwasser kühlen.

ARGO Wer Glaukon ist, das wissen sie nicht mehr, die Knaben, die am Tor in ihrer ungepolsterten Rüstung frieren. Und die Wacholderfeuer, die du am Strand anzündest, die sehen sie nicht, denn sie sind versteckt durch die Hügel von Chalakas.

GLAUKON Nur das Bein ist in Hitze. Den Körper muss ich wärmen.

ARGO An einer unruhigen Flamme. Ich buchstabiere ihr Blinken genauso gut wie die athenischen Späher dort drüben, auf Polyaigos; immer dann, wenn ein Schiff in Richtung Sparta ausläuft.

GLAUKON Die Schrift, von der du redest, kenne ich nicht.

ARGO Sie nennt den Kurs, den Steuermann, die Fracht und manchmal einen Treffpunkt.

GLAUKON Wer trifft wen?

ARGO Ein Späher Athens trifft Glaukon, der sich nach seinem Brudermord jetzt auch an Vaterlandsverrat versucht.

GLAUKON Warum sollte ich Melos verraten? Warum Anthimos töten? War ich sein Hüter? Konnte ich ihm verbieten, seine Kunst über den Klippen von Gerakopetra zu beweisen, dort, wo ein falscher Tritt in den Abgrund führt? Ich habe noch rechtzeitig meine Hand nach ihm ausgestreckt, als hätte ich den Schrei vorausgeahnt. Er hat sie nicht ergriffen.

ARGO Die gute Absicht haben dir die Melier nicht geglaubt.

GLAUKON Sie brauchten einen Schuldigen für den Tod ihres Idols. Mich schickten sie als Sündenbock ins Bergwerk und dich lassen sie am Leben. Dich, die wirkliche, für aller Augen sichtbare Verbrecherin, Diebin, Tempelschänderin, dich töten sie nicht, peitschen sie nicht, schicken sie in kein Bergwerk, so lange, bis dir das Bein verfault.

ARGO Und ich Melos hasse, so wie du.

GLAUKON Nicht die Menschen dieser Insel quälen mich, sondern ihr Wetter. Jeder Wind, der seine Richtung wechselt, trägt mir Fieber in die Knochen. Jede Mittagshitze lässt mein Bein neu schwären.

ARGO Brenne, Glaukon! Schwäre! Du bist der Eiter dieser Stadt.

GLAUKON Und was ist Argo?
ARGO Ich bin ihr Auge, das sie sich selbst aussticht.
GLAUKON Verschone mich vor deinem bösen Blick, du ausgestochenes Auge.
ARGO *dreht sich weg* Benutze meine Ohren. Klage. Fluche. Mach deinem Jammer die Tür auf. Er hämmert schon so lange dagegen.
GLAUKON Lass mich in Frieden mit deinem angemaßten Erbarmen! Selbst aus deinen Ohren quillt Unheil.
ARGO Dann jammere vor Euphrades, eurem ungekrönten König. Dort drüben auf dem Hügel stolziert er herbei an der Spitze der Gesandtschaft, die Athen hier zahmreden soll; ein plötzlich zahmer Herrscher. Und vom Strand kommt die Abordnung der Invasoren, scheinbar waffenlos. Sie tragen die Dolche zwischen den Zähnen. Und sie stechen zu! Glaubst du wirklich, Glaukon, sie werden dich schonen, wenn das Werkzeug seinen Dienst getan hat?
GLAUKON Friss zu Ende, Hündin!

Nachdem er davongehumpelt ist, beendet Argo in Ruhe ihre Mahlzeit.

ARGO *essend* Sieh, Hera, ich lebe noch immer, auch ohne Behausung und ohne Frieden mit dir. An keinen Herd darf ich mich setzen, um mich zu wärmen; nichts essen, was die Hitze eines Feuers in menschliche Nahrung verwandelt hat. Doch ich bin an andere Tische geladen, außerhalb der Hütten, in denen du Hausrecht hast. Auch ohne Garn und Klinge, ohne Flamme und Kessel ernährt mich die See. Dein Orakel hat zu Euphrades gesagt: »Wenn die Plejaden wieder früh untergehen, dann ist Argo nicht mehr da, auch ohne dass ihr sie gesteinigt habt. Überlasst es Heras Bannstrahl, sie zu verderben. Befleckt euch nicht an dem Schmutz ihrer Gottlosigkeit.« Aber die Erde hat ihren grünen Balg abgeworfen und einen neuen übergestreift, die Herdfeuer sind hundertmal erloschen und wurden hundertmal neu entzündet, und Argos Knochen bleichen noch immer nicht unter dem Mondlicht. Und jetzt bringt der Frühling über Fische und Fischer ein gemeinsames Netz, das dein Orakel, Hera, der Insel Melos nicht geweissagt hat und gegen das du keine Rettung weißt für deine Schutzbefohlenen. Ihr Männer von Melos wollt es kappen mit der Luft eurer klugen Worte, aber es hat Maschen aus geschliffenem Eisen, an dem deine weiche Zunge sich blutig schürft, Euphrades. *Sie prüft ein paar der intakten Vorratskrüge am Boden, lädt sich mehrere davon auf und verschwindet damit hinter den Mauern des Wachturms.*

2

Trommeln ertönen, als Euphrades und Teisias, jeweils mit einem Begleiter, von verschiedenen Seiten das Gelände vor dem Wachturm betreten. Wein wird als Opfertrank zu Boden geschüttet. Beide Parteien trinken aus der Opferschale.

EUPHRADES Ich, Euphrades, Sohn des Tychon, Gesandter von Melos und Oberster im Rat der Zehn, rufe zu dieser unserer Beratung Hera, die Göttin unserer Heimat, und ihre Hüter in Erde und Meer und Dike, die Göttin der Gerechtigkeit und Wahrerin der menschlichen Satzung, dass das Recht in dieser unserer Unterredung siegen möge.

TEISIAS Auch ich, Teisias, Sohn des Perdikas, rufe zu Zeugen und Beistand die Götter unserer Stadt, die Klugheit Athenes und die Allgewalt Poseidons, und Hermes, den Gott des geschmeidigen Rates, dass wir gemeinsam beschließen mögen, was unseren beiden Städten zweckmäßig ist.

EUPHRADES So nenne uns denn, du Abgesandter des großen Athen, den Grund eures Kommens und was ihr von Melos zu erreichen wünscht unter Aufbietung von so viel Männern und Schiffen.

TEISIAS Vor einer Antwort, Euphrades, vernimm als erstes den Ausdruck unserer Verwunderung. Warum empfängt Melos von der Abordnung Athens nur einen einzigen Mann? Und warum diesen nur durch einen einzigen Vertreter anstatt – wenn schon nicht vor der offenen Volksversammlung – zumindest vor eurem Ältestenrat, wie es sich angesichts der Wichtigkeit dieser Verhandlung gehört?

EUPHRADES Melos hat mich als seinen Gesandten und obersten Ratsherrn mit der gesammelten Kraft seiner Besonnenheit und seines Willens zur Selbsterhaltung betraut und mit der Frucht langer Beratung in unseren eigenen Reihen. Und so bin ich im Grunde nicht einer und ist meine Stimme die Stimme von vielen.

TEISIAS Warum aber begegnest du, Euphrades, der du viele bist, mir, Teisias, der ich ebenfalls der Sprecher vieler bin, an diesem menschenleeren Ort? Warum vor der dämmrigen Vorratskammer eines verlassenen Wachturms und nicht im Morgenlicht der Agora? Ist hier neben Vorratskrügen und Amphoren eure staatsmännische Weisheit eingelagert? Und lest ihr von diesen kahlen Mauern die Ratschläge für die geschickte Verhandlung über das Wohlergehen eurer Stadt, wie sie sicher fährt im Sturm dieser Zeiten?

EUPHRADES Angemessen scheint uns der Ort dieses Empfangs fern von unseren Tempeln und Ratsgebäuden, ist er doch andererseits nah genug an der Küste und hoch gelegen, so dass wir eure Schiffe sehen und die Fracht, die sie schon am Strand entladen haben.

TEISIAS An bemaltem und gebranntem Lehm und dem misstrauischen Starrsinn eines einzigen Mannes also soll unsere Beredsamkeit abprallen, statt dass sie in den Ohren und Köpfen eures Volkes Frucht bringen darf?

EUPHRADES Nicht Argwohn ist es, wenn uns der unverstellte Blick auf Strand und Meer stets an eure wahre Gesinnung hinter euren wohlgesetzten Worten gemahnt.

TEISIAS Ohne geduldig abzuwarten und den Inhalt unseres Antrags in Ruhe zur Kenntnis zu nehmen, unterstellt ihr uns lediglich aufgrund des Anblicks unserer Überlegenheit an Machtmitteln schon unbillige Absichten?

EUPHRADES Ist es billig, mitten in Friedenszeiten mit bewaffneter Macht auf eine mit niemandem in Streit liegende, die Gesetze der Gastfreundschaft stets wahrende Insel einzufallen?

TEISIAS Dass Krieg herrscht zwischen Sparta samt all seinen Verbündeten und Athen samt all seinen Verbündeten ist euch, bei aller Arglosigkeit, doch wohl schwerlich verborgen geblieben?

EUPHRADES Wie es euch, o Athener, wohl schwerlich verborgen geblieben sein kann, dass wir uns wohlweislich keinem Bündnis angeschlossen haben noch anschließen werden und diesen Bürgerkrieg unter Hellenen nicht als den unsern betrachten.

TEISIAS Unparteilichkeit, die sich für Friedenszeiten geziemt, entpuppt sich in Kriegszeiten als nichts anderes denn Kriegslist.

EUPHRADES Ihr also seid es, die uns, ohne dass wir den geringsten Anlass dazu böten, unbillige Absichten unterstellen.

TEISIAS Eure schiere Existenz auf dem Kriegsschauplatz macht euch notwendigerweise bereits zur Partei und euer Handeln oder Nichthandeln zu Optionen eines strategischen Kalküls.

EUPHRADES Ihr, die ihr Land und Meer mit der Elle der Macht vermesst und nur mit dieser, seht zu, dass ihr, allen anderen die gleiche Machtgier unterstellend, nicht das Maß verliert.

TEISIAS Anstatt voller Überheblichkeit Mahnungen auszusprechen an Überlegene, seht zu, dass ihr über das Los eurer Stadt gut verhandelt.

EUPHRADES Welches Ziel also liegt eurem ungerufenen Auftreten auf dieser Insel zugrunde, die einzig uns Heimat ist und auf der wir Hüter des Gastrechts sind?

TEISIAS Unser Ziel ist euer Bestes, unter den jetzt bestehenden Bedingungen.

EUPHRADES Was, ihr kühnen Männer von Athen, ist es, das ihr von eurer Höhe herab als unser Bestes erkennt, das sich indes aus dem engen Blickwinkel des minder Mächtigen unseren Augen als solches nicht sogleich erschließt?

TEISIAS Dies von gleich zu gleich in freier Rede zu erörtern und einvernehmlich festzustellen wollen wir vor eure Volksversammlung treten.

EUPHRADES Damit das Volk, von Furcht vor eurem Invasionsheer überwältigt und somit keineswegs von gleich zu gleich, beschließen möge, was die Ehre nicht billigen kann.

TEISIAS Nicht was die Furcht kurzfristig in einer führerlosen Masse auszulösen vermag, ist Gegenstand unseres Angebots, sondern unser durch reifliches Wägen einvernehmlich zu bestimmender gemeinsamer Vorteil.

EUPHRADES Wir haben um Teilhabe an einem von euch zu gewährenden Vorteil nicht ersucht.

TEISIAS Unabweisbar lädt euch dazu ein die Insellage eurer Stadt und ihre Nähe zu der unsern, der zugefallen ist, das Meer zu beherrschen. Und als Meerbeherrschende bieten wir euch sowohl Schutz vor äußerer Gewalt als auch vor jener unberechenbaren Unentschiedenheit im Innern, die am Ende zumeist dem Schlechteren zuneigt.

EUPHRADES Um uns vor der Gewalt zu schützen, bringt ihr also die Gewalt ins Land?

TEISIAS Ihr selber übt schon längst Gewalt auf eurer Insel, weil in eurer Adelsherrschaft die Wenigen die Vielen unterdrücken. Und nur darum lasst ihr uns nicht mit offener Rede vor das zur Fron gepresste Volk, damit es nicht bei uns Beistand sucht gegen euer tyrannisches Joch, sich mit Waffengewalt gegen euch erhebt und sich mit unserer Hilfe die Freiheit erkämpft.

EUPHRADES Das wahre Gesicht jener Freiheit, die ihr euren sogenannten Verbündeten bringt, ist keinem Bürger von Melos verborgen, denn schon zu lange scheuert ein und dieselbe Lüge, die ihr erzählt, gegen ein und dieselbe Wahrheit, die ihr verheimlicht, und gar zu fadenscheinig sind eure Verheißungen von Freiheit geworden.

TEISIAS So lasst die Bürger von Melos selber uns befragen und selber gemäß unserer Antwort entscheiden.

EUPHRADES Antwort gibt ihnen wie uns bereits vor jeder Frage der Anblick eurer Streitmacht.

TEISIAS Die Kraft unserer Hopliten zu eurem Vorteil oder zu eurem Nachteil zu wenden liegt ausschließlich in eurer Entscheidung. Eine Macht aber, die schlagkräftig bereitsteht, zu ignorieren, wäre Verblendung.

EUPHRADES Verblendung wäre es demnach auch eurerseits, wenn ihr verkennt, dass auch Melos nicht ohne Macht ist und durchaus wehrhaft.

TEISIAS Verblendung liegt vor allem darin, sich dem weitaus Stärkeren in aussichtsloser Lage zu widersetzen, anstatt für das eigene Wohlergehen wirklich Sorge zu tragen.

EUPHRADES Bestimmt also den Ausgang dieser Verhandlung das Gewicht der Waffen statt der Sinn für Recht und Billigkeit?

TEISIAS Die Schärfe der Waffen schärft auch den Sinn für das jeweils geltende Recht: eines für Bürgerhändel um eine Handbreit Ackerkrume, ein anderes für die Ordnung, die ein ganzes Meer umspannt.

EUPHRADES Ein und dieselbe Gerechtigkeit waltet über Bürger wie über Städte, und auch ohne Anklage und Prozess bringt sie am Ende Sühne über den, der Recht und Gesetz verhöhnt.

TEISIAS An dem künftigen Sturz des Starken wird der Schwache sich nicht freuen, wenn er vernichtet ist.

EUPHRADES Vielleicht wird ein andrer, und sei es nur als Vorwand, um seinerseits Gewalt auszuüben unter dem Deckmantel des Rechts, am Starken die Rache für den untergegangenen Schwachen übernehmen. Dahin geht, für den Fall des größten Missgeschicks, unsere Hoffnung.

TEISIAS Die Hoffnung, ihr weisen Männer von Melos, ist eine Hure, die sich billig kaufen lässt durch das Missachten der gegebenen Wirklichkeit. Doch den endgültigen Preis dieses Beischlafs zahlt manchmal die durchgeschnittene Kehle oder die eingeäscherte Stadt.

EUPHRADES Wir, o Athener, sind nicht aus auf Unzucht mit der Unwahrscheinlichkeit einer fernen Zukunft, sondern richten unsere Augen auf die gegenwärtige und wirkliche Macht, die uns gegründet hat, auf Sparta.

TEISIAS *gibt seinem Begleiter ein Zeichen, der daraufhin ein bemaltes Gefäß zwischen die Parteien stellt* Ihr, die ihr Sparta als eure Pflanzstadt und Mutter betrachtet, seht zu, dass eure Hoffnung sich nicht in blutige Verzweiflung kehrt über die Hilfe, die von der einstigen Mutter in Zukunft ausbleibt, weil ihr das Hier und Jetzt nicht beachtet, nämlich die Übermacht Athens zu See und zu Land. Auch dieses Gefäß stellt sie unter Beweis.

EUPHRADES Nicht rechtmäßig ist es in eurem Besitz, als Kampfpreis unseres Bürgers Ktesiphos nämlich, den er, ein Seemann, zu Lande beim Wagenrennen gewann, wie die Bemalung euch zeigt: unter dem Bildnis der Hera ein Rossegespann aus vier galoppierenden Pferden, kupferrot auf schwarzem Grund. Und der Lenker schwingt über die Pferderücken nicht die Geißel, sondern ein sich im Wind entrollendes Ankertau.

TEISIAS Hat diese Trophäe ihn nicht auf seiner letzten Ausfahrt begleitet? Und war dieser Ktesiphos nicht Steuermann jenes Schiffs, das ihr nach Sparta sandtet mit dem Ersuchen, eure Insel zu besetzen zum Schutz vor uns Athenern, die sich, wie ihr schriebt, zu Tyrannen aufschwingen wollen über alle Hellenen?

EUPHRADES Viele Schiffe verkehren zwischen unserer Mutterstadt und Melos.

TEISIAS Doch ausgerechnet dieses fiel in unsere Hand mit seiner Botschaft, die uns, heimlich und hinter der Maske der Unparteiischen, so wie wir vermutet haben, den Krieg erklärt. Dieses Gefäß ist in der Tat das des Ktesiphos. Seine stolze Trophäe wurde zur Urne, die jetzt seine Asche birgt.

Stille. Euphrades trinkt aus der Opferschale, und Teisias tut es ihm nach.

EUPHRADES So verweigert ihm, der ein Krieger war und sich euch sicher nicht kampflos ergab, nicht das Recht auf ehrenvolle Bestattung in seiner Heimatstadt.

TEISIAS Allein ihr könnt die Asche dieses Mannes zu der eines athenischen Bundesgenossen oder aber eines athenischen Staatsfeinds machen.

EUPHRADES Es ist nicht recht von euch, die unantastbare Ehre der Toten an den schwankenden Ausgang einer Verhandlung zu knüpfen.

TEISIAS So verknüpfen wir sie lieber mit dem Ausgang eines Spiels, das eure Geschicklichkeit erprobt. Dreimal dürft ihr mit dieser Drachme in die Öffnung dieser Urne zielen. Wenn ihr sie trefft und die Münze sich in Asche bettet, ist sie die eure. Wenn aber nicht, dann bleibt sie in unserer Macht, und wir werden nach Gutdünken darüber verfügen.

EUPHRADES Wie anders als frevlerisch ist ein Sinn zu nennen, der selbst die heiligen Dinge von Tod und Bestattung zu Kinderspiel und Tauschgeschäft herabwürdigt?

TEISIAS Die Asche eines athenischen Staatsfeinds an mögliche Widersacher freizugeben ist unsererseits eine selten gewährte Gunst, die in Anspruch zu nehmen euch freisteht.

EUPHRADES Weder im Offenen noch im Verborgenen haben wir uns je zu euren Widersachern erklärt.

TEISIAS An euch ist es jetzt, zu entscheiden, ob ihr die drei Würfe tun wollt oder nicht.

Beide Parteien trinken erneut aus der Opferschale. Euphrades versucht, mit der Münze die Öffnung der Urne zu treffen – vergeblich.

TEISIAS Der bittere Geschmack ist oft ein Zeichen der wichtigsten Lehre, die uns das Schicksal erteilt. Und was ihr von Sparta mit aller Wahrscheinlichkeit erwarten könnt und was nicht, habt ihr jetzt am Los des Ktesiphos mit größter Deutlichkeit wahrgenommen.

EUPHRADES Womit lässt die eine Waagschale sich füllen, wenn in der anderen der Verrat der eigenen Herkunft liegt?

TEISIAS Wer zugrunde geht, kann seine Abkunft nicht mehr ehren, und eure Ahnen würden euch schwerlich dazu ermutigen, die Bahn ihres vererbten Blutes enden zu lassen in einem leichtfertigen, weil allzu vorhersehbaren Tod.

EUPHRADES Demnach erweist sich das, was ihr gemeinsame Beratung nennt, als erpresserische Drohung und als unabweisbarer Befehl des Starken an den Schwachen auf die Gefahr seines Untergangs.

TEISIAS Ohne zu verleugnen, dass die Mehrung unserer Herrschaft das Ziel unseres Hierseins ist, geben wir euch gleichwohl zu erwägen, ob die Bundesgenossenschaft mit uns, den Mächtigeren, nicht auch eure Macht im Verhältnis zu der jetzigen erhöht.

EUPHRADES Was nützt es uns, mächtiger zu sein in der Knechtschaft, als wir es in der Freiheit waren?

TEISIAS Anstatt das Entsetzlichste zu leiden, dürft Ihr Anteil haben an dem Kampfpreis unseres Wagemuts, und dies umso mehr, je bereitwilliger ihr uns Waffenhilfe und Tribut gewährt.

EUPHRADES Und dass wir unseren jetzigen Status beibehalten, nämlich mit keiner Seite verbündet zu sein, weder mit euch noch mit Sparta, ist für euch unannehmbar?

TEISIAS Eure Ungebeugtheit inmitten des von uns beanspruchten Hoheitsbereichs wäre ein Zeichen unserer ungefestigten und also vom Sinken bedrohten Macht – ein Signal zum Aufruhr für all die von uns Unterworfenen, die nur mit heimlichem Murren die neue Ordnung ertragen.

EUPHRADES Das Beispiel eures so offenkundigen Unrechts an uns wird die von euch noch nicht Überwundenen erst recht aufrütteln zum entschlossenen Abwehrkampf.

TEISIAS Das heißen wir willkommen als eine Stärkung unserer eigenen Entschlossenheit zum Angriff; zumal wir niemanden sehen, der uns zur See auch nur im entferntesten ebenbürtig wäre.

EUPHRADES Ihr selber seid es, die diese Ebenbürtigkeit preisgebt durch eure Absicht, uns zu knechten und somit Unrecht zu tun. Denn es kann der Ungerechte dem Gerechten gegenüber nicht ebenbürtig sein.

TEISIAS Recht von Unrecht endgültig zu unterscheiden geht über menschliches Vermögen und Maß, den Unterschied der jeweiligen Kräfte abzuwägen sind uns hingegen Augen gegeben und Vernunft, um die eigene Erhaltung zu sichern.

EUPHRADES Welch anderes Maß als das der Menschen bringt ihr in Anschlag, da ihr doch selber so sprecht, als gebe es keine Götter, die die Waagschale von Stark und Schwach wieder ins Lot bringen durch die unbestechliche Gewichtung von Frevel und Sühne und so die Lose des Krieges womöglich im Gegenwärtigen bereits anders werfen, als es dem puren Verhältnis der sichtbaren Kräfte entspricht, mit Gewissheit aber in Zukunft einen Ausgleich zwischen Verbrecher und Dulder herbeiführen werden?

TEISIAS Wenn ihr Unsichtbares gegen Sichtbares und Zukünftiges gegen Gegenwärtiges ins Feld führt, dann vergesst nicht das Schicksalsgesetz, das schwerlich aus Zufall euch als Schwächere uns als Stärkeren gegenüberstellt, sondern wahrscheinlich zur Vergeltung für von euch Getanes zu anderer Zeit. Darum setzt nicht im Trugschluss, ihr wüsstet, auf wessen Seite die Götter zukünftig stehen, jetzt alles auf einen Wurf, gegen dessen Ausgang es keine Berufung gibt.

EUPHRADES Und ihr vergesst nicht, dass euer Tritt auf unser Haupt und die Trümmer unserer Burg euch auf eine Höhe führen kann, aus der ihr dann umso tiefer herabstürzt und am Boden noch härter zerschellt, weil beladen mit dem Gewicht unserer Ermordung und eurer Schuld.

TEISIAS Welche Schuld bürden die Götter uns auf? Handeln wir doch nur nach dem Zwang unserer und aller Menschen Natur, insofern wir zu herrschen versuchen, soweit unsere Kraft uns dies nur irgend erlaubt. Wir haben dieses Gesetz weder gegeben noch als Gegebenes zuerst befolgt; und wenn wir uns daran halten, so geschieht dies in dem Wissen, dass auch ihr und jeder, der zur selben Macht wie wir gelangt, ebenso handeln würde. Und darum werden die Götter wohl schwerlich an uns Vergeltung üben für etwas, das zu vollbringen ihr selber genauso erstrebt habt wie wir.

EUPHRADES Dies eben unterscheidet uns von euch und ist für Hybris und Machthunger schwer zu verstehen, dass wir das uns Zustehende zwar wahren, aber nicht, ungerecht gegen andere, in blindem Drang um jeden Preis nach seiner Mehrung streben. Eure Stadt untersteht nämlich der Herrschaft der vielen, die nicht anders kann als Götzendienst zu treiben mit der eigenen Gier, getrieben von unstillbarer Gewinnsucht, unverwurzelt im bewährten Herkommen und in der Kraft der Gottheit. Wir aber sind den Göttern dieser Erde untertan, und sie Gottlosen wie euch zu überlassen wäre Frevel wider ihre Schutzwesen und Durchschneiden heiliger Bande, die uns unverbrüchlicher an sie ketten als an das eigene Leben.

TEISIAS An Vernunftgründen arm, mimt ihr gottselige Verzückung, indem ihr auf Besonderheit und Erwähltheit pocht eurer selbst und eurer Stätte – wo doch in Wahrheit überall unter der Sonne die gleichen Gesetze gelten und ein und dieselben Götter regieren über und unter der Erde und alles mit allem sich vergleichen lassen muss nach ein und demselben Maßstab der Kraft, den unsere Streitmacht, euch sehr zum Missfallen, gegenwärtig verkörpert. Und ihr, nicht wir, seid die Maßlosen im Wahn eurer abgeschlossenen Erhabenheit über die andern und darin letztlich über alle. Wir aber kommen als Gleiche von Gleichen und stark nur durch den Mut zu genau dieser Gleichheit und euch darin um soviel voraus, wie ihr euch über die allen gemeinsame Richtschnur erhebt – in Engstirnigkeit, solange ihr durch eure Insellage geschützt wart, und jetzt durch frommen Selbstbetrug, da ihr gezwungen seid, uns zu begegnen und in der Begegnung euch mit uns zu messen, Mindere an Größeren nach dem für alle gültigen Eichmaß.

Beide Parteien trinken aus der Opferschale. Euphrades wagt den zweiten Wurf um die Asche des Ktesiphos, abermals vergeblich.

EUPHRADES Friedfertigkeit und Zurückhaltung gegen die Raserei des Krieges nennt ihr also Selbstbetrug und Überhebung?
TEISIAS Überhebung insofern, als ihr euch erhaben dünkt über die Grundlage aller Ordnung, nämlich jene zwingende Zwietracht, in welcher die Kräfte sich messen und durch welche die Gottheit einem jeden seinen Anteil am Sichtbaren zuweist. Und was ihr als Gier und Gewinnsucht abtut, ist nichts anderes als das gehorsame Erkunden der Grenzen, die die Gottheit unserem Wollen zieht. Denn auch als Inhaber einer an sich schon bedeutenden Macht sind wir doch nicht Herren über die Entscheidung, unsere Gewalt über unsere bisherigen Grenzen zu tragen oder nicht. Denn damit sie sich nicht im Innern unseres Gemeinwesens Bahn bricht in der Zwietracht des Sohnes wider den Vater und der Frau wider den Mann und des Sklaven wider seinen Herrn und der einen Partei in der Volksversammlung wider die andere, geben wir dieser Gewalt notwendigerweise Ziele außerhalb unserer Stadt.
EUPHRADES Dient euch also der Frevel als Lot zur Erkundung des göttlichen Willens in den menschlichen Verhältnissen, dann können wir Gerechte euch Frevlern das vollständige Vollbringen dieses Frevels genauso wenig ersparen wie uns das vollständige Vollbringen des Erduldens. Und da ihr behauptet, auf einer Stufe mit den Göttern jenseits von Recht und Unrecht zu stehen, nehmen wir denn, was immer auch unsere

Unbeugsamkeit bewirken mag, als Schicksal und Fügung an und versuchen uns nicht weiter mit Überredungskunst an taubem Fels und eisigem Nordwind.

TEISIAS So, als sängen wir euch ein Sirenenlied, scheint ihr eure Ohren mit Wachs verstopft zu haben, ihr Männer von Melos. Wenn ihr uns schon nicht vor eure Volksversammlung führt, bei der unsere wohldurchdachten Gründe mehr Geschmeidigkeit antreffen würden, so schickt uns eure bartlosen Knaben, ob deren Sinn für die Wirklichkeit ihres frischen Lebens nicht ein besserer Berater ist für das Überleben ihres elterlichen Gemeinwesens als die Verstocktheit hirnvergreister Prytanen.

EUPHRADES Genauso klar und vielleicht durch die Unverbrauchtheit ihrer Augen noch viel deutlicher als wir sehen sie eure anrollenden Belagerungsmaschinen und das Tun eurer Soldaten. Noch klarer als wir erblicken sie die schwarzen Rauchwolken über den Feldern, auf denen eure Männer unsere Saaten in Asche legen, und noch deutlicher riechen sie den Gestank des verbrannten Fleisches, das von unseren Schafen und Ziegen aufsteigt, die ihr herdenweise abgeschlachtet habt, nicht um euch zu sättigen, sondern um sie zu vernichten. Und ihnen, den Knaben, genauso wie uns erfahrenen Männern verraten dieser Anblick und dieser Geruch eure wahren Absichten und die Mittel, sie zu erreichen.

TEISIAS So kehrt ihr also, uneinsichtig bis zuletzt, auch noch die Opfer eures eigenen Starrsinns um in Schuldvorwürfe gegen uns, anstatt geschmeidig die Belehrung durch das kleinere, schon eingetretene Unglück einzusetzen als Mittel zur sicheren Abwendung des noch viel größeren, dem zu entrinnen jetzt noch in eurer Macht steht. Zu Recht erntet ihr als trotzige Schüler den Zorn des allzu lange geduldigen Lehrers, der sich euch zuliebe über die Grenzen von Herkommen und freundlichem Umgang hinwegsetzt, um euch ein Schauspiel zu geben für die unveränderbaren Gesetze der Macht. Ihr aber würdigt es nicht als Geschenk an eure Erkenntnis, sondern als Anlass für das Selbstmitleid derer, denen vermeintlich Unrecht geschieht.

EUPHRADES Wohl erkennen wir in eurer Hybris die Kraft einer Lehre, nämlich die eurer Sophistenschulen, und zwar die Fertigkeit, mit den Begriffen von Recht und Unrecht ein Spiel zu treiben wie mit einem Ball, der auf der Schnauze der Robbe rotiert. Doch hinter den Verdrehungskünsten, mit denen ihr eure Verhöhnung aller menschlichen Satzungen verdeckt, zeigt sich doch die Nacktheit des Raubtiers, sein Reißzahn und seine Pranke.

TEISIAS Als Schafsbürger einer Schafsstadt, die nichts wagen will in selbstgenügsamer Trägheit, sondern lieber weidet zwischen abgenagten Grasbüscheln und dem eigenen Kot, wollt ihr dem Starken und Wagemutigen eine Grenze seines Dürfens ziehen nach dem Maß eures Weideglücks, indem ihr unsere ungebundene Freiheit einpfercht in das Gut und Böse der Schafe. Doch für uns, die Starken und mit der wahren Natur der Dinge enger Vertrauten, bildet euer feiges Gatter keine Schranke mehr. Wir teilen mit euch nicht mehr denselben Himmel und unterstehen anderen Göttern, denen wir anderes opfern, nämlich unseren Wohlstand und unsere Sicherheit, um uns immer aufs Neue bis an die äußerste Grenze des uns Möglichen zu wagen.

EUPHRADES Feige ist immer der, der sich als Stärkerer am Schwachen vergeht; und gewiss teilen wir mit euch nicht den Dienst an denselben Göttern, heißen eure doch Gier, Unersättlichkeit und Verblendung.

TEISIAS So wie ein Knabe nicht Knabe bleibt und sein Kinn nicht bartlos, so wie Ares nicht am Webstuhl sitzt und Poseidon nicht Wiegenlieder singt für Neugeborene, so darf die mannbar gewordene Macht sich nicht scheuen, ihre Entfaltung voranzutreiben über die Schranken hinaus, die die Unmündigkeit des Kindes ihr zog. Vielmehr beugt sie sich bereitwillig und in einer eigenen, dem Schwachen nicht mehr begreifbaren Demut jenem größeren Gesetz, das da heißt »Siege und herrsche!«

EUPHRADES Dem Knaben zieht die Natur auch im späteren Mannsein Grenze und Maß, und selbst eine göttliche Macht wie die des Poseidon verlässt nicht einmal in ihrem grimmigsten Wüten ihr angestammtes Element, nämlich das Meer und die Tiefen der Erde. Ihr aber, indem ihr das attische Land verlasst und euer Joch auszubreiten sucht, soweit der Wind nur eure Segel trägt, erhebt euch über Mensch, Element und Gott in gleicher Weise und sucht, noch ohne dass ihr es wisst, in dieser Vermessenheit unweigerlich die eigene Vernichtung.

TEISIAS Euch, um deren mögliche Vernichtung es in Wahrheit einzig geht statt um unsere, sagen wir nur noch dieses eine auf all eure Torheit: Seht zu, dass ihr nicht mit dem Ende der Rede auch das Ende eures Lebens beschließt; denn der Reden gibt es viele in vielen Graden der Vernunft und der Unvernunft, aber von diesem Leben habt ihr nur eines, und so erwägt sehr genau, ob ihr es aufgrund der Unvernunft einer Stunde für immer verlieren wollt.

Beide Parteien trinken aus der Opferschale. Euphrades tut den letzten Wurf nach der Urne des Ktesiphos und verfehlt sie diesmal nicht.

EUPHRADES Gedemütigt haben wir uns zu jenem schändlichen Spiel, das ihr uns auferlegt habt. Nun, nachdem es im letzten Wurf gewonnen ist, gewährt uns mit der Asche unseres Gefallenen nun auch eine Pause in der Verhandlung, damit wir ihm die Totenehren erweisen.

TEISIAS Wir gewähren dir, sie deinem Geleitschutz zu übergeben, um dann unverzüglich hierher zurückzukehren, wenn die Beratung fortgesetzt werden soll.

Sobald Euphrades und Teisias den Platz nach verschiedenen Seiten verlassen haben, tritt Argo aus dem Innern des Wachturms, reißt eine

Holzverkleidung vor einer Mauernische herunter und betastet die intakten Tongefäße, die dahinter zum Vorschein kommen.

ARGO *spricht zu den Tongefäßen* Eure Stimmen hören sie nicht an, die Kriegsmächtigen während ihrer Beratung. Euch, die ihr höchst sachverständig seid im Bewahren und Bergen von so vielem, mit dem man euch belädt. Beständig gegen äußerste Hitze und äußerste Kälte, gegen die pralle Sonne auf Eselsrücken genauso geduldig wie gegen die salzige Finsternis im Frachtraum der Segler, beschützt und beherbergt ihr Wein und Weizen so treu wie der Körper Organe und Blut. Euch hören sie nicht, sondern starren nur auf die Bilder auf euren Bäuchen. Auf den Athleten, der im Wagen dahinrast mit ausgestrecktem rechten Arm, während der linke die Geißel über die Pferderücken schwingt. Auf den Schaum, der aus den Nüstern quillt, und auf den Staub, der unter den Hufen aufsteigt. Auf den Lorbeerkranz, der die Stirn des Siegers krönt. Und jeder denkt in seinem Innern: »Der meine!« *Sie gießt Wasser in eine flache Schale und kontrolliert während der folgenden Prozedur immer wieder darin ihr Spiegelbild.* Die Frauen halten sich an das Ocker der unbemalten Kannen, in denen sie Wasser tragen. *Zu einer Kanne* Ihr beruhigt sie mit der Erinnerung an die Quelle und das Schwatzen der eigenen Stimmen und durch den Anblick eurer verlässlichen, ausladend gewölbten Bäuche, die aussehen wie ein schwangerer Leib. Aber ihr könnt weder empfangen noch gebären, und dadurch seid ihr mir nah. Doch noch näher ist mir das, was ihr enthaltet, ihr Lekythoi, nämlich das, was Weiber und Kinder am Leben erhält: Öl und Honig und Bohnen und Mehl. *Sie entnimmt den Gefäßen Öl und Mehl und verreibt beides auf ihrem Gesicht.* Die Athener werden die erschlagenen Melier noch nicht einmal mit Lehm bedecken, um sie vor Hunden und Aasvögeln zu schützen, aber euch, ihr kostbar bemalten, birgt ihr Schönheitssinn in ein Schutzgewand aus Binsen und Stroh, für die Überfahrt, so als wärt ihr es, die eine Seele bergt, und nicht die abgeschlachteten Menschenleiber. Asche, wo bist du?

Sie sucht in den Gefäßen, bis sie Asche findet, und reibt sie sich über das Mehl im Gesicht und über die Haare, bis sie unkenntlich geworden sind. Nachdem sie eine rote Flüssigkeit getrunken hat, die sie im Mund behält, schiebt sie sich einen Knebel in den Mund und fesselt sich mit Hilfe ihrer Zähne die Handgelenke. Als Trommelklang die Rückkehr der beiden Gesandtschaften ankündigt, zieht sie sich in den Wachturm zurück. Teisias und Euphrades erscheinen von ihrer jeweiligen Seite. Der Begleiter des Euphrades trägt die Urne des Ktesiphos.

EUPHRADES Die Drohung mit Waffengewalt überbietet ihr noch, gewissenlos und ohne das Wort ›Scham‹ zu kennen, durch Hohn und Betrug. *Sein Begleiter stößt die Urne um. Es fällt leere Spreu heraus.*

TEISIAS Wir lehren euch, um Tote zu spielen, mit der Wahrheit zu tanzen und im Angesicht des Unerwarteten geschmeidig zu beraten.

EUPHRADES Dass ihr die Asche unseres Gefallenen tatsächlich zurückgebt, ist unsere Bedingung für jeden Fortgang dieser Verhandlung.

TEISIAS Nicht die Totenehre wollt ihr jenem erweisen, wie es unter Hellenen der Brauch ist, sondern mit seiner Asche Missbrauch treiben für eure grausigen nächtlichen Riten, die zu Recht das Licht des Tages scheuen.

EUPHRADES Das Licht des Tages zu scheuen haben nicht unsere Bräuche, sondern einzig der Betrug, der jetzt in euch sichtbar wird, da ihr nicht davor zurückschreckt, in ein und derselben Verhandlung in heiligsten Dingen Zusagen zu geben und sie dann unter billigem Vorwand zu brechen.

TEISIAS Heilig, ganz nach Spartaner- und Barbarenart, nennt ihr jene schwarze Amphore, die, mit zwölf roten Delphinen bemalt, in eurem Hadestempel steht und in der ihr die Asche eurer gefallenen Krieger aufbewahrt und auch die Asche dieses Mannes zu verwahren sucht. Alljährlich versiegelt ihr sie und taucht sie ins Meer in der abergläubischen Hoffnung, dass die Leiber der Delphine sich lösen aus ihrer roten Kontur, um als geschmeidige Schwimmer im Meer einen Schutzkreis um eure Insel zu ziehen. Doch selbst wenn sie sich tatsächlich aus ihrer Begrenzung lösten, dann würden sie zu jener Grotte schwimmen, in der gefiederte Könige herrschen, nämlich der Adler des Zeus und die Eule Athenes. Und deren Blick würde jede Macht zerstören, die unserer Stadt feindlich gesinnt ist. So gebt euch keiner eitlen Hoffnung hin auf übermenschliche Schutzwesen und Hüter, denn wir, die vermeintlich Wurzellosen, besitzen deren mächtigere als ihr.

EUPHRADES Gleichwohl erinnern wir euch an eure bindende Zusage, uns nach den von euch gesetzten Regeln des Spiels die Asche jenes Toten zu übergeben.

TEISIAS Damit ihr auch sie in jener Urne speichert, um sie am Vorabend der Schlacht mit Solewasser und dem Blut eurer Priesterin vermischt euren Kriegern zu trinken zu geben und sie so als unsichtbare Waffe gegen unsere Streitmacht einzusetzen. Nichts, womit ihr die irdischen Gesetze zu euren Gunsten außer Kraft zu setzen sucht, und sei es noch so töricht, entgeht uns. Denn auch ohne von euch vorgelassen zu sein auf eure Agora, haben wir unsere Augen und Ohren in eurer Stadt. So vernahmen wir auch, zu welchem Zweck, mit welcher Mannschaft und auf welchem Kurs ihr ein Schiff nach Sparta gesandt habt unter dem Befehl eines Steuermanns namens Ktesiphos, so dass es uns ein Leichtes war, ihn abzufangen. Seine Überreste und die seiner Männer sind längst beigesetzt und können eure abergläubische Hoffnung auf Waffenhilfe aus dem Hades nicht mehr nähren. Wir unsererseits werden genauso unerschrocken kämpfen, angefeuert durch den letztjährigen Samoswein, wie ihr, gestärkt durch die Asche eurer toten Krieger.

EUPHRADES Als unerschrocken erweist ihr euch in der Tat durch die beispiellose Verhöhnung von Recht und Gesetz. Das Heilige jedoch, zu dessen Wahrung wir zum Kampf anzutreten bereit sind, können weder euer Spott noch eure Waffen verletzen, und wir vertrauen darauf, dass es seine Verteidiger Anteil haben lässt an seiner Unversehrbarkeit.

TEISIAS Allzu leichtfertig erhebt ihr den luftigen Stolz eurer Gesinnung über den Schmerz des Fleisches, das indes nicht aus Luft und prahlerischen Worten besteht, sondern aus blutdurchpulstem Gewebe, und den Schrei über seine Marterung könnt ihr, durchbohrt und verbrannt, nicht mehr Schutzwesen und Geistern überlassen, sondern euer eigener Mund stößt ihn aus in allzu später Reue über euer jetziges billiges, weil allzu körperloses Märtyrertum. Bedenkt dies, wenn ihr uns Antwort gebt auf unsere letztmalige Frage, ob ihr bereit seid zum friedlichen Beitritt in unseren Bund.

EUPHRADES Fragt die Delphine, die Melos umschwimmen, und die Eisvögel, die es umfliegen, und alles, was eure Streitmacht sich nicht unterwerfen kann, den Wind und den Winter, und nehmt, was ihr hört, als unsere Antwort.

TEISIAS In der Tat scheint uns diese Verhandlung nicht mehr mit Männern ausgetragen zu werden, die ihrer Sinne mächtig sind, sondern mit Mondsüchtigen oder an ihrem eigenen Stolz rettungslos Berauschten, und ganz hoffnungslos wirkt unser Beginnen, noch irgendetwas zur Rettung eurer Stadt mit euch zu erreichen. Aber bedenkt noch dies: nicht nur euer Leib, der abgehärteter und schmerzerprobter Männer, wird Schreckliches erdulden durch unser Schwert, sondern genauso auch der Leib eurer Kinder und mehr noch der eurer Weiber, sei es durch Verschleppung, sei es durch Schändung, sei es durch gewaltsamen Tod oder durch all dies zusammen. Erinnert euch an ihre Stimme, denn gewiss habt ihr sie beim Nahen unsrer Schiffe eingeschlossen in die Webkammer, ins Waschhaus und in den Hof der Gebärenden, um ihren Schrei nicht zu hören.

EUPHRADES Eine Frau war es, die uns gemahnt hat an Erde und Blut und an die bindenden Eide, die wir auf unser Land geleistet haben. Selbst der Schrei derer, die, zu uns gehörig, durch eure Rohheit das Äußerste erleiden, stößt diese Eide nicht um.

TEISIAS Doch euch, die ihr den Frauen keine Stimme gebt in eurem Rat, wo doch die gleichen und wohl noch schlimmere Leiden über ihnen schweben, fehlt, um weise zu werden, ihr Anblick und ihr Ruf nach Erbarmen. Lasst also eine Frau euch jetzt das vergegenwärtigen, was euch erwartet, wenn ihr auf eurem Starrsinn besteht. *Auf einen Wink des Teisias führt sein Begleiter, inzwischen bewaffnet, Argo gefesselt und geknebelt vor.* Feldherren können das hitzige Blut der Mannschaft nicht immer zügeln, nach den Entbehrungen der langen Überfahrt und angesichts der Wehrlosigkeit der Unterlegenen, die zu vielem ansport, was in niemandes Absicht liegt. In niemandes Absicht lag es, dieser Frau, die den Schutz eurer Mauern nicht mehr erreichte, soviel an Leiden zuzufügen, wie ihr Anblick es ausdrückt.

Der Knebel wird aus Argos Mund entfernt. Es ertönt kein einziger Laut. Stattdessen strömt Blut aus ihrem Mund in einem ununterbrochenen Strom, bis sie wieder geknebelt wird.

EUPHRADES Eine Besessene und Tempelschänderin war jene Frau, die uns geweissagt hat und der wir nicht glaubten, sondern wir haben sie vertrieben wie eine ansteckende Krankheit. Jetzt aber wissen wir: Jener Orakelspruch vom Verhängnis war die Prüfung für unsere Stadt, ob wir nicht taub sind auf den Ohren und unfromm dort, wo Ohren münden. Nichts Unbekanntes und nichts Unverdientes bringt uns also dieser Anblick; nichts, was die Neugeborenen nicht schon einsaugten mit ihrer Muttermilch und was den Greisen der knotige Stock in der Hand nicht schon längst mitgeteilt hätte, nämlich, dass das Erleiden sich nicht teilen lässt und dass es alle gleichermaßen treffen wird, die eines Blutes sind – wenn nicht ein Göttliches es anders gewährt. Da ihr indes nicht die Unergründlichkeit eines göttlichen Orakelspruchs, sondern nur den Anspruch eurer eigenen Vorteilssuche vorzubringen habt, macht euch keine Hoffnung, unsere Entschlossenheit zu erschüttern durch den Anblick einer Qual, die ihr zuzufügen imstande seid, oder durch den Appell an unser Erbarmen mit uns selbst und den uns Schutzbefohlenen, denn dazu ist nicht mehr die Zeit.

TEISIAS Wenn nicht Erbarmen mit euch selbst, dann habt Erbarmen mit uns, ihr als die Weisen mit uns Toren, gewährt uns Unwissenden die Macht über Vergängliches und bewahrt als Wissende für euch selbst, was unsichtbar und unvergänglich ist und was wir nicht antasten können. Zwingt als Gotterfüllte uns Gottlose nicht in den Frevel und, unverrückbar in eurem heiligen Bezirk, seid geschmeidig in den diesseitigen Dingen von Bündnis und Krieg. Zahlt uns Tribut in Silber und Schiffbauholz für unseren Zug gegen Sparta und betet in euren Tempeln ungestört um Spartas Sieg über die athenischen Waffen.

EUPHRADES Sichtbares und Unsichtbares sind sich gegenseitig Bedingung wie menschliche Gesinnung und menschliches Tun, und so zollen wir ein und denselben Tribut dem, was die Gottheit verlangt und was die Mannesehre uns auferlegt. Und unser Erbarmen mit euch besteht darin, euch Widerstand entgegenzusetzen bis zum Äußersten und euch so alle Schuld zukommen zu lassen, die auf euch zu laden ihr so begierig seid. Und unsererseits sind wir – für den Fall unserer Niederlage – bereit, alle Buße zu leisten, die die Götter uns auferlegen aus Gründen, die wir nicht kennen. Dies ist unser letzter, endgültiger Ratschluss, und ihn richtet euren Feldherren aus.

Beide Parteien zerbrechen die jeweilige Opferschale, aus der sie immer wieder getrunken haben, und verlassen unter Trommelklang den Platz. In seiner Mitte bleibt Argo gefesselt und geknebelt zurück.

3

An einem Mauervorsprung versucht Argo mühsam, ihre Fessel an einer scharfkantigen Scherbe durchzuscheuern. Glaukon nähert sich unbemerkt von der Seite und zertrümmert die Scherbe mit seinem Stock. Der Schlag trifft auch Argos Hände und entreißt ihr einen Schmerzensschrei.

GLAUKON Jetzt, wo das Unheil dich getroffen hat, bringst du es nicht mehr über andere. Ich kann dich anschauen, Argo. *Er nähert sich ihr.* Sie haben dich geschändet wie ein gewöhnliches Weib; nicht als die Rebellin, die du noch immer bist. Ich sehe es an deinen Augen. Sie haben deinen Schmerz vergeudet: ihn nicht benutzt, um deinen Wahn zu brechen. *Er betastet ihren Körper, der sich vergeblich zu entziehen sucht.* Unter dem Schorf und dem Blut bist du noch immer schön. Ein Mann wie mein Bruder hätte dich jetzt bedenkenlos genommen. Ich will dich nicht. Nicht als der letzte nach so vielen. *Er stößt sie so heftig von sich, dass sie umfällt. Sie kann nur mit Mühe wieder aufstehen und sucht mit dem Rücken an einer Mauer Halt.* Oder hast du selbst den attischen Böcken Schauder eingejagt mit deinem Prophetinnengeheul? Hat ihr Geschlecht kapituliert vor deiner Unantastbarkeit? Konnten sie dir nichts anderes in den Leib rammen als den Knauf ihrer Waffen? Daher ihr Zorn und ihre Erbitterung? Ihr Drang, dir Qualen zuzufügen? *Er nähert sich ihr wieder.* Ich erinnere mich. Der Schmerz ist ein Bergwerk voll von taubem Gestein. Über deinem Kopf wurzeln Bäume und dehnt sich der Himmel. Und du treibst mit blutigen Fingernägeln blinde Stollen voran und suchst drunten, im Schachtsumpf, die Sonne. Dass sie endlich aufgeht, ein gelber Klumpen aus Geschlecht und Tod. Willkommen, Argo, über Tag! *Er füllt Wasser aus einer Amphore in eine Schale, wischt ihr mit einer seiner Binden das Gesicht ab und entdeckt dabei unter der verschorften Kruste ihre unversehrte Haut.* Sieh da! Rote Tunke! Ruß und Aschebrei! *Er schüttet ihr den Rest des Wassers ins Gesicht.* Welches Doppelspiel spielst du ägyptische Hexe? Auf wessen Seite? Auf beiden zugleich? Um beide zu betrügen? Mich hintergehst du nicht. Bei mir darfst du die echte Folter schmecken. *Ganz nahe vor ihr.* Wo hat Argo es verborgen, das heilige Diebesgut? Heras Geschmeide? Unter welchem Weidenbaum hast du es verscharrt? In welche dunkle Grube es hinabgelassen als Weihgabe an Kore? An Persephone? An Hekate oder an andere Göttinnen der Unterwelt? Hast du die Perlen ihrer Ohrgehänge ins Meer zurückgebracht, in den Bauch ihrer Mütter? Welchem gurrenden Tümmler hast du ihre Juwelen ins Maul gelegt? Damit er sie hortet in seinem unterseeischen Versteck, zwischen den Klippen, wo seine Brut mit glitzernden Saphiren spielt? Wo Argo, wo sind sie? Wirst du reden?

ARGO Such!

GLAUKON Wo soll ich suchen? *Er küsst sie. Als er sich löst, greift er sich in den Mund und zieht einen Smaragd hervor. Er lässt den Stein im Licht funkeln.* In welchen Hades hat meine Zunge sich verirrt? Und ist zurückgekehrt über den Styx deiner Zähne! Für diesen Smaragd aus Heras Krone zahlt Melos mir mehr als Athen für das Loch in der Mauer, die Melos beschützt. *Verbirgt ihn in seiner Kleidung.*

ARGO *spuckt aus* Dein Speichel schmeckt nach deiner Krankheit. Auch noch so viele Drachmen machen ihn nicht süß. Gib mir den Smaragd zurück!

GLAUKON *drückt sie mit dem Kopf in den sandigen Boden, bis sie fast erstickt.* Sei froh um jeden Atemzug, den ich dir gönne.
ARGO *keuchend* Gib mir den Stein zurück!
GLAUKON Smaragd hilft Zwillinge gebären. Wozu braucht ihn eine taube Nuss wie du?
ARGO Er gehört in die Krone der Göttin, deren Kopf nie zerspringt.
GLAUKON *lauernd* Was zahlst du mir?
ARGO Unbezahlbares.
GLAUKON Das wäre?
ARGO Deine Heilung.
GLAUKON Von welcher Krankheit?
ARGO Vom Eitersein.
GLAUKON Mich von mir selber willst du heilen! Du, selber nichts als Unheil! Ausgestochenes Auge! Abgestoßenes, brandiges Glied, an dem der Körper einer ganzen Stadt verfault!
ARGO Den Brand in deinem Bein, den kann ich löschen.
GLAUKON Mit welchem Kraut? Mit welchem Zauberspruch? Mit welchem Gebräu aus Krötenblut und schwarzer Galle?
ARGO Du siehst es nicht. *Deutet über ihren Kopf.*
GLAUKON In deinem eigenen Schädel mischst du deine Gifte?
ARGO Die Gifte sind Arzneien.
GLAUKON Schwöre, dass du mich heilen kannst!
ARGO Bei welchen Göttern?
GLAUKON Bei denen, die du achtest.
ARGO Du kennst sie nicht.
GLAUKON Schwöre nicht bei deinen unterirdischen, unsichtbaren Dämonen! Schwöre bei deinem sichtbaren Haar.
ARGO Ich schwöre.
GLAUKON Dass du mich heilst von der Krankheit.
ARGO Ich schwöre bei meinem Haar.
GLAUKON Dem sichtbaren Leiden und dem unsichtbaren.
ARGO Ich schwöre kein drittes Mal.

Glaukon löst Argos Fesseln. Sie entfernt die Binden von seinem Bein. Mit einer Binde umwickelt sie Glaukons Augen, mit einer anderen die Urne des Ktesiphos. Mit dem linken Bein lässt sie Glaukon in die Urne hineinsteigen und treibt ihn in einen grotesken Tanz. Er endet in einem lauten Schrei. Zögernd entsteigt Glaukon der Urne und tastet, noch immer mit Augenbinde, nach seinem Stock.

ARGO Den Stock brauchst du nicht mehr.

Nach einigen schwankenden Schritten entwickelt Glaukon einen sicheren Gang. Er löst sich die Augenbinde.

GLAUKON Endlich fallen sie zu. Die Augen in seinem Gesicht. All die Jahre war es im Obsidian. Ich schlug es aus dem Obsidian mit meiner Hacke. Dann war es im Ganggestein. Ich schlug es mit dem Hammer aus dem Ganggestein. Dann war es wieder im Obsidian in immer neuen Fratzen. Das Gesicht verhöhnte mich, den Strafgefangenen im Bergwerk: seinen Mörder. Da war schon wieder sein Ellbogen an meinem Hals. Sein Würgegriff. Anthimos wollte Farben sehen auf meiner Haut: Blau und Oliv. Den ganzen Regenbogen vorm Ersticken. *Er zeigt auf die Sonne.* Aber an ihr ließ er mir keinen Anteil. Für ihn allein sollte sie leuchten, die Sonne, zu seinem Glanz. Warum habe ich ihn heruntergestoßen? Hat er mich nicht vorher heruntergestoßen von allen unsichtbaren Klippen, mit seiner Kraft, mit seinem Ruhm, mit seinem Spott? Da, meine Arme. Sie geben ihm den Stoß. Er schreit. Ein Schrei der Empörung. Ich habe es gewagt. Ich, der kleine Glaukon, habe gewagt, ihn zu berühren, den großen stolzen Anthimos! Melos' berühmtesten Sohn! Doch es war ohne Vorsatz. Als überspannte Feder, die zurückschnellt. Ein Stoß, so ungewollt wie unabwendbar. Am Rand der Klippe – so starb er, der mir das Licht stahl, den Atem, das Recht aufs Dasein. Vor den Augen derer, die ihn so bewunderten, durch mich, dem er die Kraft wegnahm, der

Wettkampfsieger und künftige Herrscher über unsere Stadt. Und jetzt? Die Augen sind erloschen. Ist das die Heilung? Wer bin ich als Geheilter?

ARGO Glaukon Glaukon.

GLAUKON Welcher Glaukon? Glaukon im Mutterschoß? Glaukon im Grab? Auf halbem Weg dazwischen? Aber dennoch war ich vor dir, Anthimos. Hörst du? Als erster habe ich die Sonne begrüßt. Hatte schon Arme, um dich zu erwürgen, als du aus dem Schoß kamst, ein schreiendes rotes Bündel Fleisch mit pfeifendem Atem, das sie in Sparta in die Wolfsschlucht geworfen hätten wie alle Krüppelkinder. Ich sehe dein Säuglingsgesicht zerfleischt in der Wolfsschlucht. Ist das die Heilung?

ARGO Ja. Und das ihr Preis. *Nimmt ihm den Stein ab.* Aber dein Leiden, Glaukon, war dein Zeichen. Die Athener werden dich nicht mehr erkennen.

GLAUKON Im Gegensatz zu dir.

ARGO Sag ihnen, wenn sie dich greifen und dich töten wollen: »Ich bin Glaukon, Verräter meiner Heimatstadt, Athenerfreund, geheilter und entsühnter Mörder! Lasst mich in meiner Werkstatt hinter den Mauern meine Arbeit für euch tun.«

GLAUKON Die wahre, Melos vernichtende Verräterin bist du. Wenn dich die Stadt nicht vorher selbst vernichtet. Jetzt weiß ich auch wie!

ARGO Und wenn sie dir nicht glauben, dann gib den Meliern auf den Zinnen ein Schauspiel: Lauf um dein Leben. Jetzt kannst du es. Rette dich um Haaresbreite vor dem Schwert der Belagerer. Das überzeugt die Belagerten von deiner Redlichkeit.

GLAUKON Dein Scheiterhaufen muss in einem engmaschigen Eisenkäfig stehen. Denn es stimmt, was sie sagen: selbst wenn sie dich verbrennen, fliegt aus den Flammen noch ein schwarzer Vogel, bis nach Afrika, um Kopf und Flügel ins Nilwasser zu tauchen und damit deiner Asche neues Leben einzuhauchen, du unverwesbare Pest. Diesen Vogel müssen sie fangen, ihn töten und aus dem kleinen Schädel einen Klöppel machen und aus den Beinen zwei Flöten für den Tempel der Hera. Zu deren Klängen kann ihre Priesterin deinen Dämon für immer vertreiben. Das ist Heilung, Heilung für Melos.

ARGO Und dann, wenn nach langen Wochen der Belagerung der Hunger umgeht in der Stadt, hetz die Ausgepressten und Versklavten auf gegen die Herrschenden, du, ihr künftiger Tyrann. Gib deiner bösen Absicht eine edle Farbe: Volksherrschaft und Gleichheit. Schmink das Raubtier mit derselben Maske, die Athen benutzt: den schönen Phrasen von der Freiheit.

GLAUKON Dir schminken sie noch dein wirkliches Blut an. Dir zerreißen sie noch wirklich Glieder und Schoß. Du wirst bezahlen.

Er entfernt sich in Richtung Strand. Argo dehnt ihre befreiten Arme, Beine und Hände in der neu gewonnenen Bewegungsfreiheit, reinigt ihr Gesicht von den Spuren von Mehl und Asche, trinkt aus einem Krug und hebt dann die Trümmer der Opferschale auf.

ARGO Aus dir haben sie beide getrunken, die feindlichen Brüder; Euphrades, der mich als Verworfene verbannt, und Teisias, der mich als Puppe benutzt hat. Dieselbe Erde, aus der man euch geformt und gebrannt hat, wird der eine auf die blutigen Überreste des anderen werfen. *Horcht auf und wendet sich um.* Ja, ihr wisst es besser, ihr Amphoren! Ihr flüstert schon von dem Abraum, der in den Steinbrüchen von Syrakus die Leichen der Athener bedecken wird. Still! Verschont mich an diesem Abend mit eurem zungen- und mundlosen Raunen! Ich weiß: ihr tragt zwischen euren gewölbten Henkeln, die sich krümmen wie der Kreislauf der Zeit, das Wissen um beide Feuer: jenes erste, das euch im Brennofen gefestigt hat, und jenes letzte, das die Eroberer in der Stadt entfachen werden und in dem ihr vor Hitze zerspringt! Beide könnt ihr so viel schmerzloser ertragen als dieser mein Körper. Den hat ein anderer Töpfer geformt, um ihn immer wieder zu zertrümmern: unter Steinigungen, durch die Krankheit oder durch das Schwert. Aber die Gnade, so bewusstlos zu sein wie ihr, ein Krug voll Vergessen, die hat er ihm verwehrt.

Während sie spricht, hat sich der Lärm vorbeimarschierender Soldaten verstärkt. Neben dem Wachturm erscheint Teisias. Argo dreht sich zu ihm um, als habe sie sein Erscheinen gespürt.

ARGO Du kommst schneller als erwartet, Athener.
TEISIAS Wider Willen. Deine Landsleute haben kein Herz. Sonst hätte deine Darbietung sie wenigstens dazu gebracht, noch einmal ihre Volksversammlung zu befragen. An so viel bäuerischer Rohheit prallt selbst der Tod der eigenen Kinder spurlos ab.
ARGO Und an eurer Unbarmherzigkeit, Athener? Wessen Tod prallt da nicht ab?
TEISIAS Noch haben wir niemand umgebracht.
ARGO *schnuppert* Rieche ich an dir nicht Blut?
TEISIAS Von Schafen, Kühen und Ziegen.
ARGO Jetzt von Weidevieh und bald von Menschen.
TEISIAS Nicht, wenn es nach der Vernunft geht. Wir Athener sind keine Barbaren.
ARGO Ihr lernt sehr schnell. Wenn es um eure Macht geht, dann auch die Barbarei.
TEISIAS Lieber als die Kriegstrommel ist mir die Leier und der Chiton lieber als das Eisenhemd. Die Riemen schneiden mir ins Fleisch. Hilf mir aus der Rüstung, Argo. *Sie tut es.* Den Panzer habe ich während der ganzen Überfahrt nicht abgelegt.
ARGO Auch das rieche ich.
TEISIAS Kein Wunder! Tag für Tag dasselbe faulige Wasser, dieselben ranzigen Gerstefladen, derselbe Gestank nach Männerschweiß und Räucherfisch, für den Feldherrn wie für seine Soldaten – die wahre Demokratie!

ARGO Mich stört weder das faulige Wasser noch der Gestank. Mir genügt sogar ein Platz im Laderaum, zwischen Fässern und Kisten.
TEISIAS Auf einem Floß kamst du zu unseren Posten und hast uns deine Dienste angeboten. *Er berührt sie behutsam. Sie lässt ihn gewähren.*
ARGO Gegen einen festgesetzten Preis. Wann geht mein Schiff?
TEISIAS Auf einem Floß, ganz allein, ohne Beschützer.
ARGO Wann geht mein Schiff nach Kanobos?
TEISIAS Gibt es trotzdem einen Mann, dem dieser Körper gehört? Oder ist es mehr als einer? Viele?
ARGO Ich bin niemandes Hure und niemandes Amme. Wann geht mein Schiff, Teisias?
TEISIAS Warte, bis Melos sich ergibt.
ARGO Der Aufschub war nicht abgemacht.
TEISIAS Was willst du, eine Griechin, am Nil? Warum begleitest du mich nicht lieber nach Athen?
ARGO Als dein Kebsweib, Athener? Ich sehe zu viel. *Sie entzieht sich ihm.*
TEISIAS Glaukon hat uns von deinen prophetischen Gaben berichtet. Du hättest die Ankunft unserer Flotte und das Schicksal eurer Heimatstadt vorausgesagt.
ARGO Ich sehe auch das der deinen.
TEISIAS Und was siehst du, kleine Pythia?
ARGO Hera und Athene sehe ich, eingespannt in ein gemeinsames Joch. Sie ziehen Seite an Seite einen Lastkarren über die staubigen Straßen des Olymp. Auf dem Karren liegen die Trümmer ihrer eigenen Standbilder, allen Schmucks und aller Farbe beraubt. In ihren leeren Augenhöhlen lagert Staub und Geröll, und ihre kahlen Schädel bedeckt Poseidons verbogener Dreizack. Auf ihm sträubt die Eule ihre räudigen Federn und zwinkert mit ihren Pupillen im grellen Mittagslicht. Ihre Augen zeigen weder Klugheit noch Erbarmen, nicht einmal für ihre Herrin Pallas Athene, die sich wie ein Lasttier dahin-

schleppt. Neben dem Karren traben schwer beladene Esel, mit dem Schutt Eurer Akropolis auf dem Rücken; sie reiben die Köpfe an den hölzernen Balken des Gefährts und schmettern ihr von Durst gepeinigtes I-ah in den von Göttern verlassenen Himmel.

TEISIAS Um diese Weisheit zu verkünden, brauchst du nicht auf den delphischen Dreifuß zu steigen; jeder athenische Ruderknecht sieht klar, wer die altbewährte Ordnung auf den Karren wirft und sie aus der Stadt schleift: Emporkömmlinge, Glücksritter und Demagogen. Aber ich, Teisias, achte die Götter, Athene ebenso wie Poseidon.

ARGO Wenn du sie achtest, dann halte dein Versprechen, Athener.

TEISIAS Ich biete dir meinen Schutz.

ARGO Ich schütze mich selbst.

TEISIAS Geh in mein Feldherrnzelt. Du kennst den Krieg nicht.

ARGO Ich kenne ihn. Ohne Erbarmen kommt ihr über diese Stadt und werdet, erbittert über den erbitterten Widerstand, alles zerstören. Sogar die heilige Amphore in ihrem Hades-Tempel. Die Delphine auf ihrer Wandung konnten keinen Schutzkreis um Melos legen, weil die Stadt mich, ihre Schwester, ausgestoßen hat.

TEISIAS Du, die Schwester der Delphine?

ARGO Und euren Schiffen geben sie kein Geleit durch die Stürme, weil deine Soldaten ihre unantastbaren Bilder zertrümmern.

TEISIAS Auch von deinem Wahnsinn hat uns Glaukon erzählt; der amphibische Dämon, von dem du angeblich besessen bist, verbreite auf eurer Insel Angst und Schrecken. In mir erweckt er nur Mitleid. *Er legt sich seine Rüstung wieder an.*

ARGO Wenn ihr alle Männer von Melos erschlagen habt, wirst du sie suchen, die Frau, die Platz hat für dein erregtes Geschlecht und dein Mitleid zugleich. Du suchst in den Kellern, in Grotten, sogar in den Höhlen und Gängen der Totenstadt. Unter

Ruß und Aschebrei musst du die makellose Mädchenhaut erst freilegen und die zarte Wölbung der Brüste entziffern, du, Teisias, der selbst die Barbarei als schöne Kunst betreibt. Und damit dir kein Tropfen deiner Lust entgeht, bettest du deine Beute zuerst auf das Polster deines Mitleids, bevor du sie dann vergewaltigst.

TEISIAS Dein drittes Auge, Seherin, hat einen blinden Fleck. Meine Zukunft verkennt es.

ARGO Mir genügt, dass ich die eigene erkenne.

TEISIAS Ich fürchte, du siehst sie anders als ich.

ARGO Willst du mich um meinen Lohn betrügen?

TEISIAS Wie sollen wir mitten im Krieg ein Schiff entbehren, das dich nach Ägypten bringt?

ARGO Was, Teisias, hast du mir bei Isis geschworen?

TEISIAS Im Krieg ist alles eine Waffe, auch ein Eid.

ARGO Gegen dich selbst, wenn du ihn brichst.

TEISIAS Willst du mir drohen, kleine Argo?

ARGO Ganz gleich, mit wie vielen Leichen ihr meinen Weg säumt, ich werde zurückkehren in das Haus meiner Herrin, auch ohne dein Schiff. Ich überbringe ihr die Juwelen, die eure Priester an hohle Götzenbilder verschwenden: das Stirnband aus Lapislazuli, die Ohrringe aus Karneol und den Smaragd für ihre Krone. Und ich nenne dir jetzt schon den Fluch, den sie dann über den Mann ausspricht, der bei der Macht ihres Namens einen Meineid schwor. *Sie ergreift einen Tonkrug, der in ihrer Nähe am Boden liegt. Während sie ihn aufhebt, erscheint hinter ihr Glaukon.* So wie dieser Tonkrug an der Wand zerschellt und...

GLAUKON *hält ihr von hinten den Mund zu* Rasch! Stopf ihr das Maul, Teisias! Notfalls schneide ihr die Zunge heraus.

ARGO *sich sträubend, während Glaukon sie niederringt* und wie er in tausend Splitter zerspringt, so soll der Schädel des Teisias, sein Rückgrat, sein Herz...

Teisias winkt seinen bewaffneten Begleiter herbei, der Argo knebelt und fesselt.

GLAUKON Werft die Besessene ins Meer. Auch euch bringt sie nichts als Unheil.
TEISIAS Wo ist deine Krücke, Melier? Dein krankes Bein?
GLAUKON Ich habe während eurer Beratung unentwegt auf der Brüstung dieses Turms gekniet und zu Hera gebetet; gebetet wie noch nie in all den Jahren meiner Krankheit. Ich habe sie gefragt: Ist es gerecht, Herrin, wenn ich in dieser Lage der Dinge der Sache des Stärkeren diene?
TEISIAS Was gab dir die Göttin zur Antwort?
GLAUKON Dass im menschlichen Verhältnis Recht gilt bei Gleichheit der Kräfte, doch der Überlegene das ihm Mögliche durchsetzt und der Schwache es hinnimmt. Doch diese Mahnung zur Vernunft war nur ein Teil ihrer Botschaft. Der andere, viel erschütterndere, war die Heilung meines Körpers. Plötzliche, gottgesandte Heilung von dem ausweglosen Leiden. *Argo bäumt sich auf und versucht vergeblich zu sprechen. Der Bewaffnete bändigt sie.*
TEISIAS So ist das Unheil von dir gewichen, weil du die Seite gewählt hast, auf der die Götter stehen: die des Mächtigeren. Und keine Sorge, Glaukon, *er zeigt auf Argo* auch dieses Unheil aus Melos werden wir zähmen. Wir widmen es sogar um in unser Heil. Wozu sind wir Athener? *Zu Argo, während er beruhigend und zugleich genießerisch über ihren zitternden Körper streicht* So sehr du uns auch hasst, arme Argo: du bist zu kostbar für den Tod oder die Versklavung. Du wirst den athenischen Frauen die lange Wallfahrt nach Delphi ersparen. Sie werden zu dir kommen an den Tagen der Demeter und des Hades, zwischen dem Gang zum Markt und dem abendlichen Wasserholen. Du empfängst jede in deiner kleinen Werkstatt und gibst ihnen Antwort auf ihre Fragen. Für zwei Drachmen: aus welchen Kräutern und bei welchem Mond sie Salben mischen soll, um

schön zu sein. Für fünf Drachmen: wie sich die Liebe fügen oder kitten lässt zu dem Mann, den sich ihr Auge ausgesucht hat. Für zwanzig Drachmen: wann der da an ihrer Seite stirbt, den sie in zwanzig Jahren nicht einen Augenblick lang liebte, und wie sie bewirkt, dass ein lenkbarer Greis ihr Vormund wird. Dir geht der Rat nie aus. Bald kommen sie nachts zu dir; und am Ende verteilst du Lose, wann welche als wievielte zu dir darf. Auch ohne dass du singst, Kithara spielst und dich jedem hingibst, der genug bietet, hast du größere Einkünfte als unsere vornehmsten Hetären. Einkünfte, die ich dringend benötige für die Erneuerung meiner Bergrechte in Laurion und den Unterhalt meiner Sklaven. *Lachend* Du, Argo, wirst mein neues Silberbergwerk sein, und Glaukon, mit Bergwerken vertraut, dein Aufseher. Und wer weiß? Vielleicht kann er, der Gottgeheilte, auch deinen Wahnsinn heilen.

Teisias schließt die letzten Schnallen seines Panzers, während der Bewaffnete Argo abführt, und entfernt sich dann gemeinsam mit Glaukon in Richtung der vorbeimarschierenden Soldaten.

MARSYAS
Der Wettstreit

MARSYAS, Satyr
SOKRATES, Philosoph

Ich behaupte nämlich, Sokrates sei äußerst ähnlich jenen Silenen in den Werkstätten der Bildhauer, welche die Künstler mit Pfeifen oder Flöten darstellen, in denen man aber, wenn man die eine Hälfte wegnimmt, Bildsäulen von Göttern erblickt; und so behaupte ich, dass er vorzüglich dem Satyr Marsyas gleiche. Dass du nun dem Ansehen nach diesen ähnlich bist, o Sokrates, wirst du wohl selbst nicht bestreiten, wie du ihnen aber auch im Übrigen gleichst, das höre demnächst.

Platon, Symposion, 32. Kapitel, 15b

Seit der Niederlage Athens im Peloponnesischen Krieg sind fünf Jahre vergangen. In der Mittagshitze schreitet die ungebeugte Gestalt eines älteren Mannes über den Kerameikós, den zu dieser Stunde menschenleeren Friedhof der Stadt. Er trägt die Werkzeuge des Grabpflegers, als der er seit vierzehn Tagen hier Dienst tut. Bis dahin war er, der berühmte Sokrates, das allzeit wache Gewissen seiner Vaterstadt, die ihn vor kurzem wegen vermeintlicher Gottlosigkeit zum Tode verurteilt hat. Obwohl rechtskräftig, ist das Urteil noch nicht vollstreckt, weil die Bürger die Rückkehr ihrer alljährlichen Festgesandtschaft nach Delos erwarten und der Brauch es verbietet, in der Zwischenzeit die Todesstrafe zu vollziehen. Unter der Bedingung, mit niemandem mehr ins Gespräch zu treten, haben die Richter dem Verurteilten erlaubt, seine letzten Tage statt in der Gefängniszelle innerhalb der Friedhofsmauern zu verbringen. Soeben legt Sokrates seine Werkzeuge ab, um an dem Grab seines Vaters Sophroniskos ein Trankopfer darzubringen. Die Grabstätte schmückt ein Werk aus der Steinmetzwerkstatt des Verstorbenen, die lebensgroße Statue des Marsyas, jenes Satyrs, der nach seinem verlorenen musikalischen Wettstreit mit Apollon von dem Gott aus seiner Haut geschunden wurde. Als Sokrates nach vollzogenem Opfer seine Werkzeuge wieder an sich nimmt, öffnet das Standbild, das einen Weinschlauch um die Hüfte trägt, plötzlich den Mund.

MARSYAS
noch reglos Athener! Grabwächter! Friedhofsbüttel! *Sokrates hält inne und dreht sich zu ihm um.* Ja, dich dort, den Mann mit den nackten Armen im staubbedeckten Gewand, dich rufe ich. Reib dir ruhig die Augen. Aber renne nicht schreiend davon. Das Schreien ist hier verboten. Und es ist helllichter Tag. Die Tore des Hades sind fest verriegelt. Kein Geist, nur eine Statue öffnet

plötzlich den Mund und spricht zu dir. *Stille.* Tapfer, Athener! Du zuckst nicht zusammen, hebst nicht abwehrend die Hände, sondern schaust mich heiter und forschend an. Ich bitte dich, tritt näher. Es wird noch eine Weile dauern, bis ich die Beine frei bewegen kann – so langsam, wie wieder Leben in meine Glieder strömt.

Während Sokrates sich ihm nähert, versucht er sich in minimalen Bewegungen, die in der Folge allmählich immer größer werden.

Schon lange vor meinen Lippen, Athener, haben sich meine Augen aufgetan. Seit geraumer Zeit beobachten sie dich aus der Ferne. Jetzt lass dich aus der Nähe anschauen. *Sokrates geht noch näher auf ihn zu.* Kahler Schädel. Wulstlippen. Sattelnase. Hamsterbacken. Fliehende Stirn und Doppelkinn. Wahrlich kein Ausbund von Schönheit selbst für den Friedhof dieser so schönheitssüchtigen Stadt! Wenn in deinen Sandalen auch noch Bocks- statt Menschenfüße steckten, wäre ich versucht, zu dir zu sagen: Spiegelbild.

Beide mustern sich eine Weile schweigend.

Und ich habe gesehen: vorbildlich wie eh und je erfüllst du deine Bürgerpflicht. Du fegst die Wege und sammelst auf deinem Handkarren den Kehricht, um ihn allabendlich zu verbrennen, eine bescheidene Quelle von Licht und Wärme vor deinem Holzverschlag, kaum geräumiger als eine Hundehütte. Frühmorgens, ja selbst in der prallen Mittagshitze, in der kein Athener die Toten besucht, schabst du Efeu, Vogelkot und Wollmoos von den Stelen. Du hebst Rattennester aus und scheuchst Marder, Krähen und Katzen. Du kittest Brüche in steinernen Fingern und Zehen und entfernst Kalk von Granit und Marmor mit einem Meißel, so als wärst du zu deinem ersten, dem Steinmetzhandwerk zurückgekehrt, das dein Vater Sophroniskos dich erfolglos gelehrt hat. Täglich opferst du hier an seinem Grab Honigwein und ein paar Krumen von dem Gerstebrot, das dein ältester Sohn dir jeden Abend ans südliche Tor bringt, wortlos, den Blick voll Tränen und stummem Vorwurf. Und immer wieder studierst du, trotz ihres höchst bescheidenen Kunstanspruchs, diese Statue. Nicht imstande, das feine Gewebe einer Haut überzeugend wiederzugeben, hat Sophroniskos für sein Probestück mich, den geschundenen Marsyas, gewählt. Aber diese unglückselige Verschwisterung von Unvermögen und gewollter Hässlichkeit konnte weder die Bildhauerzunft überzeugen noch einen Käufer in der kunstsinnigen Bürgerschaft. So hat mein Standbild ein verborgenes Dasein im Schuppen hinter der Werkstatt gefristet, um erst hier auf seinem Grab zur Geltung zu kommen. Jetzt, selber dem Tod so nah, suchst du durch das Werk hindurch Verbindung zu seinem Schöpfer, zu dem Geist des Möchtegernbildhauers, der doch nur Steinmetz war – zu deinem Vater. Doch hast du einen anderen Geist hervorgelockt. Der seinerseits Verbindung sucht mit dir, dem Wahrheitssucher Sokrates.

Das im Hintergrund präsente Gezirp der Zikaden wird lauter.

Selbst hier, auf diesem menschenleeren Friedhof, hattest du nach wenigen Tagen schon Schüler. Jedes Mal, wenn du dein Trankopfer darbringst, erscheinen von allen Seiten die Salamander. Die kleinen Lurche sausen um deine Füße und lecken den vergossenen Wein vom Boden wie Nektar. Sie schauen zu dir auf, als wärst du, der Friedhofsbüttel, ihr Heilgott. Und wo du auch gehst und stehst, umgibt dich das Zirpen der Zikaden. Wenn sie verstummen, dann ist es so, als erwarteten sie dringend eine Antwort von dir. Die du ihnen gnädig verweigerst. Denn das arglose Zirpen, mit dem sie ihr Auf-der-Welt-Sein feiern, würdest du ihnen gewiss in einen Widerspruch verwickeln. Wie würde es dir, Sokrates, wohl ergehen in einer Stadt der Zikaden? Zu welcher Strafe würdest du dort verurteilt, weil du die Grenzen des Zikadendenkens sprengst und den Grillen Götter aufzuschwatzen suchst, wie Ameisen oder Bienen sie verehren? Du lächelst nicht. Hat deine berühmte Ironie sich in dieses dürre Achselzucken verkrochen?

Die boshaften Athener! Ihr sogenannter Gnadenerweis hat dir das leichte Sterben hinausgezögert und dir dafür dies schwere Schweigen auferlegt. Dem auf Argumentieren und Debattieren so Versessenen sein Lebenselement entzogen. Wie hart traf dich wohl dieser Schweigeschwur? Noch hast du ihn nicht gebrochen! Hältst du trotz ihrer Verblendung noch immer zu den Bürgern deiner Vaterstadt, aus Gesetzestreue und aus Pflichtgefühl?
Auch ich, Sokrates, schätze Athen. Hier hat man mir Statuen errichtet; nicht nur dieses bescheidene Machwerk hier, sondern höchst kunstfertige aus berufeneren Händen, als dein Vater sie besaß. Manche dieser Standbilder schmücken gar, wie eine makabre Trophäe, das Heiligtum meines Widersachers Apollon. Warte noch zwanzig Jahre, dann werden die Athener auch dem jetzt verfemten, zum Friedhofsbüttel degradierten Philosophen Standbilder widmen.

Er verlässt sein Podest, um ab jetzt immer freier hin und herzugehen.

Sind wir, Spiegelbild Sokrates, nicht Brüder? Und das nicht nur künftig, in Stein, als Statuen einträchtig in denselben Wandelgängen aufgereiht, sondern schon jetzt? Hören wir nicht das Zirpen der gleichen Zikaden? Riechen wir nicht den gleichen Zypressen- und Thymianduft? Umweht uns nicht die gleiche Brise über dem gleichen Gräberfeld? Und geht unser beider Blick nicht auf die langen Mauern, die Themistokles von hier bis zum Piräus gebaut hat? Und haben wir nicht beide die gleiche Gewissheit, dass sie nicht mehr lange stehen? Oder siehst du den endgültigen

Sturz deiner Heimatstadt nicht voraus? Erkenne ich die Zukunft etwa besser als du? *Sokrates weicht ein paar Schritte zurück.* Ja, du hast Recht, zurückzuweichen! Niemals soll es für mich je wieder einen Wettstreit geben, in keiner noch so schlichten Fertigkeit. Schon gar nicht in der Kunst der Weissagung, und in dieser wiederum am allerwenigsten mit dir, dem Weisesten der Weisen, zu dem das delphische Orakel dich erkor. Nie wieder, nachdem ich den Wettstreit mit dem Leiergott Apollon verlor und mit dem Wettstreit meine Doppelflöte, meine Haut und mit dieser Haut auch meine Begrenzung; mein Selbstsein. Du, Sokrates, hast deinen Richtern geschworen, in diesem Leben mit niemandem mehr zu sprechen. Mit niemandem! Bin ich nicht niemand genug, dass du das Wort an mich richtest?

Er wartet vergeblich auf Antwort, trotz der prallen Sonne bibbernd vor Kälte. Sokrates, der sein helles Obergewand zusammengefaltet über der Schulter trägt, will es ihm fürsorglich umlegen. Marsyas betastet es prüfend, ohne es anzuziehen.

Prüfe gut, was du tust, Athener. Du bietest mir ein fleckenloses Gewand? Fleckenlos wird es nicht bleiben, wenn es mich so verlässlich vor der Kälte schützen soll, wie einst das Satyrfell es tat. Dein Blick sagt mir, das schreckt dich nicht. Was lese ich da noch in deinen Augen? Doch nicht etwa Erbarmen? Erbarmen und Mitleid mit mir? Ist es, in Anbetracht deines Spiegelbildes, nicht eher Erbarmen mit dir selbst? *Er gibt Sokrates das Gewand zurück.* Denn was haben sie dir nicht alles genommen? Nicht nur das Recht zum Reden, sondern vielleicht sogar die Zunge?

Er schaut nach. Sokrates lässt zu, dass seine Zunge sehr weit herausgezogen wird.

Du bist im ungeschmälerten Besitz deiner kostbarsten Waffe. Was nutzt sie dir, wenn du sie nicht einsetzen darfst? Nicht einmal hier, wo niemand außer den Toten deine Übertretung bezeugt? *Sokrates entfernt sich wieder von ihm.* Dürftest du sprechen, du würdest gewiss auch mich ausforschen nach trügerischen Selbstgewissheiten. Würdest mit deinen Fangfragen die Mauern berennen, die mein Denken errichtet. Dir Maulwurfsgänge graben ins Fundament all meiner Überzeugungen. Durch das Dach meines festgefügten Bildes der Welt einbrechen mit dem Keil deiner Unterscheidungen: wahrhaft und scheinbar. Urbild und Trugbild. Erkenntnis und Meinung. Als habe mein Bewusstsein jemals ein Dach besessen aus Vorstellungen über das Dasein! Als habe es sich jemals vor dessen elementaren Gewalten, vor Hagel, Blitz und Donner zu schützen gesucht!

Lautes Zirpen der Zikaden.

Mich könntest du nicht so leicht einschüchtern und übertölpeln wie all die ahnungslosen Knaben, die sich deine Schüler nennen. Die vermeintlich sichere Beute deiner Fragekunst könnte sich vor deinen verblüfften Augen entpuppen als ein so proteushaftes Wesen, wie du es noch nicht erblickt hast. Denn welche Art Körper siehst du vor dir, Hebammensohn? Einen Wiedergänger? Einen lebendigen Leib? Ein gemeißeltes Standbild? Standbild und Leib zugleich? Zwei oder eines oder etwas zwischen eins und zwei? Reibe dir ruhig die Augen. Zähle und nenn dir selbst das Ergebnis. Auch ein Gott hat sich einst, zwischen den Platanen von Kalainai, an dem Fluss, der damals noch nicht Marsyas hieß, so die Augen gerieben. *Stille.*

Ist es ein zarter Anflug von Spott, den ich in deinen Augenwinkeln sehe? Glaubst du etwa, dieser Weinschlauch sei der Grund, dass ich mich selbst als mehr als einen sehe? Hältst du mich für berauscht, in Erfüllung dessen, was du als meine Silenenpflicht erachtest? Zugegeben, dieser Weinschlauch macht, dass ich doppelt hier bin, denn sein Leder war einst ich! Ungegerbt und noch lebendig war es früher meine eigene Haut. Seit sie mir fehlt, friere ich. Doch warum jetzt noch mehr als in den Nächten als regloses Standbild auf dem Kerameikós? Weil dein verstocktes Schweigen anfängt, mich zu verbittern. Weil ich allmählich beginne, die Anklage deiner Verfolger zu verstehen: »Dieser eine, alle und jeden niederschwatzende Mann da erhebt sich zu seiner eigenen Polis! Mit eigenen Gesetzen; in allem gehorchend ausschließlich dem, was ihn gut dünkt, es rechtfertigend als höchsten Erlass seines Haus- und Privatgotts, seines Daimonion, das keiner anderen Gottheit, geschweige denn einem Sterblichen, Rechenschaft schuldet!« Weil ich verstehe, dass dein viel geschmähtes Weib zu Recht mit dir die Geduld verlor. Lief Xanthippe in den Nächten nicht mit aufgelösten Haaren durch die Stadt: »Wo bist du, Sokrates? Dein jüngster Sohn zahnt, und der älteste verwünscht auf den Gassen seinen Vater, dessen ach so erhabene Weisheitsliebe stets nur die Söhne anderer belehrt.«

In deinem Innern, großer Schweiger, schweigst du nicht. Ich spüre deutlich, was hinter deiner Stirn vorgeht. Natürlich gibt dein Geist auch auf einem Friedhof keine Ruhe. Natürlich beharkt er die Toten mit Fragen über die Natur der Seele und das Wesen von Tod und von Unsterblichkeit. Bloß wie lockst du die Schatten noch einmal ans Tageslicht? Hierher verirrt sich kein Lamm, dessen Blut du ihnen in die Grube schütten kannst. Hier hausen nur Mäuse, Ratten und Salamander, die um deine nackten Füße schwirren. *Stille.*

Warum erforschst du nicht lieber mich, Sokrates, der ich, obwohl ich zu dir spreche, wahrhaftig nicht untot bin, Mischwesen in mehr als nur einem Sinn? Als Satyr war ich schon die Kreuzung zwischen Bock und Abkömmling der Götter, und zwar älterer, als es die Olympier sind. Jetzt bin ich die Kreuzung von Standbild und leibhaftiger Gestalt, von Gestorbenem und dem, der sein Sterben zu ergründen sucht. Und zwar mit deiner Hilfe, du Meister im Zergliedern und Ergründen! Willst du sie mir tatsächlich verweigern?

Stille. Marsyas wendet sich zu den Gräbern.

Hört, hört, ihr in Urnen versenkten Athener! Meine so besondere Art des Totseins berührt ihn nicht, den berühmten Weisheitsucher Sokrates! Auf welche tiefere Wahrheit als meine stieß jemals sein alles zerpflückendes Gerede, mit dem er bartlose Jünglinge um sich geschart und doch nur verwirrt hat? Wie sein Vater an den Statuen gescheitert, hackte er auf unschuldigen Definitionen von Wörtern herum und versuchte, aus der Wahrheit eine Statue zu formen, reglos und starr wie der Marmor, den er so oft ruinierte: ein granitenes Ding, allem Pulsen, Sprießen und Werden entzogen, das einen erstarrten Zeigefinger hebt. Und auf welches vermeintlich unwandelbare Urbild deutet er? Auf ein Fragezeichen, auf das niemals eine Antwort folgt! Schaut ihn an, den größten Weisen! Verlegen tritt er von einem Fuß auf den andern und kratzt sich am Kopf, nicht von Licht und Anteilnahme erfüllt, sondern von Phlegma und Überdruss. Erhaben an ihm ist nur noch die Warze auf seiner Stirn, blau schimmernd wie der Abendhimmel über dem Piräus. *Stille.*

Die Toten sind Toren. Meine Stimme erschreckt sie. Das Gekeif der Klageweiber noch im Ohr, drehen sie sich in ihren Gräbern auf die andere Seite, alle gemeinsam, eine schwarze Herde verängstigter Schafe auf einer verdorrten Wiese im Hades; Schafe, die auf einen Hirten warten. Doch wenn sie dich erkennen, Sohn des Sophroniskos, dann rennen sie lieber auf den nächsten Abgrund zu, in Erinnerung an die alte Verwirrung, die du über sie gebracht hast. Gepeinigt von der Angst, du ziehst ihnen, den Toten, selbst noch das Totsein in Zweifel. Fragst ihnen über den

Styx hinweg Löcher in die schützende Wand der Unterwelt: »Was ist das Wesen des Totseins? Ist es ein Vergessen oder ein Wiedererinnern? Eine Übereinkunft oder ein Naturgegebenes? Wenn naturgegeben, ist es ein allen Gemeinsames oder ein je Besonderes? Besteht es als Besonderes aus Teilen? Aus Anfang, Mitte und Ende? Wenn nicht, falls es etwa ohne Anfang ist, geht es dann nicht schon der Geburt voraus? Wenn ja, wird es durch die Geburt in seinem Wesen verändert? Wenn ja, ist diese Veränderung lehrbar? Wenn ja, auf welche Weise in Richtung des Guten? Wenn in Richtung des Guten, dann auch in die der Unsterblichkeit? Ist also selbst euer Totsein nur eine Art Schlaf? Wenn es ein Schlaf ist, warum wacht ihr nicht auf und befragt diesen Schlaf nach seiner Ursache und seiner wahren Natur? Solange, bis ihr sie ergründet habt?«

Gib es zu! Du hast den Schafsathenern die Selbstverständlichkeit von Sein und Dasein erschüttert bis über den Tod hinaus. Das Schöne, das sich nackt und unbekümmert im Licht des Stadions geräkelt hat, hast du ihnen zerpflückt und verdächtig gemacht; denn plötzlich sollte es untrennbar sein vom sogenannten Guten! Ihr Denken war ein üppiger Garten mit Lorbeerhainen und unschuldigen Rosenbeeten. Deine Dialektik hat ihn umgewühlt zu einer öden Brache schwarzer Schollen! Und keiner wagte mehr darin etwas anzupflanzen, weil er sich in ewigem Zweifel fragte: »Ist dies verlässlicher Grund? Fällt hier nicht vielmehr alles, was ich säe, ins Bodenlose? Jede Meinung, die ich über Götter und Sterbliche hege? Jede Meinung, an der ich mich wie an einem Spiegel täglich vergewissern kann, wer ich selber unbestreitbar bin? Wo ist sie hin, diese meine Gewissheit?«

Statt der erschrockenen Toten stehe jetzt i c h vor dir, ein Wesen zwischen Tod und Leben, aus erwachtem Stein.
Warum übst du nicht an mir deine Kunst?
Wer bin ich, Sokrates?

Sage mir wenigstens deine Meinung über das, was ich scheine.
Stille.

Warum weicht jetzt sogar dein Blick mir aus? Was suchst du am Himmel, Sokrates? Die Sonne hinter den Wolken? Was erkennst du in den Köpfen und Bäuchen aus Dunst, die über uns hinwegziehen, auf ihrem Weg nach Nordosten? Suchst du die ungeborenen Regentropfen und keimenden Blitze, die morgen auf Thrakien und übermorgen auf Phrygien niedergehen? Du weißt, dort hausen die, die mich geboren, und der, der mich gezeugt hat. Aber dorthin kehre ich selbst als Wiedergänger, als Phantom des alten Satyrs, nie wieder zurück. Nie wieder in die Höhlen und Grotten, in denen wir Silene die Hundstage verbrachten, vermeintlich auf der Flucht vor der Hitze. Aber eher als die Kühle lockten uns das silberne Gefunkel im Gestein – und die Mutigsten unter uns gar das Magma auf dem Grund der Schächte. Oft kühlten die glühenden Steine, die wir ans Tageslicht brachten, ab zu Gold. Aber lieber noch als Schatzsucher spielten wir im Gebirge den Sommer über Schäfer und Hirten. Jedes Lamm begrüßten wir weinselig mit Flötenspiel, hätschelten es und suchten ihm Kräuter gegen Schorf und Grind – alles nur, um es vielleicht doch eines Nachts zu zerreißen. Wir trugen Nymphen auf unserem Rücken hilfsbereit durch den Bergbach. Aber in der Mitte der Furt fielen wir manchmal über die Wehrlosen her. Nicht im Bann animalischer Gelüste, sondern wie eingeschlossenes Feuer im Fels, das sich plötzlich einen Kamin bricht. Denn Urfeuer sind wir, unlöschbar, und als solches durchstreifen meine Geschwister noch immer die phrygischen Schluchten und Wälder. Ihr Athener kennt sie nur als Zerrbild.

Sokrates nähert sich ihm neugierig, während die Zikaden lauter zirpen.

Für unsere Sippe gibt es in der Sprache der Hellenen keine treffenden Namen; auf euren Festzügen keine Statue, in euren

Tempeln kein Gemälde, bei euren Feiern kein Preislied. Wir sind verfemt, und durch unsere Verfemtheit: geschützt. Wir wissen: so wie es für euch Sterbliche das Beste ist, nicht geboren zu werden, so für uns Titanenenkel, nicht verehrt zu werden. Euren Götzendienst gönnen wir neidlos den Olympiern. Selbst schon vermantscht mit zu viel Menschheit, wehren sie sich nicht gegen eure Statuen, Wandgemälde und Hymnen; willig leihen sie euren Festtagen ihre Namen, euren Opferungen ihren Sinn für Geschacher. Wir wissen, unsere Verweigerung hat ihren Preis. Je mehr eure Bildhauer spüren, dass durch uns etwas Unfassbares in die Erscheinung drängt, umso bereitwilliger greifen sie zum Mittel der Verzerrung: staffieren uns aus mit Bocksfüßen, Widderhörnern oder Pferdesteiß. So hat auch dein Vater Sophroniskos sein Künstlerglück an mir versucht. Und jetzt versucht das Auge seines Sohnes in der gleichen Ratlosigkeit sein Erkenntnisglück an eben diesem Marsyas.

Aber, du großer Schweiger, ist denn wirklich ein wirkliches Sehen in deiner Pupille? Empfängt sie tatsächlich den Widerschein der himmlischen Feuer? Oder ist sie selber nur ein Meißel, der sich unter den Hammerschlägen deiner Meinung eine Welt erzwingt? Tock tock tock tock! Vernimmst du, wenn du tief in dein Innerstes hineinhorchst, nicht das Geräusch deiner Blicke? Tock tock tock! Hörst du es so deutlich wie ich? Hämmern und schnitzen und meißeln sie nicht an der Erscheinung herum, um sie dir mundgerecht zu machen, wiedererkennbar, endlich und darin unendlich begrenzt? Mich siehst du vor dir als wandelnde Statue, die plötzlich zu dir spricht. Aber die Kraft, die sie beseelt, wo siehst du die? Wo gewahrst du die Entgrenzung, die sie durch den Gott erfuhr? Das Werden, das mich durchströmt, von Leib zu Stein und von Stein zu Leib, wo siehst du das?

Gezirp der Zikaden.

Treiben nicht auch deine Blicke, Sokrates, eine finstere Höhle ins Licht: eben jene Höhle, die du selber als das unentrinnbare Gefängnis aller Sterblichen beschreibst? Auf deren Rückwand sie nur die Phantome des eigentlichen Wahren sehen, bewegte Schattenbilder, die ein unsichtbares Feuer auf den Felsen wirft? Entlarvt das Gehämmer deiner Blicke dich nicht selbst als einen Teil der Höhle? Wann wärst du je aus ihr herausgetreten in ein nie zu trübendes Lichtreich? Und ist nicht selbst der Logos, dein heiliges Eichmaß, an dem du alles prüfst, noch Teil der Finsternis? Und sogar die Sonne, die dort über der Akropolis erstrahlt?

Gut, du bleibst stumm, getreu deinem Schweigegelübde. Wenn nicht dem sterblichen, dann erteile doch dem göttlichen Anteil in dir das Wort, jenem Daimonion, das kein athenischer Richterspruch in Fesseln legen kann. *Stille.* Oder kann dieses Daimonion wirklich nur eines: dich warnen vor der falschen Entscheidung, und dies so besessen, dass keine richtige mehr übrig bleibt? Errichtet sein ewiges Nein eine undurchdringliche Schranke zwischen dir und jedem Wesen, das dir ebenbürtig gegenübertritt? *Stille.*

Hat dich mit dem Gebrauch der Sprache etwa auch dein Daimonion verlassen? Oder war auch dieses unstoffliche Wesen nur eine Idee? Unwandelbar, ewig, jedoch wie alle Ideen: ohne stoffliches Dasein? Oder ist es im Gegenteil jetzt, wo du zum Schweigen verdammt bist, vollends zum Dämon geworden, der dich gnadenlos mit seinen tyrannischen Launen plagt? Trompetet er unablässig in deinem Schädel gleichzeitig Nein und Ja? Treibt er dich, wie du früher deine Schüler, unbarmherzig in die Ratlosigkeit? In die Aporie der Aporie? Dann, Sokrates, sag mir doch wenigstens den Namen dieses großen Verneiners! *Stille.*

Nicht einmal den Anfangsbuchstaben eines Namens bilden deine Lippen! Nicht um mich mit deinem Schutzgeist zu messen, will ich erfahren, wie er sich nennt. Sein Name soll mir nur eines verraten: das Maß seiner Verwandtschaft mit den olympischen Göttern. Anders als deine Ankläger und Richter ziehe ich die Nichtverwandtschaft vor. Ihre Furcht, der Kopf des Sokrates könne ein Pflanzbeet sein für ein unbekanntes Geschlecht neuer Himmelsbewohner, die künftig die Geschicke ihrer Stadt regieren, diese ihre Furcht ist meine Hoffnung. Denn wer hätte mehr Sympathie als ich für alles, was die Alleinherrschaft von Apollon, Zeus, Hera, Athene und ihresgleichen bedroht? Du weißt, sie haben sie unseren Ahnen, den Titanen, einst gewaltsam entrissen. Ja, sie glaubten gar, sie könnten sie töten. Aber wie könnte die Zeit, die ein gerichteter Pfeil ist, siegen über jene andere Zeit, die als Kugel in viele Richtungen rollt? Hat nicht die zweite die erste geboren und gebiert sie noch immer?

Was, Sokrates, bedeutet dieser Blick an mir vorbei, mit dem du selbstsüchtig dein Inneres vor mir verbirgst? Nicht einmal ein Zeichen gönnst du mir? Ein Heben der Hand oder ein Scharren des Fußes, wie ein geduldiger Esel, der auf dem Marktplatz das Resultat seiner Rechenkunst in den Sand kratzt? Steht dein weltwissendes Schweigen zu hoch über der Armut meiner Fragen? Verachtest du inzwischen das Sprechen als sinnleeres Geschnarr? Bist du eingestellt auf schall- und körperlose Töne? Auf das leise Echo alles Gedachten in dem einen Denkenden? Ist dein Geist etwa vorgedrungen bis in das wortentbundene Denken eurer Götter?
Dann lass mich erfahren: Wie denken die Olympier? Geschieht es bei Zeus mit Donner und Feuerstrahl, der die Wolkenwände des Irrtums zerreißt, im ewigen Jetzt des Blitzes? Ist es bei Hera ein geduldiges Weben der roten Stränge des Hirns zu einem mäandrierenden Muster, das sich schützend um Herd und Ehebett legt? Ist das Denken Athenes die nächtliche Jagd der Eule im Bergwald auf die Beutetiere Täuschung und Trug? Dasjenige Poseidons eine einzige Sturmflut über Meer und Land, die alles

ertränkt: Richtung, Maß und Unterscheidbarkeit? Und Dionysos? Erfährt er seine Gedanken als entfesselten Tanz selbst dessen, was weder Füße noch Boden unter sich hat? Und was, Bildhauersohn, nennt sich wohl ›Denken‹ bei dem göttlichen Hüter der Schönheit, bei Apollon? Das gespreizte Stolzieren auf hohen Kothurnen zu tönenden Harfen? Der Knechtsdienst an Pinsel und Meißel unter der Fuchtel von launischen Weibern, die sich Musen nennen? Die Kunst des Gesangs?

Gesungen hast du, Sokrates, nie. Warst nie Musiker wie unsereiner. Hast niemals Abbilder von Abbildern auf geduldige Vasen gepinselt. Genauso wenig wie ein Sklave irgendeines Machthabers in deiner Vaterstadt warst du jemals ein Knecht Apollons, weil du statt Schein stets das Wesen und statt Vorteil die Wahrheit gesucht hast. Und jetzt weitet das Urteil, das Athen über dich gefällt hat, deine Einsicht so grenzenlos, dass du mit mir erforschen könntest, wer ich bin und was mir geschah. Doch du schaust lieber in den Himmel. Bist du störrisch, alter Esel Sokrates? Muss man dich mit Disteln peitschen, einer Möhre locken, dass du vorwärts gehst? Bin ich eine zu stumpfe Distel? Eine zu welke Möhre?

Stille.

Buhle ich zu kriecherisch um deine Mittlerschaft in die Welt der Sterblichen? Wer könnte mich besser zurückbinden an den Logos und die Selbstgleichheit als du, Sokrates, den die Athener ausgestoßen haben, weil er ihnen neue Dämonen an die Stelle der vertrauten Götter gesetzt habe? Hilf mir unterscheiden, Hebammensohn: Bin ich inzwischen ein anderer als jener Silen, der einst als ein Stück bocksbeiniger Natur die phrygischen Berge durchstreifte? Darf ich, halb Statue, halb Leib, noch seinen Namen tragen? Vielleicht vermag deine Dialektik es sogar, mich über die Zeiten hinweg in der unvergänglichen Idee des Marsyas zu bergen, der auch das Messer eines Gottes nichts anzuhaben vermag? Und wer könnte mir, dem dein Vater eine greifbare Gestalt verlieh, berufener dabei helfen, zu ermitteln, wo in der Sichtbarkeit mein Inneres beginnt und mein Äußeres endet?

Gezirp der Zikaden.

Scheint dir dieses Ansinnen ein Irrweg? Wozu, denkst du vielleicht, sei ein Inneres mir noch nütze, wenn mir das Werkzeug fehlt, es in beseelten Tönen nach außen zu tragen – jene Doppelflöte, mit der ich einen Gott zum Wettstreit herausgefordert habe, ein Musikant den andern? Und selbst wenn mein Instrument mich noch begleitete statt dieses sinnlosen Weinschlauchs, hätte ich Zwischenwesen noch den Atem, der es zum Leben erweckt?

Oder ist es Kleingläubigkeit, die dich stumm macht? Misstraust du dem, was die Sage über mich berichtet? Als sei der Wettstreit des Marsyas mit Apollon ein Ammenmärchen, das Kleinkinder die Ehrfurcht vor den Göttern lehrt? Ein allzu blutrünstig geratenes Dichterbild für jenen schlichten Vorgang, wie man aus geschälten Erlenzweigen Flöten schnitzt?

Glaubst du, ich war schon immer nur Nachahmung von etwas, wovon es nie ein Urbild gab? Eine seelen- und ichlose Statue auf zwei Beinen? Ein zur Legende ausgeschmücktes Gerücht aus grauer Vorzeit? Hättest du die Stirn zu behaupten, die Haut, die das Leder hergab zu diesem Weinschlauch, habe niemals einen Körper bedeckt, denn diesen Körper hätten die Fabeldichter erlogen? Oder es gebe zwar tatsächlich aus dem Stamm der Satyrn und Silene ein leibhaftiges Wesen namens Marsyas, aber wie Herostrat habe dieses ruhmsuchtskranke Wesen irgendeinen Weg gesucht, sich ohne Verdienst in das Gedächtnis der Nachwelt einzubrennen. Und dazu habe er seine eigene Sage nicht nur erdichtet, sondern leibhaftig dargestellt: seine vermeintliche Meisterschaft auf der Flöte, den Wettstreit mit dem Gott und die furchtbare Sühne, ein Schaustück wohligen Entsetzens. Und dies alles nur, damit die Nachfolger des Phidias und Zunftgenossen deines Vaters in tausend Jahren noch in Marmor, Elfenbein und Alabaster jene Szene meißeln, wie Apollons Schälmesser die Haut von seinem Körper löst. Damit künftige Maler alle Schattierungen der Farbe Rot an dem entfalten, was unter dieser Haut zum Vorschein kommt, und damit die Musikanten der Zukunft sich mühen, einen Klang zu erzeugen, der es aufnimmt mit dem Gebrüll, das der geschundene Satyr angeblich ausstieß.

Oder glaubst du jenen Schönrednern, die da sagen: Ja, der grausame Ritus wurde tatsächlich vollzogen; aber das, was Apollon in Kelainai mit Marsyas trieb, habe einem erhabenen Zweck gedient, nämlich der Suche des Gottes nach Vollendung seiner Seherkunst; nach einem neuen Instrument im Arsenal seiner Orakelwesen, seiner Pythien, Sybillen, tanzenden Kieselsteine und schicksalskundigen Mäuse. Denn völlig ohne Haut zu sein und nackter als der Nackteste es sein kann, erlaube es, auch noch das feinste Lüftchen zu befragen, für dessen Botschaft jede Äolsharfe zu dumpf ist. Und wer sei für dieses hohe Amt besser geeignet gewesen als ich, Marsyas, ein Urenkel des Python, der Apollons wichtigstem Orakel nicht nur den Namen gab, sondern auch alle seherische Kraft? Der Gott, so sagen sie, habe, statt die rohe Kreatur zu vernichten, sie im Gegenteil veredeln wollen zum atmenden Sensorium für das Wohl der Sterblichen. Doch was wäre das für ein Wohl aller, das auf so viel Schmerz des einen beruht? Wäre dieser Missbrauch nicht die Vollendung dessen, was du, Sokrates, Ungerechtigkeit nennst?

Dein neuerliches Grinsen provoziert mich nicht. Auch Apollons Lippen, als er dort unter den Platanen in die Saiten der Kithara griff, waren so abschätzig geschürzt. Nur seine Augen waren kälter! So eisig, dass mich, noch im Besitz meiner Haut, schon fror, als hätte ich sie bereits verloren. Da stellte ich ihm die lange

zurückgehaltene Frage: »Warum, Apollon, hast du zu diesem Wettstreit niemanden, weder aus deiner Sippe noch aus meiner, als Zuhörer geladen? Warum hast du im Gegenteil alle Lebewesen aus der Hörweite deiner Leier und meiner Doppelflöte verbannt, selbst die Bienen in der Luft und die Fische im Fluss? Wer sonst als die Geschöpfe der Natur kann denn bei unserem Wettstreit der gerechte Richter sein?« »Ich habe den Raum um uns gereinigt von allem, was nicht göttlichen Ursprungs ist«, gab er mir darauf zur Antwort. »Dort hinter dem Vorhang der Weidenäste sitzen die Musen, die unparteiischen und zugleich kundigsten Richterinnen unseres Wettstreits, zum Urteil bereit!« Da erkannte ich in seinen Augen hinter der Kälte den Neid. Neid auf das alte Vorrecht der Titanen, das wir selbst als deren Enkel noch vor den Olympiern besitzen – unsere Allverbundenheit. Deshalb versuchte er, unseren Wettstreit abzuschirmen gegen alles Lebendige. Aber ich wusste: Meine Flöte würde stärker sein als sein Verbot.
Sobald sie erklang, kehrten als erstes die Zikaden zurück. Denn als Apollon einst den Python zu erschlagen glaubte, verwandelte dieser sich aus der Urweltechse, die er war, in eine Schlange, und alle seine Echsenkinder sich in diese zarten Wesen, die nichts mehr verschlingen, sondern nur noch singen. Jetzt also durchschwirrte ein Heer von Zikaden das Waldtal von Kelainai und begleitete meine Melodie als summender Chor, der alle Lebewesen in unsere Arena zurückrief: die Vögel, die Fische, die Tiere des Bergwalds und der Ebene, selbst die Schlangen und die Spinnen. Mein Flötenklang überströmte das Tal wie eine befruchtende Welle. Jedes Blatt am Strauch und jede Frucht am Baum horchte auf. Selbst der Fluss unterband sein Plätschern, um meiner Musik zu lauschen, so tief durchdrang sie die Welt. Wie mühsam hingegen zupfte Apollon die Töne seiner Leier hervor! Nicht Gesang hat er erzeugt, sondern Gedanken. Klingende Logik. Lehrsätze über Proportion und Harmonie. Echolos verloren sie sich in einem Raum, aus dem jedes Lebewe-

sen die Flucht ergriff. Erbleichend schaute der Geschlagene mich von der Seite an: »Das war das Vorspiel, kleiner Marsyas.« Seine Stimme klang heiser, als er das sagte. »Dreh die Doppelflöte so um, so wie ich meine Kithara, und dann spiele weiter. Und gleichzeitig singe dazu! Singe wie ich einen Lobpreis auf die Musen dort hinter den Weiden. Nur dieser zweite Teil des Wettkampfs zählt.« Das hat er gesagt, nachdem Tiere, Erde, Luft und Wald bereits eindeutig entschieden hatten, wer Sieger war. Wie sollte ich die Doppelflöte umdrehen und dennoch spielen? Hatte ich zwei Münder? Gar noch einen dritten, der dazu sang? Apollon griff in die Saiten und ließ seine Hymnen ertönen zum Preis der Richterinnen, von denen jede seine ergebene Dienerin war. Als sein Lied verstummt war und der Blättervorhang wich, reichten sie willfährig ihrem Gebieter den Lorbeerkranz. So hat er mir den Sieg gestohlen, indem er sich selbst zum Herrn des Wettkampfs ausrief, der Regeln erließ und umstieß nach dem eigenen Bedarf und gegen dessen Willkür sich niemand aufzulehnen wagte. Wer sollte auch zwischen Apollon und Marsyas der unparteiische Richter sein? Wer besäße den Mut, Macht und Kunst getrennt zu gewichten?

Du lächelst, Sokrates! Auch ich habe gelacht in Kelainai, als Apollon mir sagte, was er sich als Preis ausbedingt, so wie es laut Abmachung dem Sieger zustand: »Einen neuen Weinschlauch.« »Ich besitze keinen«, gab ich zur Antwort. »Doch«, sagte er. »Du steckst in einem. Deinem Balg! Ich werde ihn mir nehmen.« Ich war belustigt über dieses Scherzen des Olympiers mit dem Titanenspross. Aber dann hat Apollon den Skythen herbeigewunken, der ebenfalls unter den Weiden bereitstand, und hieß ihn ein Messer mit diamantener Klinge gründlich schärfen. Da ist mein Lachen verstummt.

Was erheitert dich noch immer, großer Schweiger? Meine Haut, meinst du, habe nicht wirklich mir gehört? Ich hätte sie nur geborgt wie einen Bärenpelz, der auf der Innenseite das Siegel seines eigentlichen Besitzers trägt? Nun, dieser Pelz war äußerst schwer zu lösen! Oder setzt du voraus, ich hätte nichts gespürt unter dem Messer, als ich an dem Baumstamm hing und fetzenweise meine Haut von innen und von außen sah? Fühllos und erkenntnislos sei ich gewesen, berauscht und weinbetäubt, wie es Satyrn und Silene angeblich ständig sind? Doch ich empfand und fühlte mehr denn je in meinem ganzen Dasein.

So hielt der Gott in der Linken die Zange, in der Rechten das Messer. Hier hinter dem Ohr hat er es angesetzt. *Er führt es an Sokrates' Körper ausführlich und mit steigender Inbrunst vor.* So es über den Nacken gezogen bis zum anderen Ohr. So den Haarschopf heruntergerissen. Dann die Haut der Stirn, der Schläfen, der Wangen. Dann fährt seine Klinge die Wirbelsäule hinunter und zwischen den Beinen hindurch. So schneidet das Messer, und so zieht die Zange. So schabt er. So reißt er. So sticht er von neuem zu. Und wieder und wieder und wieder!

Er bedrängt Sokrates immer stärker, bis dieser sich ihm entzieht. Marsyas ringt eine Weile nach Atem und steht dann zitternd da, bebend vor Anstrengung oder schlotternd vor Kälte. Sokrates nähert sich ihm wieder, um ihm sein eigenes Obergewand umzulegen, das Marsyas diesmal annimmt. Längere Stille. Zirpen der Zikaden.

Ich danke dir für dieses Gewebe, Hebammensohn. Für diese Wand. Für diese Grenze. So befriedigst du mit einer Gabe dein Mitleid, deinen Ekel und deinen Hochmut. Aber in Wahrheit ist es die Angst, die mir dein Gewand reicht – nicht um mich, sondern um dich selber zu schützen. Nicht nur vor meinem Anblick, der dich ekelt, sondern vor meiner Erfahrung, die dich bedroht. Denn beschämt die blutige Anatomie des Leibes nicht deine billige Dialektik der Wörter und Syllogismen? Wärst du im Grunde deines Wesens also doch nur – ein Athener? Ein Stadt-

bewohner, Schönschwätzer, Theatergaffer? Gewohnt, Schmerz nur von ferne zu goutieren als pikantes Gewürz, im weihevollen Genuss des schönen Scheins aus sicherem Abstand? Berührst auch du das Dasein nur unter der Glasur der Kunst? Aber den Bocksgesang, der eurer Tragödie den Namen gab, wer hätte mehr Recht ihn, selbsterlernt und ohne Chor, anzustimmen als der Bock aus der phrygischen Wildnis? Ist euer gesungenes Pathos dagegen nicht hohl? Eure geschraubte Klage eitel? Euer tragisches Schauspiel eine Farce, unfreiwillig komischer als das Satyrspiel an ihrem Ende?
Also selbst du, der Wahrheitsforscher, der sein Forschen mit dem Leben zahlen wird, lässt zu, dass attische Blasiertheit deine Erkenntnissuche blendet? Fixiert auf ein selbstzufriedenes Wissen, aseptisch in Lehrsätze gepackt, willst du achtlos an einem gegerbten Balg vorübergehen? An den blutigen Resten, die an einer Klinge kleben?

Spürst du es nicht? Riechst du es nicht? Schmeckst du es nicht? So tief das Messer des Gottes dem Silen ins Fleisch schnitt, so tief schnitt es auch in das Gewebe von Raum und Zeit. Aber statt dass du mit mir gemeinsam den Blick in deren Inneres wagst, den keiner eurer Komödianten je getan hat, den Blick aus der Höhle der Geborenen hinaus, wendest du die Augen ab und hältst dir die Nase zu, angewidert von dem Gestank der Kreatur.

Ja, labe dich nur am Duft von Zypressen, Buchs und Eiben. Erhole dich von der Zumutung meiner Nähe. O wie mitleidig schaust du jetzt im Schutz der Zweige auf mich herab, Hebammensohn! Erkenntnisratte Sokrates, die alles zernagt und kleinkaut auf das sogenannte Menschenmaß! Was mir widerfuhr, so sagt dein besserwisserisches Lächeln, sei jedem widerfahren, der durch den Körper eines Weibes hineingeboren wurde in das Innere der Höhle. Und der einzige Unterschied zwischen mir und all den Geborenen, die klaglos ihr Geborensein ertragen, sei der, dass ich unerträgliches Geschrei erhebe über das Naturnotwendige. Der Unterschied sei der, dass ich das Weib, das mich geboren hat, als blutrünstigen Gott missdeute, die Geburt als einen Vorgang von Folterung und Hautabziehen, den Schrei des Fleischbündels an seiner Nabelschnur als den Wettkampf zweier Musikanten vor einem überirdischen Schiedsgericht. Der Unterschied sei, dass ich blind vernarrt bin in das Phantom einer vermeintlich einzigartigen Grausamkeit, die doch, wofern je einer, dann ein jeder durchlebt hat.

Lautes Gezirp der Zikaden.

Dann lass uns, um diese deine Deutung auf den Prüfstand zu stellen, anders als ich wollte, doch in Wettstreit treten. Nicht in den tönenden der Musik, sondern in einen stummen Wettstreit der Erfahrung.

Er reicht Sokrates die Hand. Sokrates zuckt zurück.

Du zögerst, Sokrates. Warum? Aus Angst vor Schmerz oder Misshandlung? Sei beruhigt. Niemand will dich unter das Messer eines Gottes legen. Ich bitte dich nur, den Boden dieses Friedhofs zu verlassen und dich für einen kurzen Augenblick auf die Ebene der lebenden Statuen zu erheben. Bist du bereit dazu? Begleitest du mich nur dieses eine Mal aus dem Erkennen, das am Logos prüft, in ein Erkennen, das am Leib erleidet?

Zögernd ergreift Sokrates die Hand des Marsyas. Dieser führt ihn auf das Statuenpodest, das er selbst zu Anfang verlassen hat, und richtet ihn so aus, wie er selbst zu Anfang dastand.

Noch sträubst du dich. Du willst sie nicht, diese Verwandlung. Wieso, höre ich dich förmlich schreien, wird jetzt das Fleisch zu Stein? Der Stein zu Fleisch? Was ist das für ein unvorstellbares

Dazwischen und Zugleich? Und was sind das darin für neue Ohren, neue Augen?
Ich bitte dich, Athener, missachte sie nicht nach Menschenart, sondern schau aus ihnen in den Himmel über uns. Gewahrst du, wie der glühende Ball dort droben sich zusammenzieht und wieder ausdehnt? Den Atem des Raumes? Gewahrst du darin nicht das Licht anderer Sonnen, das sich in eurer spiegelt? Sonnen über dem Horizont und Sonnen unter der Erde? Erkennst du, wie sie alle ohne Bahn und festgelegte Kreise jede ihre eigene Zeit gebären, jetzt?

Sokrates wendet den Kopf hin und her, um unsichtbare Bewegungen am Himmel zu verfolgen und dann irgendwann zu erstarren.

Genauso hat damals in Kelainai, als der geschundene Satyrkörper seinen letzten Atem ausstieß, der Himmelsraum sich ausgedehnt und eine andere Zeit geboren, in der mein Körper nicht mehr nur er selbst, sondern Ort vieler anderer Körper war. So umhüllte zum Staunen Apollons plötzlich eine neue, unversehrte Epidermis einen unverletzten Leib. Es war die ledrige Bockshaut meines Erzeugers, des großen Pan. Apollon hat auch sie im Schweiß seines Angesichts durchtrennt. Darunter zeigte sich eine neue Hülle, tief verwurzelt in den Geflechten des phrygischen Bergwalds, die unablösliche Plazenta meiner Mutter Kybele. Apollon setzte von neuem seine Klinge an, um ihr Gewebe zu zerfetzen, im Wahn, endlich das freizulegen, was mein Henker für rohes Fleisch hielt. Doch was dann zum Vorschein kam, waren schillernde Schuppen, die das Sonnenlicht so gleißend zurückwarfen, dass Apollon geblendet die Augen abwenden musste. Als er wieder hinsah, erkannte er das Schlangenwesen, das ihm jetzt, verjüngt durch alle Häutungen des Marsyas, entgegentrat. Es war niemand anderes als jener Python, mein Urahn, der Ursprung und Namensgeber seines heiligsten Orakels, den er vor Jahrtausenden erschlug.

Da endlich legte Apollon das Messer aus der Hand und senkte beschämt den Kopf, weil er erkannte, dass er im Begriff war, das ungesühnte Verbrechen von einst durch ein neues Verbrechen zu überbieten. Doch statt dem beschämten Apollon wandte Python sich dem geschundenen Marsyas zu. Indem er sich um meinen Körper schlang, gab er ihm sein Titanenrecht zurück, die Kraft zu ewiger Verwandlung. Er trug mich zu dem Fluss, der seither Marsyas heißt, weil ich, der einstige Satyr, daraufhin mit seinem Wasser verschmolz. Und dieser Strom fließt nicht nur durch das Tal von Kelainai, sondern in vielen Mäandern durch Raum und Zeit. Aus einem von ihnen bin ich hier auf dem Kerameikós in das Standbild geschlüpft, das dein Vater schuf, um sich seiner Vaterstadt als Bildhauer zu beweisen.

Langsam kommt wieder Leben in Sokrates' Körper, und er macht Miene, das Podest zu verlassen.

Geduld, Sokrates, Geduld. Du hast geschaut aus deinen neuen Augen. Jetzt höre aus den neuen Ohren. Hören sie, was ich höre, wenn du in die Erde lauschst? *Stille.* Hörst du dieses Summen, mal näher, mal ferner? Ist das nicht eine Stimme? Die Stimme deines Vaters aus seinem Grab? *Beide lauschen.* Sie singt! Und was singt sie? Erkennst du die Töne wieder? Ist das nicht das Lied, das Sophroniskos so oft in seiner Werkstatt angestimmt hat? Hast du es, wenn du ihm Brot und Trauben brachtest, nicht oft mitgesungen? *Er summt lauter.* Erinnerst du dich, Sokrates? *Er singt ein paar Takte.*

Selig singst du, Zikade,
in den Bäumen dein Lied,
preist hell jede Gnade...

Gemeinsam habt ihr das Los der Zikade besungen. Aber ihre Sprache hat keiner von euch verstanden. Und in der Haut, in der du steckst, wirst du sie auch nie verstehen. Jetzt kannst du in eine andere schlüpfen. – Du zuckst die Achseln. Warum solltest du? Nun, ich fürchte, die Zikaden haben eine Botschaft für dich.

Er greift aus den Werkzeugen des Sokrates ein Schabmesser und durchtrennt damit die Nähte des Weinschlauchs, so dass dieser sich zum Satyrbalg entrollt. Er drapiert den Balg um Sokrates auf dem Podest, während die Zikaden lauter zu zirpen beginnen.

Lausche noch einmal! Diesmal nicht in den Boden, sondern in die Luft. Von dort oben sehen die Grillen weit über die Mauern bis zum Piräus; bis zur Hafenmole mit dem Schiff, das heute Morgen aus Delos eingelaufen ist. Die athenische Festgesandtschaft ist zurückgekehrt. Jetzt weißt auch du: Der Scherge, der dich in deine Zelle führt, ist unterwegs. Bereits morgen früh wird der Gefängniswärter dir den Becher reichen, den jeder nur einmal trinkt. In wenigen Schlucken musst du ihn leeren bis auf den Grund. Aber täusche dich nicht, Sokrates. Der Tod durch Schierling ist langsam und qualvoll. Pore um Pore wird dein Körper erwürgt, deine Bewegung gelähmt, aber deine Empfindungsfähigkeit gesteigert. Wozu um diesen Preis die Komödie zu Ende spielen, in der deine Mitbürger dir die Rolle des Narren zugewiesen haben? Du musst es nicht. Wir haben bereits die Plätze getauscht. Unsere Ähnlichkeit ist groß genug. Warum lässt du mich nicht an deiner Stelle in die Todeszelle gehen, mich, den Schmerz nicht mehr berührt?

Sokrates bewegt sich zum Rand des Podests.

Du erschrickst, als würde dein Kostbarstes bedroht: Wahrheit, Tugend, Gerechtigkeit. Das Gute selbst. Vielleicht sogar deine unsterbliche Seele. Aber bevor du diese Hülle leichtfertig fortwirfst, frage deinen obersten Gesetzgeber, dein Daimonion, ob es dir diesen Tausch verwehrt.

Stille.

Ich spüre, du öffnest deine neuen Ohren. Tiefer lauschst du in dich hinein als je zuvor in deinem Dasein als Athener. Und erwartest, wie immer, das Nein des großen Verneiners. Aber was höre ich, offenbar genau so deutlich wie du? Dein Daimonion sagt nicht nein. Dein Daimonion sagt nicht ja. Auch dein Daimonion – singt. Es singt mit der Stimme deines Vaters hier aus diesem Grab. Warum folgst du ihm nicht?

Sokrates zieht den Satyrbalg enger um sich und kehrt in die Mitte des Podests zurück. Marsyas wendet sich von ihm ab in Richtung des Gräberfeldes.

Habt keine Angst vor diesem Mann, Ihr toten Athener, der bald unter euch erscheinen wird. Wundert euch nicht über das Licht auf seiner Stirn, so unerhört in der Welt der Schatten. Oder über die Echse zu seinen Füßen, die ihn, wie einen Schlafwandler, zielsicher durch eure Scharen führt. Weckt ihn nicht durch verstörende Fragen. Forscht ihn nicht aus nach seinem Woher und Wohin. Vermesst seine Bahn nicht nach eurem Logos. Lasst ihn friedlich weiterziehen in jenseitigere Bezirke als euren Hades.

STIMME DES SCHERGEN *ruft* Sokrates! Sokrates!

Sobald Sokrates die Stimme vernimmt, wirft er den Satyrbalg ab, verlässt das Podest und geht zielstrebig in Richtung des Rufers.

MARSYAS *besteigt das Podest, beginnt zu summen und dann zu singen*

> Selig singst du, Zikade,
> in den Bäumen dein Lied,
> preist hell jede Gnade,
> die Zeus dir beschied.

Von Blut nicht durchflossen,
von Gram nicht bedrückt,
von Fleisch nicht umschlossen,
vor dem Alter nicht bang,
lebst du ewig beglückt
nur von Licht und Gesang.

Selig singst du, Zikade,
nicht nur ein König
aus eigener Gnade
im luftigen Reich,
nein, hoch in den Zweigen
den Göttern schon gleich.

Jetzt du, Apollon!

Während Marsyas auf seinem Podest langsam wieder zur Statue erstarrt und das Licht sich verdunkelt, lautes Zirpen der Zikaden.

AKTAION
Die Verwandlung

AKTAION, Prinz von Theben
MELANTO, Thrakerin
CHIRON, Zentaur
ECHIDNA, Zecke am Erlenzweig
OXAL, Thebaner
RHYNCHOS, Thebaner

1

Ein Mantel, der kein Fangnetz ist

In einem Saal der Königsburg in Theben enthüllt Melanto vor Aktaion das prächtige Gewand, das sie für ihn gewebt hat.

MELANTO Du bist überrascht. Aber du freust dich nicht, Aktaion. Ist mein Geschenk dir zu dürftig?
AKTAION Zu prachtvoll, Melanto!
MELANTO Es kommt nicht aus der Werkstatt des Palasts. Nicht die Hofkünstler haben sein Rankenmuster entworfen, sondern ein thrakisches Fischermädchen aus dem fernen Thasos.
AKTAION Es ist schöner als alle Worte, die ich dafür finden kann.
MELANTO Ein ganzes Jahr lang habe ich daran gewebt.
AKTAION Dieser Mantel ist zu kostbar für mich.
MELANTO Zu kostbar für den künftigen Herrscher von Theben?
AKTAION So wenig wie ich mir einen Bogen habe fertigen lassen nach dem Maß meiner Arme, so wenig habe ich je den Sitz der Krone auf meinem Kopf erprobt.
MELANTO Meinen Mantel erprobe. Hier im Verborgenen, wo niemand dich sieht.
AKTAION Bist du niemand?
MELANTO Ich bin Melanto. Und schon als Kind, auf Thasos, in der Fischerhütte, habe ich die Reusen und die Netze nicht darum ausgebessert, damit mein Vater Nasses aufs Trockene ziehen konnte und Lebendiges in den Tod. O nein. Ich wollte den Fischen schönere Gewänder weben, glitzerndere, buntere als ihre Schuppenkleider. Auch wenn es immer nur ein Fang-

netz war, das ich zu knüpfen hatte, es sollte schön sein, ein schöner Tod in einem schönen Netz.

AKTAION Mich musst du nicht mehr fangen.

MELANTO Und genauso soll das, was ich dir webe, den Glanz, der dich umgibt, für alle sichtbar machen. Den Schimmer leuchtender und klarer, den sonst nur Katzen- oder Eulenaugen sehen.

AKTAION Ein Jäger muss sich tarnen.

MELANTO Ein König muss sich zeigen.

AKTAION Ich bin kein König.

MELANTO Eines Tages trägst du die Krone. Dann wird selbst das Licht über der Stadt sich ändern. Der Tagmond wird dir zu Ehren länger im Zenit stehen. Denn du wirst regenbogenfarbene Gesetze erlassen: azurblaue für die Männer und bernsteinfarbene für die Frauen und malachitgrüne für die Mädchen.

AKTAION Meine Gesetze werden weder dir noch den Mädchen gefallen.

MELANTO O doch. Denn du gibst ihnen das Recht auf einen Gazeschleier vor ihrem Gesicht; und das Recht, jeden Mann in den Fluss zu stoßen, der ihn vorzeitig lüftet.

AKTAION Ich werde Thebens Wälle begradigen, die Gassen unter der Königsburg und den gewundenen Lauf des Ismenos. Und so begradige ich mich selbst: vom wankelmütigen Knaben zum entschlossenen Herrscher.

MELANTO Ich werde dich immer wiedererkennen.

AKTAION Ich werde Abgaben, Frondienste und Heeresstärke verdoppeln. Statt fünf werden fünfzig Brutkästen meine Schlangengehege vermehren.

MELANTO Das wird dein Vater nicht dulden. Denn Teiresias wird es verbieten.

AKTAION An die Stelle seines Orakelgotts Apollon wird ein neuer treten, der unserer Erde nähersteht: Asklepios. Nicht aus dem Vogelflug werden wir die Zeichen des Himmels dann mehr deuten, sondern aus den Windungen von Schlangenleibern. Sie werden Thebens neues Orakel. Und die neue Waffe in meinen Kriegen.

MELANTO Wenn ich Königin bin, gibt es keine Wörter mehr für Schlacht und Kampf und Krieg. Denn mein erstes Gesetz wird sein, sie aus der Sprache zu tilgen. Und mein zweites Gesetz trennt für immer Wildnis und Stadt. Dann haben weder deine Schlangen noch Chiron, dein Lehrer, wie du ihn nennst, hier mehr Bleiberecht.

AKTAION Noch brauchst auch du, die Thrakerin aus Thasos, in Theben Bleiberecht.

MELANTO Aber ich bin eine Frau, keine Zentaurin, kein Mischwesen aus Mensch und Tier. Mein Theben wird eine Menschenstadt.

AKTAION Eine Gesangs- und Tanz- und Webstuhlburg, voller Gazeschleier und wehender Gespinste?

MELANTO Lieber als eine Burg der Schlangen, Monster und Chimären. Nimm meinen Mantel, Aktaion.

AKTAION Wenn ich König bin. Noch bin ich Jäger.

MELANTO Was musst du dir beweisen in all den kalten Nächten in Höhlen und Nischen im Fels, kaum besser vor Frost und Regen geschützt als die Tiere, die du erlegst?

AKTAION Oder die ich beschütze, wie vorgestern am Echsensee. Kaum hatte meine Hand die Wasseroberfläche berührt, um mir Staub und Schweiß aus dem Gesicht zu waschen, da schnellte eine Rotkopfschlange ans Ufer und kroch durch das dürre Laub auf dem sandigen Boden. Bald hatte ein Hirsch aus dem Unterholz des Waldes das Reptil erreicht und hob es schützend mit den Spitzen seines Geweihs vom Boden auf. Plötzlich umschnürte die Schlange seinen Hals und würgte ihn. Er öffnete sein breites Maul mit den stumpfen Zähnen, um zu schreien, aber nicht einmal ein Röcheln drang aus seiner Kehle. Der Anblick des Tieres in seiner Stummheit erbarmte mich, und so schrie ich selber, ich, Aktaion, seinen

Todesschrei. Als hätte sie, das ohrenlose Wesen, ihn gehört, ließ die Schlange in der Umklammerung nach und legte sich wie eine Kette um seinen Hals. Und so verschwanden beide zwischen den Erlen. Ich wollte ihnen hinterher, aber da griff Chiron, was er noch nie getan hat, mir in die Zügel.

MELANTO Warum?

AKTAION Dieser Wald sei Artemis geweiht. Der Herrin über Hirsch und Hetzhund, Jagd und Jäger.

MELANTO Hast du dich seinem Verbot gefügt, Aktaion?

AKTAION Nein. Etwas trieb mich weiter.

MELANTO War es der Hirsch, den du verfolgt hast? Oder die Schlange?

AKTAION Wäre es doch eines von beiden gewesen!

MELANTO Hast du ihn betreten, den heiligen Bezirk? *Stille.* Hast du ihn betreten?

AKTAION Ich bin mir nicht sicher, Melanto.

MELANTO *fasst seine Hände* Du hast kalte Hände, Aktaion.

AKTAION Ich halte sie mir immer wieder vor die Augen. Doch zu spät. Ein Bild hat sich in meine Netzhaut gebrannt, sagt Chiron, das gesehen zu haben ich mich nicht erinnern kann.

MELANTO Artemis? Du hast sie überrascht? Schutzlos und nackt?

AKTAION Chiron behauptet es. Aber ich erinnere ein anderes Bild.

MELANTO Selbst wenn es die Göttin war – warum sollte die Nacktheit der Götter geheimer sein als unsere?

AKTAION Weil es die Nacktheit von Körpern ist, die sich verwandeln. Nicht alle sind sie schön, Melanto.

MELANTO Dann sind es auch nicht die der Götter. Artemis muss immer schön sein! Wem sind die Tempel errichtet? Wen bilden die marmornen Standbilder ab? Wen besingen die Mädchen in ihren Hymnen?

AKTAION Die jungfräuliche Göttin mit dem Frauenleib. Keine Spinne.

MELANTO Hast du eine Spinne gesehen?

AKTAION Es schien mir so. Ein haariger Leib mit acht Beinen in einem tautropfenglitzernden Netz. Eine göttliche Jägerin, die statt mit Pfeilen mit Leimruten jagt!
MELANTO Und ein allzu menschlicher Jäger! Einer Luftspiegelung geht er auf den Leim.
AKTAION Selbst diese Sinnestäuschung, sagt Chiron, zählt für die Göttin als Verbrechen.
MELANTO So glaubst du selber, dass es eine Täuschung war?
AKTAION Ich bin mir nicht sicher.
MELANTO Hast du Verdacht geschöpft? Etwa auch gegen mich?
AKTAION Welchen Verdacht unterstellst du mir, Melanto?
MELANTO Dass mein Gewand, das kostbare, an dem ich ein Jahr lang für dich wob, vielleicht ein Netz sei. Dem du nicht entrinnst, wenn du es anziehst. Sag mir die Wahrheit, Aktaion! Ist diese Furcht der Grund, warum du mein Geschenk zurückweist?
AKTAION Ich sage dir doch: es ist mir zu kostbar.
MELANTO Zu kostbar für den Prinzen von Theben? Ich glaube, du warst zu oft im Kithairon. Zu oft bei deinen Asklepios-Schlangen. Zu oft bei Chiron, deinem Halbmenschlehrer. Manchmal habe ich Angst, dass du das Menschsein verlernst.
AKTAION Bist du dir sicher, Melanto?
MELANTO Wessen?
AKTAION Dass ich ein Mensch bin?
MELANTO Du kannst mir helfen, es zu glauben.
AKTAION Wie?
MELANTO Indem du meinen Mantel trägst.
AKTAION Warte, bis ich König bin.

2

Noch unter den Reptilien

Der hagere Rhynchos und der beleibte Oxal haben auf einer Waldlichtung im Kithairon ein Erdloch ausgehoben und sind dabei, ein Schlangengelege zu plündern.

OXAL Ich könnte mir selbst in den Arsch beißen. Wie kommt es?

RHYNCHOS Wie kommt was?

OXAL Wieso sind wir ganz unten? Ganz unten in diesem Scheißhaufen namens Theben?

RHYNCHOS Was sich selbst in den Arsch beißt, ist eine Schlange.

OXAL Eine Schlange auf dem Baum kackt dir immer noch auf den Kopf.

RHYNCHOS Also sind wir noch drunter. Unter den Schlangen.

OXAL Dafür klauen wir ihnen die Eier.

RHYNCHOS *streift einen Handschuh über* In höherem Auftrag.

OXAL Für den Prinzen von Theben. Lass das mit dem Handschuh.

RHYNCHOS Wer langt hinein? Du oder ich?

OXAL Du brauchst Fingerspitzengefühl.

RHYNCHOS Ein Schlangenei ist keine Möse.

OXAL Eben. Machs ohne Handschuh.

RHYNCHOS *reicht ihm den Handschuh* Machs selber, Fettsack.

OXAL *wirft den Handschuh weg* Mach du's, Vogelscheuche.

RHYNCHOS *senkt den rechten Arm tief in ein Erdloch* Wehe!

OXAL Wehe was?

RHYNCHOS Wehe das Biest sitzt noch auf seinen Eiern.

OXAL Dann hättest du längst seinen Giftzahn im Leib. Und ich meine Ruhe.

RHYNCHOS Aber kein Ei. Ah ah.... Fast. Fast. Ich komm verdammt noch mal nicht dran.

OXAL *wuchtet Rhynchos' Schulter in Richtung Erdloch* Und eins... Und zwei... Und drei...
RHYNCHOS *stöhnt* Fast. Fast. Fast hab ich's. Und ich kriegs... kriegs... krieeeeegs auch zu fassen! *Fördert das Schlangenei zu Tage.* Wieviel noch bis zum Pensum?
OXAL Zwei. Und?
RHYNCHOS Und was?
OXAL Ist es befruchtet?
RHYNCHOS Bin ich Hellseher oder was?
OXAL Nein. Aber Fachmann.
RHYNCHOS Schtt! *Legt sich das Ei auf den Kopf.*
OXAL Und?
RHYNCHOS Es brummt.
OXAL Das Ei?
RHYNCHOS Mein Schädel. Der Suff von gestern.
OXAL Jetzt stell dir mal vor, das Ei brütet dich aus. Was käm nach drei Wochen raus?
RHYNCHOS Noch so ein emeritierter Puffwächter wie du.
OXAL Puffwächter ist ein anständigerer Beruf als Kindsräuber.
RHYNCHOS Halt's Maul. Ich träum nämlich was.
OXAL Vom Fressen oder vom Vögeln?
RHYNCHOS Von einer Schlange, die mich zerquetscht, hinunterwürgt, verdaut und ins Gelände kackt.
OXAL Bitte nicht auf meine Sandalen.
RHYNCHOS Uah! *Er schüttelt sich. Das Ei fällt ihm vom Kopf. Er liest es auf und untersucht es.* Mist, Oxal! Ein Riss!
OXAL Zukleben, Rhynchos.
RHYNCHOS Der Prinz macht uns zur Sau.
OXAL Scheiß drauf!
RHYNCHOS Aber was sag ich ihm?
OXAL »Diesmal nix mit Eiern!«
RHYNCHOS Dann tritt er mir in meine.
OXAL Sei froh.
RHYNCHOS Froh?

OXAL Jetzt kann das Ding nicht schlüpfen.
RHYNCHOS Das schlüpft sowieso nicht.
OXAL Und warum nicht?
RHYNCHOS Brütet dein Arsch es aus?
OXAL Ich dachte, das macht der Arsch von Aktaion.
RHYNCHOS So viel Hitze gibt ein Prinzenarsch nicht her.
OXAL Und so einer will eine Stadt regieren.
RHYNCHOS Bloß Theben. Von dem wir festgestellt haben, dass es ein Scheißhaufen ist.
OXAL Gib mal das Ei. *Rhynchos gibt ihm das Ei mit dem Riss. Oxal zerschlägt es auf Rhynchos' Kopf.*
RHYNCHOS Bist du verrückt?
OXAL Ich dachte, ich helfe dir beim Träumen. Von Rührei mit Speck.

3

Was hat Teiresias gesagt?

Chiron hält einen Erlenzweig in den Händen, als Aktaion ihm am verlassenen Sehersitz des Teiresias entgegentritt.

AKTAION Warum gibst du mir keine Antwort, Chiron? *Stille.* Was hat er gesagt? Hat Teiresias genauso störrisch geschwiegen wie du? *Stille.* Gib es zu. Du warst feige. Du hast nicht gefragt.
CHIRON Wärst du doch feige gewesen! Hättest du mir doch keinen Grund gegeben, ihn zu befragen!
AKTAION Hast nicht du selber mich gelehrt, dass es in den Wäldern für den Jäger keine Grenzen gibt, wenn er das Wild verfolgt?

CHIRON Grenzen zu achten hat dein Eigensinn sich immer gesträubt. Weder Hirsch noch Schlange haben dich ins Dickicht gelockt, sondern allein das Verbot.

AKTAION Ausgerechnet der Zentaur soll mich Grenzen lehren! Du, der Halbmensch Chiron!

CHIRON Der Halbmensch ermisst das Menschsein besser als der Nur-Mensch. Weil er auf der Grenze wohnt, ein Grenzenkenner. Darum wählte dein Vater Aristaios mich zu deinem Lehrer und die Jagd zu deiner Schule.

AKTAION Ich hatte nicht die Wahl, weder der Schule noch des Lehrers.

CHIRON Eine hattest du und hast du immer noch: dich selbst zu wählen.

AKTAION Ich wähle kein Selbst, das euch aus der Hand frisst wie ein zahmes Tier!

CHIRON Und welches wählst du?

AKTAION Was hat Teiresias gesagt?

CHIRON Welches Selbst, Aktaion?

AKTAION Weiß ich es? – Als Knabe hätte ich mich so gern verwandelt. Ich wollte alles lieber sein als dieses Ich in seiner Menschenkindgestalt. Ein Baum. Die Erle, die ihre Blätter in den Herbstwind streut. Die Eibe mit ihren roten Früchten. Die Esche, an deren Borke der Eber sein Winterfell reibt. Ich wollte die Natter sein und zugleich, zwischen den Bachkieseln, die Eidechse, auf die sie lauert. Ich wollte im Ei der Schlange erwachen, um im Morgengrauen meine Schale zu sprengen. Aber alles, was ich als Knabe sein wollte, das zu jagen und zu töten hast du mich verdammt.

CHIRON Ich habe dich zu nichts verdammt, sondern dich eine Kunst gelehrt.

AKTAION Ich hasse es, das Kläffen der Meute, das Zischen der Pfeile und das Sausen des Speers! Genauso wie den Geruch von frischem Blut in den Hundeschnauzen und den Anblick der zerfleischten Beute.

CHIRON Zu der wird, wer nicht Jäger sein will. Sei auf der Hut, Aktaion!

AKTAION Da wo ich Jäger war, zählt das gleich als Verbrechen. Aber was habe ich getan? Was ist meine Schuld?

CHIRON Nicht dass du sie nackt erblickt hast, hat die Göttin beleidigt, sondern der Schrecken, den ihre Nacktheit dir eingejagt hat.

AKTAION War es ihre Nacktheit? Oder nicht vielleicht ihre Maske?

CHIRON Was genau hast du gesehen?

AKTAION Vor mir war plötzlich ein goldener Lichtglanz in den Weidenzweigen. Er strömte wie aus einer Quelle aus den Blättern. Ein Windstoß wehte sie beiseite, und dahinter blitzte goldenes Haar, das einen Leib von Kopf bis Fuß einhüllte wie ein Vorhang. Aber auch den hat dann der Wind gelüftet.

CHIRON Was war dahinter?

AKTAION Nichts. Aber es war, als würden die goldenen Haare sich in silberne Fäden verwandeln, aufgespannt zu einem Netz, und in dessen Mitte saß eine riesige Spinne, grau und schwarz.

CHIRON Artemis braucht keine Masken. Was du beschreibst, ist ein Wahnbild.

AKTAION Nur das? Nicht vielleicht auch die Ahnung, dass sich hinter Artemis, der Schutzherrin, etwas ganz und gar nicht Beschützendes verbirgt?

CHIRON Was soll das sein?

AKTAION Etwas noch Älteres als die Titanen. Etwas ohne Namen und ohne Form.

CHIRON Du gibst ihm eine: Missgestalt.

AKTAION Sind also meine Augen der Schauplatz der Verwandlung, die vor ihnen stattzufinden schien? Hat das Teiresias gesagt?

CHIRON Teiresias hat nicht selber gesprochen. Jedenfalls nicht als erster.

AKTAION Sondern wer?
CHIRON Das Opferfeuer. Die Flammen haben geprasselt. Die Lebern sind aufgeplatzt. Das Fett troff von den Schenkelstücken in die Glut und ließ sie zischen. Der Gestank vertrieb die Vögel.
AKTAION Aber dann? Hat dann Teiresias gesprochen?
CHIRON Nein. Er hat gelauscht. Mit vier Ohren; zweien zu beiden Seiten seines Kopfs und zweien dort, wo unsereins die Lider öffnet, um zu schauen. Und in vier Ohren habe ich hineingebrüllt: »Teiresias, wie kann Aktaion, der Aristaios-Sohn, die Göttin Artemis versöhnen?« Da erst gab er Antwort.
AKTAION Welche?
CHIRON Er warf Erlenzweige in die Flammen. Einen nach dem andern. Und einer brannte nicht. Den hat er mir gereicht: Für Aktaion, den Knaben.
AKTAION Was heißt das, Chiron, dass er mich Knabe nennt?
CHIRON Selbst ein Blinder sieht, dass du noch bartlos bist.
AKTAION Und dieser Zweig da kennt mein Urteil?
CHIRON Frag ihn. Du ganz allein ihn ganz allein.

4

Ein Wirt für eine Zecke namens Schicksal

Misstrauisch umkreist Aktaion den Erlenzweig, den Chiron ihm hinterlassen hat.

AKTAION Also? Sag schon.
ECHIDNA *schweigt.*
AKTAION Eure Hoheit möge sprechen.
ECHIDNA *schweigt.*

AKTAION Was für ein Ungeheuer aus der Unterwelt hat Teiresias in diesen harmlosen Zweig hineinzitiert? Wer bist du? Eine unsichtbare Sphinx?

ECHIDNA *lacht*

AKTAION Eine Titanin?

ECHIDNA *lacht*

AKTAION Bist du die Chimaira?

ECHIDNA *lacht* An mir gleiten alle monströsen Namen ab, die man mir beizulegen versucht hat. Ich bin zu unauffällig. Zu bescheiden.

AKTAION Unauffällig vielleicht, aber bescheiden sicher nicht.

ECHIDNA Auch unauffällig war ich nicht immer. Nicht damals, als dein Ahnherr Kadmos in einem Erlenwald an mir vorüberging, Richtung Kithairon. Ich trat ihm gegenüber als etwas, das ihm als Drachen erschien – das war mein Auftrag. Er hat mich erschlagen und meine Zähne auf das Feld gestreut wie eine Aussaat. Und tatsächlich sind ihr Krieger entsprungen, Gründer des künftigen Theben. So wurde ich in das hineingesät, was die Kinder Thebens ihr Schicksal nennen, das Los der Kadmäer.

AKTAION Und der einstige Drache lebt jetzt in diesem Erlenzweig? *Er untersucht ein Blatt und entdeckt die Zecke* Tatsächlich in Gestalt dieser winzigen Zecke? Wie hat der eine sich in die andere verwandelt?

ECHIDNA Ich bin ein Parasit von Raum und Zeit. Groß genug, um Kadmos zu zerquetschen, und klein genug, um in der Blutbahn seiner Nachkommen zu kreisen.

AKTAION Und zu winzig für einen Namen? Oder zu groß?

ECHIDNA Die Namen wechseln mit den Gestalten. Als Zecke kannst du mich Echidna nennen.

AKTAION Was suchst du in Theben, Echidna? Was willst du von uns Kadmoskindern?

ECHIDNA Ich kann nicht wählen, wen ich befalle: einen Sauhirt oder einen Königssohn.

AKTAION Sind wir nur irgendein Wirt? Ein Wirt für eine Zecke namens Schicksal?
ECHIDNA Ihr Eintagsfliegen seid alle Abkömmlinge der großen Spinne. Ihr klebt an ihren Fäden und nennt das Leben.
AKTAION Und wo klebst du?
ECHIDNA An dir.
AKTAION Das wirst du nicht.
ECHIDNA O doch! Ein kurzer Biss verbindet uns für immer.
AKTAION Ein kurzer Ruck, und du bist ausgerissen und zerquetscht.
ECHIDNA Frag Kadmos. Frag Labdakos. All deine Ahnen. Ihre Knochen reiben sich in den Gräbern. Ihre Statuen kratzen sich nachts in Schritt und Achselhöhlen. Selbst ihre Schatten an den Ufern des Styx scheuern sich die Leisten wund und werden unsereinen doch nicht los.
AKTAION Ich werde mich nicht kratzen, wenn ich tot bin, kleine Zecke. Das ist ein Schwur.
ECHIDNA Ein vermessener!
AKTAION Denn vorher rotte ich dich aus.
ECHIDNA Und wie?
AKTAION Ich werde dich verbrennen.
ECHIDNA *lacht* »Feuer! Feuer her! An dieser halb zerquetschten Zecke klebt die Pest! Verbrennt sie!« Mein Leben lang habe ich diesen Ruf gehört und mich vor ihm versteckt gehalten. Aber aus der Stadt verschwunden bin ich nie, weder aus ihren Kellern noch ihren Ratshallen, weder aus ihren Kornspeichern noch aus ihren Festsälen.
AKTAION Hier ist kein Festsaal.
ECHIDNA Überall, wo Schicksal ist, ist Festsaal.
AKTAION Wie finde ich zur Feier?
ECHIDNA Indem du dich mit mir verbündest.
AKTAION Du bohrst dich tief in meine Haut, aber mein Rückenmark erreichst du nicht.
ECHIDNA Nimm diesen Erlenzweig und geh in den Tempel der

Artemis. Wasche dir Gesicht, Hände und Füße und tritt vor ihr Standbild.

AKTAION Was für ein Urteil hat sie über mich gefällt?

ECHIDNA Du musst dich ihm nicht beugen.

AKTAION Wie kann ich mich widersetzen?

ECHIDNA Es wird ganz einfach sein. Du hast ein Schwert: den Erlenzweig.

AKTAION Und das sagt mir das Orakel des Apollon? Der Seher Teiresias?

ECHIDNA Das sagt dir jemand Größeres als er. Und der den Göttern nähersteht.

AKTAION Welchen Göttern? Den Olympiern oder den Titanen?

ECHIDNA Für euch Eintagswesen ist das einerlei. Vertrau mir.

AKTAION Kann ich das?

ECHIDNA Wem sonst, Aktaion, Prinz von Theben?

AKTAION Es gibt einen Gott, der hilft und heilt: Asklepios.

ECHIDNA Wird er dir auf deinen Ruf hin wirklich beistehen?

AKTAION Im Traum hat er es mir versprochen. Zum Lohn dafür, dass ich die Schlangen aus den Wäldern in unsere Stadt und in die Tempel trage. Auf seiner Insel im Ismenos hat er mir seine heiligen Tiere gezeigt.

ECHIDNA Nyx, Nurion, Mygdalos, Tento?

AKTAION Woher weißt du ihre Namen? Sie sind geheim; nur Eingeweihten bestimmt.

ECHIDNA *lachend* Man kennt doch seine Nachbarn.

AKTAION Wenn du sie so gut kennst, dann sage: Werden sie mir helfen?

ECHIDNA Nur in der äußersten Not, und nur ein einziges Mal. Jetzt hilf dir selbst, Aktaion. Bring den Erlenzweig zu Artemis.

AKTAION Was soll dann geschehen?

ECHIDNA Ich habe es dir schon gesagt: dein Schicksal.

5

Ein Schwert, das Marmor schneidet

In einem Boot überqueren Aktaion und Melanto den Ismenos in Richtung der Asklepios-Insel. Zwischen ihnen liegt verhüllt der abgeschlagene Kopf der Artemis-Statue.

MELANTO Wann sagst du mir den Grund?
AKTAION Sobald wir in Sicherheit sind.
MELANTO Deinetwegen breche ich meinen Schwur.
AKTAION Was hast du geschworen, Melanto?
MELANTO Wie ein Eselsrücken lagen sie da, die abgeholzten Hügel von Thasos. Ich kauerte versteckt zwischen Schläuchen und Amphoren, als meine Heimatinsel unendlich langsam am Horizont verschwand. Aus den Kiefern, die auf ihr wuchsen, sind Planken, Steuerruder und Masten geworden. Solange bis die Ruder grünen und die Masten Wurzeln treiben, wollte ich kein Schiff mehr betreten, kein Boot, kein Floß; nichts, was mich jemals nach Thasos zurückbringen kann.
AKTAION Wir fahren nicht nach Thasos. Sondern zur Asklepios-Insel im Ismenos.
MELANTO Um was zu tun?
AKTAION Mich in Sicherheit bringen.
MELANTO Wer bedroht dich?
AKTAION Ich bin vogelfrei, als einer, der die Stadt befleckt.
MELANTO Du bist der Königssohn. Der Prinz von Theben.
AKTAION Theben hat Angst vor einer neuen Pest. Oder vor einer neuen Sphinx, die seine Jünglinge vor unlösbare Rätsel stellt und sie dann tötet.
MELANTO Was ist dein Verbrechen? Was hast du getan, außer eine nackte Göttin mit einer Lichtspiegelung zu verwechseln?
AKTAION Es war gestern Nacht. Die letzte, die Theben mich innerhalb seiner Mauern duldet. In ihrem Schutz habe ich

mich an den schlafenden Wächtern vorbei in den Artemis-Tempel geschlichen. Im Licht der Öllampen hat die Göttin auf mich gewartet, mit ihren Karneolaugen, den Bogen in der linken Hand, auf ihren Lippen das spöttische Lächeln, mit dem die ewig Unberührbare auf uns herabsieht.

MELANTO Was hast du gesucht? Entsühnung? Schutz? Vergebung?

AKTAION Ich weiß nicht, was mich überkam. Ein Wahn. Ein Dämon. Eine Zecke hat sich in mein Herz gesetzt und es vergiftet: »Wenn du Artemis' wahres Gesicht sehen willst, dann schlag ihr den Kopf ab!« Der Erlenzweig in meiner Hand war plötzlich ein Schwert. Ein Schwert so scharf, dass es selbst Marmor schneidet.

MELANTO *deutet auf den verhüllten Kopf* Und das da ist... deine Trophäe?

AKTAION Aus dem Hals der Statue floss weder Blut noch wuchs daraus ein neues Haupt. Nur in mir ein neues, greifbares Verbrechen. Jetzt bin ich Tempelschänder. Jetzt können sie den Jäger jagen. Überall in Theben. Nur nicht hier auf der Asklepios-Insel. Der Gott wird mich beschützen.

MELANTO Das kann er nicht. Solange du den Kopf der Göttin nicht zurückgibst.

AKTAION Es ist zu spät. Ich darf die Insel nicht verlassen.

MELANTO Ich tue es. Und nicht nur das. Ich werde Artemis mit dir versöhnen.

AKTAION Das ist zu schwer für dich, Melanto.

MELANTO *nimmt den Kopf der Statue und wiegt ihn wie ein Kind* Ich habe schon ganz anderes getragen.

6

Finger viel zu rau, um Leiersaiten zu bewegen

Langsam und vorsichtig enthüllt Melanto an der Bootslände auf der Asklepios-Insel den Kopf der Artemis-Statue.

MELANTO *zu dem Kopf der Artemis-Statue* Schon als kleines Mädchen wollte ich dabei sein bei dem Festzug, hinauf zu deinem Tempel auf dem Adlerberg. Aber ich durfte nicht. Ich habe nach Fluss gestunken. Nach Schlick und nach dem Rauch der Fischerhütte. Die Mädchen aus den Stadthäusern haben geduftet; nach Lavendel und Zedernöl, in ihren glitzernden Kleidchen, mit Rosen im Haar. An deinem Festtag habe ich ihr Singen gehört. Gehört, wie sie die Leier stimmten. Ich war nicht dabei. Ich duckte mich hinter die Säulen. Die Mädchen übten den Reigen für deinen Auszug am Morgen und das Preislied für deine Rückkehr am Abend. Ich durfte in Thasos deine Hymnen nicht lernen. Ich musste Knoten knüpfen, Schlingen zurren, Maschen legen mit Fingern, viel zu rau, um Leiersaiten zu bewegen. Ich habe mich dir nie zu nähern gewagt, seit damals, auf dem Adlerberg. Und jetzt kommst du zu mir. Sag mir ein Wort. Nur ein einziges. *Stille.* Ich weiß nicht, wie du in Wahrheit dein Haar trägst und wie deine Augenbrauen gekrümmt sind, Artemis. Ob etwas anderes als Fell deine Schultern bedeckt; Fell oder die gegerbte Haut deiner Beute. *Stille.* Aber eines weiß ich: du verwandelst dich nicht. Du bleibst dir immer gleich. Gleich makellos, gleich unberührbar und gleich unberührt. Wie kann da ein Blick dich verletzen? Warum verzeihst du nicht, wenn eine Schwester dich darum bittet? *Stille.* Was ist der Grund, dass du mir kein Zeichen gibst? Dass du meine Gaben nicht annimmst? Bin ich nicht unberührt genug? Ist es das?

7

Die Kebse von Prinz Vogelfrei

Sobald sie Oxal und Rhynchos, die das Gelände der Insel absuchen, von weitem erblickt, verbirgt Melanto den Statuenkopf unter ihrem Kleid.

OXAL Gestern Schlangeneier suchen für den Sohn und heute Statuenköpfe für den Vater!
RHYNCHOS Einen. Einen Statuenkopf.
OXAL Und den kriegen wir!
RHYNCHOS Aber wie kriegen wir ihn?
OXAL Genau hier.
RHYNCHOS Bei der da?
OXAL Das war seine Kebse!
RHYNCHOS Die Kebse von Prinz Vogelfrei. Ran an den Speck!
OXAL Melanto. So nennt sie sich.
RHYNCHOS Aber wenn alles wieder anders wird? Der Prinz wieder Prinz und sie die Prinzessin?
OXAL Alles wird immer anders. Aber die da hat genauso verschissen wie der Eiersammler, ihr Stecher. Du da! Thrakerin!
RHYNCHOS Ja, du! Die hergelaufene Metökin!
MELANTO Ich habe einen Namen.
OXAL Kein Grund, dich hier rumzutreiben.
RHYNCHOS Was hast du hier verloren?
MELANTO Das frage ich euch: die Büttel von Aristaios. Hier gilt nicht sein Gesetz. Niemand hat das Recht, Aktaion hier auf der Asklepios-Insel zu verfolgen.
OXAL Aktaion? Den suchen wir nicht.
RHYNCHOS Sondern das, was er gestohlen hat.
OXAL Einen Götterstatuenkopf.
RHYNCHOS Dieses Recht hat Theben.
OXAL Und Theben, das sind wir.

RHYNCHOS In diesem Fall.
OXAL Und das Gesetz.
RHYNCHOS Also was?
MELANTO Was was?
RHYNCHOS Was du hier treibst?
MELANTO Ich gehe dort zu dem Waschplatz.
RHYNCHOS Was hast du da unter dem Rock?
MELANTO Schmutzige Wäsche.
OXAL Zeigen!
MELANTO Euch nicht.
OXAL Warum nicht?
MELANTO Wenn ihr sie anschaut, wird sie noch dreckiger. Dann habe ich bis zum Abend zu reiben.
OXAL Reibst du auch nachts?
MELANTO Nicht solche wie euch.
OXAL Rock hoch!
RHYNCHOS Eins. Zwei...
MELANTO Gut. Ich überlegs mir.
OXAL Wann?
MELANTO Morgen.
OXAL Wo?
MELANTO An der Anlegestelle. Bei den Booten.
OXAL Boote gibt es dort viele.
MELANTO Eins liegt unter einer Fischreuse. Dahinter findet ihr die Wäscherin.
OXAL Wehe du zickst.
MELANTO Ich zicke nicht.
RHYNCHOS *zu Oxal* Und wenn ausgerechnet sie das Ding zwischen den Beinen hat?
OXAL So eine? Einen Göttinnenkopf? Die braucht einen Götterschwanz.
RHYNCHOS Der trau ich beides zu. Die war seine Kebse.
OXAL Die Kebse von so einem. Die muss verrückt sein.
RHYNCHOS Aber nett zu vögeln.

OXAL Bloß du bist kein Vogel. Du bist ein Stinktier. Warum sollte sie zu dir nett sein?

8

Ein letzter Rat von Frau zu Frau

Melanto zieht den Kopf der Artemis-Statue, den sie zwischen den Schenkeln hält, unter ihrem Kleid hervor.

MELANTO Hast du Ohren, Artemis? Dann hör zu! Hast du Augen? Dann schau hin! Ich, ein kleines Mädchen namens Melanto, gehe durch die Gassen der Flößer, weit weg von hier, auf Thasos. In der linken Hand halte ich die Köcherreuse über meinen Kopf, das Werkstück dieses Tages, der jetzt Abend wird, und in der rechten das Band um mein Haar, und ich singe: »Drei und fünf und fünf und drei und fünf und drei und drei und fünf...« Drei Schritte gehen, zwei Schritte hüpfen, dann umgekehrt. Und dabei löst sich das Band, und das Haar fällt mir in den Nacken und über die Augen – so lockig, so schön und so schwarz. So schwarz wie der fremde Mann, der aus dem Schatten kommt und seine rechte Hand in meinen Nacken und die linke über meine Augen legt. Er löst die Schnur um die Köcherreuse, die sich entrollt, und stülpt sie über mich. Ich bin gefangen, eingeschnürt in einen Köcher und an eine Wand gepresst, im Schatten, da erkläre ich es ihm: Ich bin kein Fisch. Ich bin nicht glitschig. Bin nicht stumm. Bin nicht beschuppt, kein zappelndes Etwas, das man einfach seinem Element entreißt und auf die nassen Planken schleudert, damit es dort verendet. Der Fremde hat keine Ohren. Sein Körper lastet auf meinem, bis das Blut mir aus der Nase fließt. Und wie schön! Ich verliere nur ein bisschen Blut, aber die ganze Sprache. Der Schatten bedeckt meine Zunge vollständig. Nie wieder drei und fünf und fünf und drei. Drei und fünf und fünf und drei. Nie wieder Wörter und nie wieder Schrei. Sechs Jahre lang nie wieder. So taste ich mich die Hauswände entlang, durch die Gassen meiner Heimatstadt, weit weg von hier, auf Thasos. *Stille.* Und du, Artemis, Schwester? Wer hat dir die Sprache geraubt? Wer hat dir das angetan? Wollen wir ihn gemeinsam bestrafen? *Stille.* Als ich stumm war, all die Jahre, Artemis, stumm wie du jetzt, da habe ich oft nachts im Traum einen Fisch gesehen. Ich glaube, das war meine Stummheit.

ECHIDNA *taucht hinter Melanto auf* Du verwechselst etwas, Thasierin.

MELANTO Und was verwechsle ich?

ECHIDNA Eine abgeschnittene Zunge mit einem Fisch.

MELANTO Lass meine Träume in Ruhe! Mit dir rede ich nicht.

ECHIDNA Außer mir hört dir keiner zu, Thrakermädchen.

MELANTO Das ist nicht wahr.

ECHIDNA Die Götter sind ein Teil der Stadt. Auch Artemis, die Jägerin, ist Theben. Theben, an dem du keinen Anteil hast. Weder deine Gaben noch deine Wunden haben hier Verkehrswert. Darum wird Artemis schweigen.

MELANTO Schweig lieber selbst, du Missgeburt.

ECHIDNA Ein letzter Rat von Frau zu Frau: Wenn du deinen geliebten Aktaion retten willst, dann bring ihr einen Opferkuchen.

MELANTO Und wo nehme ich den her?

ECHIDNA Knete dich gut und walke dich gut und würze dich gut und schiebe dich in den Ofen. Ich, Echidna, habe ihn dir schon angeheizt.

9

Ein Körper halb aus Fleisch und halb aus Traum

Erst nachdem sie ihn, hinter einem Boot versteckt, eine Weile beobachtet hat, spricht Melanto Chiron an.

MELANTO Was hast du hier verloren?
CHIRON Ich suche nicht dich.
MELANTO Und ich will nicht, dass du Aktaion findest.
CHIRON Ich werde es.
MELANTO Damit du ihn in dein Boot zerrst?
CHIRON Ich werde ihn nicht zerren.
MELANTO Aber ihn auch nicht retten!
CHIRON Soll ich das?
MELANTO Ja.
CHIRON Eine überraschende Bitte.
MELANTO Was daran überrascht dich?
CHIRON Du misstraust mir.
MELANTO Du bist das Fremdeste, das ich kenne.
CHIRON Aber die Fremde bist du. Eine Thrakerin, in Theben nur geduldet.
MELANTO Und du? Ist deinesgleichen auf der Erde geduldet?
CHIRON Bei dir bin ich es nicht.
MELANTO Du willst sein Lehrer sein – aber was hast du mit Aktaion getan? Dass er nach Schlangeneiern greift statt nach dem Mantel, den ich ihm webe? Deinetwegen hat er nie gelernt, was ein Gewebe ist. Beigebracht hast du ihm nur die Kunst, es zu zerreißen, durch Mord, Gewalt und Krieg.
CHIRON Euch Frauen den Webstuhl, uns Männern die Jagd.
MELANTO Uns die Einsicht, euch den Irrsinn. Euch hat in der Wildnis die Sonne das Hirn verbrannt.
CHIRON Nur weil wir nicht mondsüchtig sind wie ihr?
MELANTO Ohne uns und unser Mondlicht wärt ihr nicht am

Leben. Und in diesem Mondlicht gibt es nichts von all den Schatten, die eure Männerangst ins Dasein presst. In ihm sind alle Schatten weiß. Darum sind wir, anders als euresgleichen, nie fremd und nie allein. Wir müssen nichts erbeuten und erjagen. Und weil unser Leib gebären kann, muss unser Hirn keine Monster zeugen; keine Dämonen und Chimären und Geschöpfe deinesgleichen, Chiron.

CHIRON Was für ein Geschöpf bin ich?

MELANTO Was behauptest du zu sein: ein Mischwesen, nicht Pferd, nicht Mensch? Mit einem Körper halb aus Fleisch und halb aus Traum? Ein Ding, das es nicht wirklich gibt!

CHIRON Die Leiter des Greifbaren hat viele Sprossen in die vielen Stockwerke der Welt. Du siehst nur eines aus zwei Augen; das ist wenig.

MELANTO Selbst in den Tempelschulen sagen sie, ein Zentaur ist nichts als eine Ausgeburt der Fabeldichter; so etwas hat kein Leben.

CHIRON Aber du, kleine Melanto, hast nie eine Tempelschule besucht.

MELANTO Trotzdem weiß ich: entweder bist du Lügner oder Trugbild.

CHIRON Und dennoch der Wahrheit näher als du.

MELANTO Wenn du nicht der Fabel entspringst, sondern wirklich ein halbes Pferd bist, warum sehe ich dann von dir immer nur den Menschenanteil?

CHIRON Ich habe es dir schon gesagt: Weil du von den Stockwerken der Welt nur eines siehst.

MELANTO In welchem leben dann deine Gefährten? Wo bist du selbst in ihrem Rudel, wenn ihr trunkenen Bestien auf eurem Weg alles niederreißt? Wo bist du, wenn ihr die Haine und Gärten verwüstet, die Teiche und Brunnen besudelt? Wenn ihr im Rausch die Knochen unserer Toten aus der Erde scharrt und mit den Schädeln Ball spielt? Wenn ihr in den Vorratskammern die Krüge zerbrecht, den Wein von den Dielen

schlürft und schreiende Mägde aus den Kammern auf die Tennen zerrt, um ihr Fleisch zu dreschen, als wäre es Stroh?
CHIRON Ihre Gewalt brauchst du nicht zu fürchten. Du kennst sie zu gut.
MELANTO O ja. Von Kindesbeinen.
CHIRON Und die Zeit danach? Vergisst du die und deine Kundschaft?
MELANTO Meine Kundschaft? Meinst du all die, die mich geschändet haben in den sechs Jahren, die ich stumm war? In denen die Erde sich nicht unter mir auftat, um mich zu meinem Schutz zu verschlingen? Nein, ich habe sie nicht vergessen. Die Erde hat mich nicht verschlungen. Das Stockwerk unter uns, in dem ich Zuflucht suchte, gibt es nicht. Auf dieser Erde gibt es nur das Erdgeschoss. Und darin allzu viele geile Ruderknechte und besoffene Segelflicker. Manntiere deinesgleichen!
CHIRON Keine Angst, kleine Melanto. Ich bin harmloser als der, der mich zeugte. Denn ich schleudere keine Blitze und lasse die Stuten in Ruhe.

10

Freies Geleit in den Kithairon

Aktaion kommt aus seinem Versteck hervor.

AKTAION Ist es wahr, Chiron? Ist mein Lehrer jetzt mein Verfolger?
CHIRON Tiger und Fittich, und Spürauf und Xanthos und Rothaar und Fleck! Deine Hunde trauern den zehnten Tag. Sie verweigern Nahrung und Wasser. Winselnd stürzen sie auf alles, was nur im Geringsten nach Aktaion riecht.

AKTAION Treib sie zur Jagd.
CHIRON Mir folgen sie nicht. Nicht mir und auch niemand anderem. Entweder sie werden verhungern oder sie ertrinken in der reißenden Strömung des Ismenos, sobald der Wind sich dreht und von der Insel zur Stadt weht.
MELANTO *zu Aktaion* Sei auf der Hut vor seinen Lügen.
AKTAION Hier hast du mein Halstuch.
CHIRON Das wird sie nicht retten.
MELANTO *zu Aktaion* Bleib! Hier bist du sicher.
CHIRON *zu Aktaion* Du hast freies Geleit.
AKTAION Wohin?
CHIRON In den Kithairon.
AKTAION Wer gewährt es mir?
CHIRON Artemis selbst.
MELANTO *ihn nachäffend* Artemis selbst! *Zu Aktaion* Glaub ihm nicht. Wie könnte der da jemals ihr Bote sein? Ein Mann! Ein Hengst! Ein Wesen, das keine Mutter geboren hat, sondern eine gestörte Verdauung, ein stolpernder Herzschlag, ein unruhiger Schlaf! Mit mir, Aktaion, mit mir spricht die Göttin.
AKTAION Sag mir ihre Botschaft, wenn ich zurück bin.
MELANTO Es gibt keine Rückkehr, wenn du dem da folgst.
AKTAION *zu Chiron* Welche Waffen sind mir erlaubt?
CHIRON Alle, die du besitzt.
MELANTO *zu Chiron* Aber deine Hinterlist und dein Verrat, die fehlen ihm. Ich, Aktaion, ich ganz allein werde dich mit Artemis versöhnen. Das kann der Tiermensch nicht. Und auch kein anderer. Das kann nur ich.
AKTAION Morgen, Melanto.
MELANTO Heute wird sie dich töten. Frag Teiresias. Frag jeden Windhauch, jede Krähe, den Speichel in deinem Mund.
CHIRON *zu Aktaion* Die Sonne ist bald im Zenit.
MELANTO *zu Aktaion* Ich bin eine Frau, und Artemis ist eine Frau. Ich bringe jedes Opfer. Jedes. Und welches Urteil sie auch gefällt hat, sie nimmt es zurück. Das schwöre ich dir.

CHIRON *zu Aktaion* Bis zum Abend sind sie verdurstet, alle deine Lieblingshunde, Tiger, und Fittich, und Spürauf und Xanthos und Rothaar und Fleck.

AKTAION *zu Chiron* Nimm du das Steuer. Ich werde rudern.

MELANTO *zu Chiron, der das Boot ins Wasser lässt* Hände weg, Pferdemensch!

AKTAION *zu Melanto* Morgen, Melanto. Morgen siehst du mich wieder.

MELANTO *zu Chiron* Hände weg, habe ich gesagt! Hörst du, Zentaur, ich rede mit dir! Du Sohn des größten Hurenbocks im ganzen Tartaros und einer läufigen Stute! Und deine eigene Laufbahn, du Ross, die endet als Ziegenbock. Als Ziegenbock, den man von oben bis unten mit Flüchen bespuckt und in einer mondlosen Nacht aus der Stadt peitscht.

CHIRON *zu Melanto, die das Boot festhält* Lass los!

MELANTO Schlag nur zu, du Großmaul! Du wirst es nicht wagen!

AKTAION Ich wage es! *Löst ihre Hände.*

MELANTO *zu Aktaion* Weißt du, was du tust? Willst du mich wirklich verlassen? Für diesen Halbmensch? Wozu habe ich einen Mund? Wozu habe ich Brüste? Wozu habe ich einen Schoß? Wozu war ich sechs Jahre stumm und fand bei deinem Anblick meine Sprache wieder? Warum bist du am Brunnen auf mich zugekommen in der Mittagshitze? Ich wollte nichts als Wasser. War mein Haar zu offen? Meine Schulter zu entblößt? Ich wollte nichts als Kühlung. Aber du kamst an den Brunnen ohne Durst, und aus dem Schatten. Du wolltest kein Wasser, sondern mich. Das sagten deine Augen; da so klar und jetzt so trüb! Schön warst du und stärker als sechs Jahre Schweigen. Ich wusste es schon als Kind: ein Delphin! Ein Delphin, der aus dem Meer aufs Trockene kommt um meinetwillen: das würde mein Geliebter sein. Dieses Wesen sah ich in dir damals. Und darum fiel plötzlich die Fessel von meiner Zunge. Aber dann machten sie dich zum Jäger. Sie haben dich verwandelt in ein Festlandswesen!

AKTAION *während er mit Chiron vom Ufer ablegt* Morgen Nacht, Melanto! Morgen Nacht kehrt der Delphin zurück.
MELANTO Aktaion! Aktaion! Du Narr glaubst wirklich, dass du je zurückkehrst? Du Narr, du Narr, du Narr... *Sie schlägt sich die Hände vors Gesicht, um allmählich zu verstummen.*

11

Zweikampf der reinen Absicht

Chiron führt Aktaion durch den Wald des Kithairon zum Echsensee. Wind rauscht in den Bäumen.

AKTAION Wo sind sie, Tiger und Fittich und Spürauf und Xanthos und Rothaar und Fleck? Meine Hunde, die ohne meinen Anblick verenden?
CHIRON Artemis hat sie gerufen.
AKTAION Wohin?
CHIRON Hierher. In die Wälder des Kithairon. Dorthin, wo du ihr begegnet bist.
AKTAION Und ihr sind sie gefolgt, obwohl sie so trauern?
CHIRON Wer folgte nicht, wenn Artemis ruft?
AKTAION Und wohin führst du mich? An den Ort meines Verbrechens?
CHIRON Bald siehst du den See zwischen den Fichten glitzern.
AKTAION Sollte ich der Göttin durch einen unglückseligen Zufall abermals begegnen, dann fordere ich sie offen zum Zweikampf.
CHIRON Des Bogens?
AKTAION Nein. Der reinen Absicht, des lauteren Herzens und der aufrechten Gesinnung.

CHIRON Allzu kindliche Waffen für den Kampf mit Göttern!
AKTAION Sind sie wirklich so unmenschlich? Wirklich so grausam? Und du, Chiron? Bist du nicht zur Hälfte einer von ihnen? Wie ist es mit deiner Lauterkeit? Mit deiner reinen Absicht? Wohin führst du mich wirklich?
CHIRON Ich bin nicht mehr dein Führer, nur dein Begleiter.
AKTAION Wohin begleitest du mich?
CHIRON In dein Schicksal.
AKTAION Schicksal? Ist das ein schönerer Name für Untergang und Verderben?
CHIRON Ein schönerer als Spürauf und Fittich und Fleck.
AKTAION Sind meine verdurstenden und verhungernden Hunde mein Schicksal?
CHIRON Du bist verloren, sobald sie dich wittern. Sobald der Wind sich dreht.
AKTAION Er braucht sich nicht zu drehen, Chiron. Es stinkt schon jetzt aus jeder Himmelsrichtung hündisch nach Verrat.
CHIRON Wer hat wen verraten: Der Lehrer den Schüler oder der Schüler die Lehren?
AKTAION Du hast mich bisher vor allem das Töten gelehrt. Warum lehrst du mich jetzt nicht ein Mittel gegen das Sterben?
CHIRON Du wirst mir nicht glauben, wenn ich es nenne.
AKTAION Tue es trotzdem.
CHIRON Es ist der Tod.
AKTAION Warum hältst du dein Opfer noch zum Narren?
CHIRON Der Tod dieser einen Gestalt.
AKTAION Ich bin kein Zentaur. Ich habe nur eine.
CHIRON Bist du dir sicher?
AKTAION Sicher bin ich, dass du mich verraten hast. Dass ich verlassen bin. Geh, Chiron. Befrei mich von deinem Anblick.
CHIRON Ich wollte dich von so viel mehr befreien.
AKTAION Von meiner Arglosigkeit? Von meiner Unschuld? Und jetzt auch von meinem Leben? Geh. Lass mich allein.
CHIRON Lebwohl, Aktaion. *Ab.*

Aktaion sammelt große Steine und spricht gen Himmel.

AKTAION Asklepios! Asklepios! Erinnere dich an dein Versprechen. Schick sie mir, deine heiligen Tiere. Oder wenn du kannst, beschütze du selbst mich vor dem Zorn der Artemis. *Nachdem er vergeblich gelauscht hat, legt er die Steine zu einem Kreis.* Nyx! Mygdalos! Nurion! Tento! Das wird euer Tempel! Euer Tempel oder mein Grab. Ich habe euch noch nie gerufen. In keiner Not meines Lebens. Jetzt rufe ich euch. Nyx! Mygdalos! Nurion! Tento! *Stille.* Nyx! Mygdalos! Nurion! Tento!

Er legt sich zwischen den Steinen auf den Boden. Erst unhörbar, dann immer vernehmlicher beginnen die von ihm im Kreis ausgelegten Steine gegeneinander zu klirren. Allmählich legt sich der Wind, der laut in den Bäumen gerauscht hat.

12

Ein Opferkuchen für Artemis

An der Bootslände auf der Asklepios-Insel umwindet Melanto den Kopf der Artemis-Statue mit einem Blumenkranz, bevor sie ihr Bittgebet spricht.

MELANTO Galgant, Lorbeer, Kerbel, Melisse, Bohnenkraut. *Sie streut die Kräuter über sich.* Sieh, Artemis! Ich würze mich. Und knete mich und walke mich und werde mich in den Ofen schieben, wie nur je ein Opferkuchen für dich in den Ofen geschoben worden ist. Wenn du dich nur meiner Bitte nicht verweigerst: Verschone meinen Geliebten. Aber verstehe mich richtig, göttliche Jägerin: Was immer du tust, ich werde dich preisen – preisen um jeden Preis. Ich bin bereit dazu. Du verschonst und bist gnädig – ich preise. Du bist erbarmungslos und vernichtest – ich preise. Aber ich bitte dich, gnädig zu sein und nicht zu vernichten. Und gewähre mir, dem Opferkuchen, der sich selbst gewürzt, geknetet, gebacken und geopfert hat, einen Platz in deiner Prozession. Nur eine Silbe lass mich singen in deinem Hymnus. Eine Kornblume auf den Weg deiner Standbilder streuen. Und was immer Aktaion getan oder nicht getan hat: töte ihn nicht.

Sie breitet eine Reuse über ein Boot, um sich dann dahinter zu verbergen.

13

Ode an den Mundgeruch

Vor Melantos Versteck zupfen Oxal und Rhynchos einander Haar und Kleidung zurecht.

OXAL Wo steckt sie?
RHYNCHOS Hinter dem Boot. Dem mit der Reuse. Hat sie gesagt.
OXAL Wenn ich an den Schenkel denke, der in so einen Strumpf hineinpasst...
RHYNCHOS Denk lieber nicht. Das stört beim Vögeln. Nichts wie hin.
OXAL Moment! So wie du aus dem Maul stinkst, kriegt sie das Kotzen.
RHYNCHOS Dafür stinkst du aus dem Arsch.

OXAL Und nach Achselschweiß...
RHYNCHOS stinken wir beide.
OXAL Was tun?
RHYNCHOS Es hilft nichts. Es ist immerhin die Kebse von Prinz Vogelfrei. *Er bringt einen Eimer Wasser, und beide beginnen gurgelnd und prustend eine Katzenwäsche.*
OXAL *haucht Rhynchos an* Ist es jetzt besser?
RHYNCHOS Pest oder Cholera. Und bei mir?
OXAL Furz mal. *Rhynchos tut es.* Pest!
RHYNCHOS Ich werde nicht furzen. Aber du musst Luft holen.
OXAL Ich sag ihr ein Gedicht auf. Zur Wiedergutmachung.
RHYNCHOS Die Ode an den Mundgeruch?
OXAL Nein, ein Hochzeitslied.
RHYNCHOS Und wie heißt es?
OXAL Fräulein gestatten
zwei thebanischen Latten
die lange nicht hatten,
sie zu begatten.
RHYNCHOS Du dichtest wie du stinkst.
OXAL Du findest mich schwach als Minnesänger?
RHYNCHOS Minnesänger? Minnesau!
OXAL Machs besser, Maulwurfpoet.
RHYNCHOS Uns zur Feier
für zwei Freier
und vier Eier
einen Dreier.
OXAL Wenn du als Freier genauso eine Null bist wie als Dichter, dann muss ich alleine Vögeln gehen.
RHYNCHOS Also dichten wir was gemeinsam.
OXAL Fang an.
RHYNCHOS Nein du.
OXAL Feigling!
RHYNCHOS Also gut. – Du als Person von Stand...
OXAL Nimm nicht die Hand...

RHYNCHOS Sondern tu es uns...
OXAL gründlich...
RHYNCHOS viel lieber mündlich.
OXAL So. Das war jetzt der reinigende Abgesang. *Er haucht Rhynchos an.*
RHYNCHOS Gibs auf, Stinkmorchel.
OXAL Im Gegenteil. Jetzt geht es los. Auf nach Thrakien.
RHYNCHOS Über den Bosporus, Oxal, du Ochse.
OXAL Ins Schwarze Meer.

Beide pirschen sich vorsichtig hinter das Boot.

14

Ein thebanischer Pass für thrakische Gebete

Melanto kriecht langsam hinter dem Boot hervor, ausspuckend und sich notdürftig waschend, bevor sie sich dem Kopf der Artemis-Statue zuwendet.

MELANTO Reicht dir das, Artemis, Pfeile verschießende Jungfrau? Habe ich genug geopfert? Bin ich tief genug in den Schmutz gezogen, um meinen Geliebten reinzuwaschen von seinem Verbrechen? Was soll ich noch zahlen? Welche Währung? Artemis! *Stille.* Bärengöttin. Schlächterin, Mörderin Artemis! *Stille.* Sphärengöttin. Lächelnde Förderin, Artemis. *Stille.* Genügt selbst das noch nicht als Preis für Aktaions Leben? Siehst du hier diesen Mantel? *Sie zieht den für Aktaion gewobenen Mantel aus der Fischreuse hervor.* Ein Jahr lang habe ich für ihn daran gewebt. Ein Jahr lang. Alles, was du seinem Körper antun willst, das soll dieser Mantel büßen. Auch den

opfere ich dir. *Während sie ihn mit einem Messer in Fetzen schneidet, erscheint Echidna.*
ECHIDNA Schade! Schade, Melanto, um das schöne Stück. An deiner Stelle würde ich es umnähen für mich selbst. Die Farbe passt wunderbar zu deinem Haar.
MELANTO Was hast du hier verloren, kleine Zecke?
ECHIDNA Wo die Götter schweigen, springen manchmal die Zecken in die Bresche.
MELANTO Wozu? Um überall ihr Gift auszustreuen?
ECHIDNA Gift nennst du meinen freundschaftlichen Rat?
MELANTO Was hat er mir gebracht? Kann er Aktaion retten?
ECHIDNA Die hohe Kunst des Opfers will gelernt sein.
MELANTO Was kann ich noch mehr geben? Was habe ich falsch gemacht?
ECHIDNA Vielleicht hast du dich falsch gewürzt, Melanto. Vielleicht waren die Kräuter nicht frisch, nicht jungfräulich genug. Beim Ernten nicht vom Morgentau benetzt oder vom Vollmond beschienen.
MELANTO Und meine Gebete? Hat Artemis sie überhaupt vernommen?
ECHIDNA Ich fürchte, sie brauchen einen thebanischen Pass, damit eine thebanische Göttin sie erhört.
MELANTO Also habe ich in steinerne Ohren geredet?
ECHIDNA In die eines Standbilds, ja. Die lebendige Artemis ist auf der Jagd.
MELANTO Und wo ist Aktaion?
ECHIDNA Das, kleine Melanto, frag lieber nicht.

15

Der Gaul kann wirklich reden

Auf einer Lichtung im Kithairon zerstören Oxal und Rhynchos ein Schlangengelege. Rhynchos nimmt pfeifend ein Schlangenei nach dem andern aus dem Brutkasten, und Oxal zertrümmert es fluchend mit dem Hammer. Chiron beobachtet die beiden von ferne, setzt sich eine Pferdemaske auf und tritt dann lautstark gegen einen Baum.

OXAL Ist da wer?
CHIRON Ja. Chiron.
OXAL Rhynchos! Siehst du, was ich sehe?
RHYNCHOS Ein Ross!
OXAL Ein Gaul, genau! Ein Maul wie ein Pferd. Ein Geschau wie ein Pferd. Ein Schädel wie ein Pferd. Aber ein Arsch wie du. Also ein Arsch wie ein Arsch.
RHYNCHOS Mein Arsch ist immer noch mehr Gesicht als dem seine Fresse.
OXAL *nimmt einen Strick* Passt das als Kandare? *Er betatscht Chirons Pferdekopf.*
CHIRON Hände weg!
OXAL *zu Rhynchos* Hast du gehört, was ich gehört hab?
RHYNCHOS »Hände weg!« hab ich gehört.
CHIRON Ich sag es nicht zwei Mal.
RHYNCHOS *schreckt zurück* Der Gaul kann wirklich reden.
CHIRON Klar kann ich.
OXAL Und was hast du gesagt?
CHIRON Hände weg!
OXAL Und kannst du auch noch was anderes reden?
CHIRON Her mit dem Hammer!
OXAL *kriegt einen Lachanfall.* Hast du das gehört, Rhynchos? »Her!« hat er gesagt. »Mit!« hat er gesagt. »Dem Hammer!« *Zu Chiron* Verstehst du auch deine Muttersprache? *Er wiehert ihn an.*

CHIRON Sag es auf Mensch!
OXAL *wiehert nochmals* Nein? Nix verstehen? Auf Mensch heißt das: »Willst du eins aufs Dach!«
RHYNCHOS *prustend* Ich mach mich nass.
OXAL Aber dann an die Arbeit!
CHIRON *lauter* Her mit dem Hammer!
OXAL Wir haben einen Auftrag.
RHYNCHOS Von Aristaios. Seiner Majestät, dem König von Theben.
OXAL Diese Schlangeneier werden von Staats wegen unwiderruflich zermatscht.
CHIRON Euch zermatsche ich gleich unwiderruflich die Eier.
RHYNCHOS *schiebt den dicken Oxal vor* Zeigen wir's ihm?
OXAL *hebt den Hammer und wiehert* Er kriegt eins aufs Dach.
CHIRON Und du eins in den Keller. *Er tritt Oxal so zwischen die Beine, dass dieser sich am Boden krümmt.*
RHYNCHOS *reicht Chiron den Hammer* Darf es sonst noch was sein?
OXAL *am Boden* Feige Sau!
CHIRON *zu Rhynchos* Die Eier dort aus dem Brutkasten.
RHYNCHOS *sammelt die Eier in einen Korb und reicht sie ihm* Eine Quittung würde uns sehr weiterhelfen.
CHIRON *deutet auf Oxal* Da ist sie. Mit Stempel. *Er nimmt seine Pferdemaske ab.*

16

Der Beweis dafür, dass du jetzt tot bist

Am Echsensee im Kithairon nähert sich Echidna behutsam dem Ring aus Steinen, in dem Aktaion noch immer liegt. Allmählich regt sich wieder Wind in den Bäumen.

ECHIDNA Spürst du es, Aktaion? Westwind!

AKTAION *erhebt sich vom Boden* Dich habe ich nicht gerufen.

ECHIDNA Ich weiß. Gerufen hast du bessere Gesellschaft. Nyx, Nurion, Mygadalos, Tento. Aber selbst die Magie von Asklepios-Schlangen lässt irgendwann nach. Ewig kann auch sie den Wind nicht fesseln. Jetzt frischt er wieder auf. Hörst du? *In der Ferne ertönt Hundegekläff, das sich langsam nähert.* Leider hat er gedreht.

AKTAION Und er wird wieder drehen.

ECHIDNA Dann ist es für dich zu spät.

AKTAION *schaut an seinem Körper hinunter und betastet ihn* Habe ich geschlafen und geträumt? Träume ich noch immer? Oder träumt ein anderer mich?

ECHIDNA Träumend oder wach: Du bleibst der Enkelsohn des Kadmos.

AKTAION Seit wann trägt der Enkelsohn des Kadmos mächtige Hufe an seinen vier Beinen, einen gewaltigen Rist und die schwere Last des Geweihs auf einem Schädel, der kein menschlicher sein kann? Seit wann umhüllt ihn statt Haut ein zottiges Fell?

ECHIDNA Immer schon, Aktaion. Seit deinem allerersten Tag.

AKTAION Dann hast du schärfere Augen als ich.

ECHIDNA Sie sehen durch die Zeit. Anders als deine.

AKTAION Bis zum Tag meiner Zeugung?

ECHIDNA Ja. Der Ismenos war über die Ufer getreten. Ein Herbststurm fegte die roten Blätter von den Weinstöcken. Den Ziegelbrennern erlosch das Feuer. Und meine Bleibe, das letzte Herbstlaub, wurde fortgeweht. *Das Hundegekläff wird immer lauter.*

AKTAION Meine Meute? Wen hetzen sie?

ECHIDNA Den Hirschen. Wen sonst?

AKTAION *ruft* Tiger! Fittich! Xanthos! Fleck! Ich bin es, euer Herr. Aktaion. Fittich! Tiger! Spürauf! Fleck!

ECHIDNA Du rufst mit einer Stimme, die du nicht mehr hast, aus einem Körper, der du nicht mehr bist, nach Hunden, die dich nicht mehr kennen.
AKTAION Ja. Du hast Recht, Echidna! Denn meine Meute jagt und verfolgt mich. Der Geruch des Hirschbocks übertönt den schwachen Geruch des Menschen, der ich einmal war. Beschütz mich vor meinen eigenen Hunden, Echidna!
ECHIDNA Ich bin nicht dein Retter. Ich bin nur der Zeuge.
AKTAION Was bezeugst du?
ECHIDNA Ich bezeuge, wie du der Meute dein Geweih entgegenreckst. Wie du zum ersten Mal aufröhrst mit der Stimme des Tieres, zu dem du geworden bist.
AKTAION Asklepios! Asklepios!
ECHIDNA Der Heilgott erhört kein Wild. Und selbst wenn du aus der Tiefe der Wälder deinesgleichen herbeirufst – es ist zu spät! Während Fleck und Tiger sich in deine Flanke verbeißen, durchbohrt Fittich der entschlossene Stoß deines Geweihs. Dem winselnden Xanthos zerschmettert dein Hufschlag den Schädel. Dein Blut und ihr Blut strömen aus den aufgerissenen Adern eurer Leiber und vermischen sich in einer gemeinsamen Spur.
AKTAION Ich brauche mein Blut unvermischt, das Blut des Kadmos und seiner Sippe, damit es Artemis anklagen kann.
ECHIDNA Das tun andere für dich. – Siehst du die Hündin mit den violetten Lefzen? Mit einem gewaltigen Satz springt sie dir auf den Nacken und zerreißt dir von oben die Kehle. Ein roter Springbrunnen ergießt sich zwischen ihre Zähne. Von deinen Augen ist nur noch das Weiße sichtbar. Aktaion! Aktaion! Hörst du mich noch?
AKTAION Das Hören rinnt lautlos aus meinen Ohren. Das Gebell meiner Schweißhunde verklingt. Alles je Gesehene fließt mir wie Wasser aus den Augen. Der Gesichtssinn steigt in dieses Hirschgeweih.
ECHIDNA Was erblickt er?

AKTAION Schlangenleiber, die sich um meine Hörner schlingen. Tento, Mygdalos, Nurion. Je stärker sie ihre Windungen straffen, umso mehr verflüchtigt dieser Hirschleib sich zu Nebel. Wie rasch er aufsteigt und sich lichtet! So heftig strahlt die Sonne. Ich sehe sogar zwei! Zwei Sonnen, wie am Tag meiner Zeugung!

ECHIDNA Das ist der Beweis.

AKTAION Wofür?

ECHIDNA Dafür, dass du jetzt tot bist.

17

Den Fischen eine Königin

Im Innern des inzwischen verlassenen Steinkreises heben Oxal und Rhynchos eine Grube aus. Nur die Schaufeln und das aufgeworfene Erdreich sind sichtbar, als Melanto und Chiron einander an Aktaions künftiger Grabstätte begegnen.

MELANTO Was willst du, Chiron, an seinem Grab? Was von seinem Körper übrigblieb, blutet von neuem, wenn es deine Nähe spürt.

CHIRON Was von Aktaions Körper übrig blieb, wird sich freuen über dieses Geleit. *Er stellt den Korb mit den Schlangeneiern am Rand der entstehenden Grube ab.*

MELANTO Was soll das? Glaubst du, diese Schlangen werden je schlüpfen?

CHIRON Das sind die Weihegaben, die Asklepios deinem Geliebten schenkt.

MELANTO Warum hat Asklepios dem Lebenden nicht geholfen? Glaubst du, er fügt den Toten wieder zusammen? Oder ver-

setzt ihn als Hirsch unter die Sterne, damit ich in den Nächten zu ihm hinaufschauen kann?
CHIRON Nein. Aber er wird ihn schützen auf seinem Weg von einer Gestalt in die nächste.
MELANTO Niemand schützt ihn! Alle haben ihn verraten. Und du an erster Stelle.
CHIRON Ich konnte nicht verhindern, was ihm bestimmt war.
MELANTO Soll ich dich etwa trösten in der Trauer um deinen Zögling? Dich tätscheln wie seine Hunde? Jeder aus seiner Meute kam zu mir angehechelt. Zu mir, die sie früher verbellten wie ein Stück Jagdwild. Aktaions verkrustetes Blut klebte noch an ihren Mäulern. Jeder schmiegte sich an mich, damit ich ihn wiedererkenne, mit Namen nenne und streichle. Ich habe es getan.
CHIRON Warum?
MELANTO Um ihm ein letztes Mal nahe zu sein. *Sie beginnt, einige Steine aus Aktaions Steinkreis in die Fischreuse zu sammeln, und lädt sich die gefüllte Reuse dann auf den Rücken.*
CHIRON Was willst du mit diesem seltsamen Fang?
MELANTO Das ist mein Segel und mein Wind zugleich.
CHIRON Wohin geht die Fahrt, Melanto?
MELANTO In den Ismenos.
CHIRON Willst du die Fische regieren?
MELANTO Ich werde sie belehren, wie man die Köder, die Netze und die Reusen meidet. Wie man Angelleinen durchbeißt und wie man sich von Haken löst, die schon halb geschluckt sind.
CHIRON Damit sie dich aufgrund deiner Verdienste zu ihrer Königin wählen?
MELANTO Damit ich danach wieder verstummen kann. So wie damals sechs Jahre lang auf Thasos. Aber dieses Mal für immer. *Während Melanto sich mit ihrer schweren Last langsam entfernt, nähert sich Chiron dem Rand der Grube und ruft hinunter.*
CHIRON Platz da, ihr Maulwürfe!
OXAL *von unten* Wir haben einen Auftrag. Von Aristaios.

CHIRON Einen Auftrag habe ich auch. Von Asklepios. Und der geht vor.

Er steigt mit dem Korb in die Grube, sobald Oxal und Rhynchos herausgeklettert sind. Beide tragen Maulwurfsmasken.

18

Nänie für einen toten Königssohn

Oxal und Rhynchos nehmen ihre Masken ab, klopfen sich den Schmutz aus der Kleidung, setzen sich rechts und links an den Rand der Grube und singen.

OXAL / RHYNCHOS

Wir schaufeln ein zweifaches Grab
Aktaion, dir, Jäger und Beute.
Den, der zur Hatz sich begab
den hetzte zu Tode die Meute.

Wir holten stets ohne Zangen,
auch wenn manchmal eine uns biss,
dir aus den Löchern die Schlangen
samt Ei, mal mit, mal ohne Riss.

Du pirschtest auf Rehe und Hasen
anstatt auf den Wolf und den Luchs.
Bald liegst du Hirsch unterm Rasen –
dein Schlangenei, das frisst der Fuchs.

Nur kurz hat deine Jagd gewährt,
rasch, Königssohn, verklang dein Halali.
Dem, der mit Schlangenbrut verkehrt,
verweigert Artemis die Sympathie.

Erhoffe keinen Abschiedskuss.
Die ihn dir schenken sollt,
versenkten Steine in den Fluss,
viel früher stumm, als sie gewollt.

Die Sonne steht im Westen tief
und kreist bald unter die Erde,
nachdem sie mich noch einmal rief,
bevor ich Maulwurf werde.

Denn abgründig ist die Gestalt
von Gott und Tier in Theben,
und ein prekärer Aufenthalt
der Leib im Menschenleben.

Als Chiron nach oben kommt, steigen die beiden Sänger mit aufgesetzten Maulwurfsmasken wieder in die Grube hinunter. Im Takt ihrer Spatenstiche nähern sich Echidnas Schritte.

19

Wie soll der Zentaur sich mit der Zecke paaren?

Echidna hält ihm die ausgestreckte Hand hin, während Chiron sich von den Spuren des Erdreichs reinigt.

ECHIDNA Jetzt zu uns beiden, Zentaur.
CHIRON Ein andermal. Jetzt rufen mich meine Gefährten.
ECHIDNA Was wollen die Pferdemenschen so dringend von dir?
CHIRON Rat und Führung von dem Sohn des Kronos.
ECHIDNA Du sprichst den Namen deines Vaters bitter aus.
CHIRON Ich habe ihn nie gesehen. Wie so viele andere, in die sich sein Samen verirrt hat.
ECHIDNA Aber nicht allen hat er das Geschenk der Unsterblichkeit in die Wiege gelegt.
CHIRON Steige nie in eine Wiege ohne Aussicht auf eine Bahre.
ECHIDNA Was stört dich an einer Eigenschaft, die dich den Göttern gleichsetzt?
CHIRON Dass ich Halbgott und Tier bin. Darum besteht mein ganzer Leib aus Fleisch. Aus Fleisch, das blutet, eitert, brennt und friert.
ECHIDNA Bist du nicht auch Heiler? Der den Schmerz besiegt?
CHIRON Nicht meinen eigenen. Und schon gar nicht das Alter.
ECHIDNA Was fürchtest du daran?
CHIRON Am Ende all dessen, was ich, der todlose Zentaur, erfahren kann, werde ich reglos dasitzen mit den gekreuzten Armen des Menschen und den untergeschlagenen Beinen des Pferdes, ohne Gefährten, in der Einsamkeit. Und für die Einsamkeit ist der Zentaur nicht geschaffen.
ECHIDNA Gibt es kein Weib, das dich liebt?
CHIRON Zeig mir irgendwo unter der Sonne eine Zentaurin.
ECHIDNA Schau mich an.
CHIRON Was hast du, kleine Zecke, mir zu bieten?

ECHIDNA Deine Sterblichkeit.
CHIRON Du, Echidna, schießt mir anstatt Herakles den Giftpfeil in den Fuß, der ihn unheilbar zum Schwären bringt?
ECHIDNA Woher willst du wissen, dass dein Ende genau diese Gestalt hat?
CHIRON Teiresias hat es mir geweissagt.
ECHIDNA Weißt du nicht, wie gern die Seher in Gleichnissen reden? Ist mit dem, was Teiresias deinen Fuß nennt, nicht dein Geschlecht gemeint? Und mit dem Giftpfeil des Herakles nicht ein unsichtbares, tödliches Virus?
CHIRON Das also ist es, was du mir zu bieten hast? Eine Ansteckung?
ECHIDNA Warum gewaltsam im Kampf aus dem Leben scheiden statt lustvoll in einer Liebesnacht?
CHIRON Wie soll der Zentaur sich mit der Zecke paaren?
ECHIDNA Keine Sorge. Mein Körper verwandelt sich in die passende Gestalt.
CHIRON Wer bist du wirklich, Echidna, kleine Zecke? Bist du in Wahrheit... Artemis?
ECHIDNA *lacht* Wenn es die Wahrheit gäbe: warum nicht?
CHIRON Gut. Worauf warten wir, du Wechseltier?

Beide ab. Aus der Grube ist das Geräusch der Schaufeln zu hören. Der Wind in den Fichten frischt auf. Die Sonne geht unter.

MEDEA
Das Sonnenfleisch

MEDEA
JASON
LINOS, ihr älterer Sohn
LAURION, ihr jüngerer Sohn
LYXENE, Dienerin Medeas und Amme ihrer Kinder
GLAUKE, Braut Jasons

Im mythischen Korinth

Flesh composed of suns – how can such be?
Robert Browning,
Parleyings with certain people of importance in their time

1

LAURION Wenn ich schon nichts sagen darf, dann spiele ich ihm wenigstens etwas vor. Zur Begrüßung.
LINOS Das wirst du gefälligst lassen.
LAURION Ich habe geübt.
LINOS Ich auch. Wie man aus einer Flöte Kleinholz macht.
LAURION Du bist unserem Vater böse.
LINOS Und du sollst mir dabei helfen.
LAURION Das kann ich nicht.
LINOS Maul halten genügt.
LAURION Aber Jason will uns endlich sehen!
LINOS Mal eben. Wie sein Pferd, wie seine Hunde.
LAURION Das Pferd wiehert, die Hunde kläffen, und ich, Laurion, sage ihm zumindest Guten Tag!
LINOS Aber es ist kein guter Tag. Im Gegenteil, er ist beschissen.
LAURION Was soll an diesem Tag beschissen sein? An dem uns Jason wiedersieht?
LINOS Die Neuigkeiten, die er bringt.
LAURION Woher kennst du seine Neuigkeiten, wenn sie neu sind?
LINOS Von unserer alten Amme.
LAURION Und woher weiß unsere alte Amme diese Neuigkeiten?
LINOS Sie spioniert gern und sie tratscht gern. Über Jasons altes und sein neues Haus.
LAURION Mir sagt die Alte nie was Neues.
LINOS Für manches Neue, Laurion, bist du einfach noch nicht alt genug. Zum Beispiel für die Politik und für die Dinge zwischen Mann und Frau.

LAURION Dann erklär sie mir. Du bist schon fünfzehn.

LINOS Unser Vater Jason hat eine neue Braut, Medea, unsere verlassene Mutter, eine mörderische Wut, und unsere alte Amme Stoff zum Tratschen. Und wir beide, Laurion, haben nichts und niemand.

LAURION Ich habe meine Flöte. Und meinen Bruder Linos, der mich in den Arm nimmt.

LINOS Einen Tritt in den Hintern kriegst du, Laurion. Ich bin ja nur dein Bruder.

2

JASON Ich warte. Warum höre ich nichts? Kein »Guten Tag«. Kein Wort der Freude, Linos? Und Laurion? Wo bleibt deine Umarmung? Dein Willkommenskuss? Du schaust zu Boden. Laurion, du? So weit ist die Verschwörung eurer Mutter schon gediehen? – Gut, auch ohne Antwort bleibt ihr meine Kinder. Laurion, schau mich an! Ich weiß, du hast Herz und nicht nur Hirn. Komm, gib mir einen Kuss. – Ah, du traust dich nicht. Ich lese es in deinen Augen: Sie erpressen dich, Medea und dein Bruder Linos. *Stille.* Eigentlich bin ich gekommen, um mich mit euch zu freuen. Gut. Wenn meine Söhne trotzen, freu ich mich allein. An eurer Überraschung. Ihr fahrt nämlich weit weg, ihr und Medea. Ans Meer! Und wenn ihr wiederkommt, wohnt ihr bei mir und eurer neuen Mutter, Glauke; nicht mehr in dieser Höhle, sondern im Palast. Wenn wir uns wiedersehen, habt ihr vielleicht ein Brüderchen. Ihr bleibt mir trotzdem genau so lieb und meine Griechenkinder, auch am Schwarzen Meer. In euch ist das Klare, Feine, die Helligkeit von Hellas. Die braucht ihr, spätestens wenn ihr zurückkommt.

LAURION Und unsere Mutter? Wann kommt die zurück?
LINOS Laurion! Halts Maul!
JASON Medea stammt aus Kolchis, also aus Asien. Das kriegt man nicht aus dem Charakter, einen fremden Erdteil. Und wenn man älter wird, muss man zurück zu seinen Wurzeln. Von zu viel Fremde wird eure Mutter schwermütig. Und durch die Schwermut unzufrieden.
LINOS Von zu viel Fremde? Oder von zu viel Verrat?
JASON Hört, hört! Mein stummer Sohn kann plötzlich reden. Und gleich eine Frechheit.
LINOS Was ist an der Wahrheit frech? Die Nacktheit?
JASON Richtig. Nehmt was zum Anziehen für den Winter mit. Und wenn ihr wiederkommt, Linos, ich warne dich, dann hat sichs ausgetrotzt!
LAURION Sehen wir auch den Ort, wo du das Goldene Vlies geholt hast?
JASON Wenn eure Mutter ihn euch zeigt.
LAURION Wo ist er?
JASON Ganz weit weg, im Osten.
LAURION Wie weit? Wo genau?
JASON Wenn du morgens in die Sonne schaust, dann rechter Hand, hinter dem Horizont.
LAURION Hörst du, Linos? Hinter dem Horizont! Wolltest du da nicht schon immer hin?

3

JASON Ich war bei unseren Kindern, Medea. Mit ihrem Vater reden sie nicht mehr.
MEDEA Wie sollen sie? Wo? Wann? Hat er sie nicht verlassen?
JASON Eine Zeitlang. Jetzt bin ich zurück.

MEDEA Für eine Stunde? Zwei? Um was zu sagen?
JASON Ich möchte, dass du mich verstehst. Ich bin immer noch der alte Jason. Immer noch der Abenteurer. Und das größte Abenteuer meines Lebens ist und bleibt der Zug der Argonauten. Und wie wäre der geendet ohne dich, Medea? So wie du bist, mit Licht und Schatten. Halb Weib und halb Dämonin. Halb über- und halb unterirdisch. Die Wissende und die Barbarin. Für eine Argo-Fahrt, für die Erkundung einer fremden Welt, für menschenleere Zonen zwischen Tier und Gottheit, da bist du die richtige Gefährtin, sogar Führerin. Eine Frau, wie es auf dieser Erde keine zweite gibt, schon gar nicht in unserem zivilisierten Griechenland. Aber die Argo liegt schon längst auf Kiel. Ihre Planken wurden Bauholz, und die Argonauten Hausbesitzer – oder Palastherren, je nachdem. Und die Sesshaftigkeit, Medea, ist genauso wenig deine Stärke wie der Alltag, der auf die Abenteuer folgt. An Alltagstauglichkeit, da ist dir Glauke überlegen. Denn meine neue Braut ist alles andere als das versnobte, hochnäsige Königskind, für das du sie vielleicht hältst.
MEDEA Ich habe über Glauke keine Meinung. Wohl aber über dich.
JASON Der ganzen Stadt hast du sie ausposaunt. Eidbrecher, Verräter, Gotteslästerer. Unmenschlich, zynisch, undankbar. Ein klares Bild, nur nicht sehr ausgewogen.
MEDEA Ich hatte keine Gelegenheit, es dir persönlich mitzuteilen. Und bisher keinen Anlass, es zu revidieren.
JASON Eines geb ich zu: In der Kunst, jemandem etwas zu verdanken, bin ich ein Stümper. Ein echter Dilettant. Aber in der Kunst, dir jemand zu verpflichten, bist auch du nicht gerade Meisterin, Medea. Auch da fehlt dir wie überall das Maß. Das Leben hast du mir bewahrt bei meinem Drachenkampf. Du hast den ganzen Argonautenzug gerettet. Wunderbar. Ich sage herzlich Dankeschön. Nicht ich allein, sondern ganz Griechenland. Durch uns bist du inzwischen mehr als eine Hel-

din, eine mythische Figur. Aber so mythisch wie deine Heldentaten sind auch deine Verbrechen. Dass du mir hilfst, den Drachen zu erlegen, schön und gut. Das Goldene Vlies, das er bewacht hat, zu erbeuten, schön und gut. Doch dass du ungebeten, ohne Rücksicht, Menschen für mich umbringst, den Pelias und dann Apsyrtos, deinen eigenen Bruder, das habe ich nicht gewollt. Niemals. Das schafft unlösbare Probleme in einer Welt, die nach Gesetzen lebt wie diese Stadt Korinth. Für Leichen – nicht im Keller, nein vor unserer Haustür, kann ich dir nicht dankbar sein.

MEDEA So? Ich sollte dich ein bisschen retten, griechisch maßvoll? Dich ein bisschen lieben? Dir ein bisschen Kinder schenken? Und jetzt, wo du mich verrätst, entehrst und wegstößt, mich mit einem »Ach!« beklagen, maßvoll?

JASON Gut, ich habe mich verliebt. Aber droht man deswegen mit Mord und Totschlag? Einem König! Der mich zum Schwiegersohn nimmt! Statt dass du überlegst: Wir haben endlich ausgesorgt, auch und vor allem für die Kinder.

MEDEA So? Du verrätst mich, und ich habe ausgesorgt.

JASON Wenn du nicht alles, was ich aufbaue, durch dein Geschrei kaputt machst.

MEDEA Was baust du auf? Ich sehe nur Zerstörung.

JASON Meine Stellung baue ich auf. Für Linos und Laurion eine Zukunft. Ich bin noch in den besten Jahren. Ich, der den Argonautenzug geführt hat, ich schlurfe durch die Gassen von Korinth, die Hände in den leeren Taschen! Und drehe abends Däumchen am Kamin. All meine Fähigkeiten als Staatsmann, Feldherr und Entdecker verrotten hier in dieser fremden Stadt, in der ich Exilant bin. Kein Amt, kein Auftrag, keine Anerkennung, von Ruhm und Ehre ganz zu schweigen. Dann dieser Lichtblick: Glauke! Der Weg zurück nach oben, wo ich hingehöre, von Natur und Herkunft, aber genauso auch durch Bildung und durch Leistung.

MEDEA Im Gegensatz zu mir.

JASON Eine Stadt ist immer auch ein Webstuhl. Sie verwebt die Menschen zu einem geschmeidigen Verband, jeder an seinem Platz, mit Tuchfühlung zum andern, jeder mit lockeren Grenzen und doch eigener Kontur. Aber du, Medea, bringst das Weberschiffchen in Seenot und zerreißt die Kette. Du, die Asiatin, die Zauberin und jetzt auch noch geschiedene Frau, passt hier nicht ins Gefüge.

MEDEA Sagst du deiner geschiedenen Frau noch, wann du Hochzeit hältst?

JASON Deswegen bin ich hier. Bis Kreon seine Entscheidungen gefällt hat, habe ich geschwiegen. Und sie dir mitzuteilen fällt nicht leicht.

MEDEA Ist Glauke blond?

JASON Ja. Warum?

MEDEA Auffallend schön?

JASON Das sagen alle.

MEDEA Wie ist es mit Falten? Besenreißern? Schiefen Zähnen?

JASON Sie hat die schönsten Zähne der Welt.

MEDEA Und wie macht sie es dir mit ihren schönen Zähnen, Jason, dass du in ihren Armen so gut schläfst? Viel besser als in meinen?

JASON Ihr Frauen reduziert alles auf das Bett. Und du, Medea, ganz besonders. Aber in Wahrheit geht es um Politik. Und darum ist es wichtig, dass du Gefühle aushältst, auch wenn sie noch so heftig sind. Denn bei dir kommt zu Bett und Kochtopf die Magie. Deine Zauberkunst macht dich gefürchtet, und zu Recht. Du brauchst nur deine Stirn zu runzeln so wie jetzt, genauso! Die dunkle Haut und dann die dunklen Falten, und die Augen eine einzige Drohung. Eine Drohung mit all dem Entsetzlichen, wozu du fähig bist. Darum verschärft sich alles so extrem.

MEDEA Wovon sprichst du? Was verschärft sich?

JASON Kreons Haltung. Er kann vor Angst um seine Tochter nicht mehr schlafen. Was bei dir als gnadenloser Despotismus ankommt, ist nichts anderes als schiere Panik. Terror, Medea!

Terror, den du in Korinth verbreitest. Jeder Tag, den er dich, die Staatsfeindin, im Land lässt, raubt ihm vielleicht sein Kind. Sein einziges. Das in drei Tagen Hochzeit hält.
MEDEA Mit meinem Mann. Ich höre, Jason. Weiter!
JASON Und darum lässt er dir nur einen einzigen Tag, um diese seine Stadt mitsamt den Kindern zu verlassen.
MEDEA Ich werde aus der Stadt gejagt? Es sind nur noch drei Tage bis zu deiner Hochzeit? Einer bis zu meiner Verbannung mit den Kindern? Das sind viele Entscheidungen auf einmal, Jason. Danke, dass ich sie endlich erfahre.
JASON Kreon hat sie erst gestern getroffen – schweren Herzens und obwohl ich für dich eintrat wie ein Löwe. Aber ich weiß ja: Was keine Frau der Welt verkraftet, das nimmt ein Weib wie du mit links. Außerdem gehst du nicht mittellos. Nicht ohne meine Unterstützung.
MEDEA Dass ich nicht lache.
JASON Ihr sollt vor Not geschützt sein.
MEDEA Almosen will ich nicht. Sondern drei Tage Aufschub. Erbitte sie von Kreon. Nur drei Tage, hörst du! Dann bin ich mit Laurion und Linos aus dem Land.
JASON Siehst du deine Rücksichtslosigkeit? Deine Verbohrtheit? Meine Hilfe für die Kinder schlägst du in den Wind.
MEDEA Drei Tage. Einen für Linos. Einen für Laurion. Einen für mich, Medea. Sonst will ich nichts von dir.
JASON Ich kann ihn bitten. Aber versprechen kann ich nichts. Dir nicht und leider auch nicht den Kindern.

4

MEDEA Jetzt ist sie also gefallen, die Entscheidung. Aber ich kenne sie schon. So lange wie das Lachen. Ich höre es den ganzen Tag und die ganze Nacht. Das Lachen Glaukes. Dieses grüne Lachen, das das Mädchen Glauke lacht über das dunkle Weib Medea. Über mich. Die Mauern von Korinth saugen es auf und sind davon durchdrungen. Jedes Mal, wenn ich vorübergehe, speien sie es wieder aus: »Da, das ist sie, die Frau mit den Falten; den ergrauten Haaren; der zerfurchten Stirn, aus Kolchis. Fremd war sie immer. Jetzt wird sie auch noch alt und hässlich!« Glauke, ich spüre dein Gelächter, glockenhell. Ein glockenheller Faustschlag, und ich suche meine Zähne in den Trümmern meines Stolzes. Mein ganzer Körper ist ein Bluterguss; ist gelb und blau. Worüber lachst du, Glauke? Darüber, dass er jetzt dir gehört, der Bastard, der Verräter Jason, den es nicht gäbe ohne mich? Weil du jetzt den Doppelstolz hast, deinen und meinen? Das Doppelglück, deines und meines? Die Doppellust, deine und meine? Was ist gegen meine Lust schon deine, Kreonstöchterchen? Aber indem du Jason stiehlst, stiehlst du mein Frausein. Was du entfesselst, ahnst du nicht. Ohne mich kein Jason – doch ohne Jason wird Medea ganz sie selbst! – Da ist es wieder. Der Faustschlag. Dein Gelächter. Dass dein Mund lacht und seinen Hohn über Medea ausleert, das macht mir nichts. Dass die Spitzen deiner vielen Haare lachen in ihrem verfluchten Gold, das kratzt mich nicht. Aber dass deine Haut lacht! Das ist der Faustschlag. Und am lautesten und am gemeinsten, wiehernd wie eine besessene Stute, lacht dein Schoß. Denn er besitzt jetzt ganz allein dein Diebesgut. Sein Triumph erfüllt die Nächte von Korinth und sucht sich Widerhall in den gierigen Trichtern von tausend Ohren. Aber das Weib hinter der Mädchenmaske, das will nicht Jasons süßen Samen, sondern meine bitteren Tränen. Gut, schluck ihr Salz! Koste es bis zu Ende, Glauke! Ich mache deine nackte Haut zu deiner feinsten Zunge. Das Köstlichste, was Hekates Küche bietet, tische ich ihr auf. – Du lachst noch immer! Weil ich schäume? Als wäre meine Rache nur ein Schaum. Sie ist es. Der Schaum, der deinem Mund entquillt. Denn jede Pore deiner Haut wird büßen, dass Jason sie liebkost und dass sie mich verlacht hat. Alle Ohren Korinths werden ausgefüllt von deinem Schrei. Wenn deine Kehle längst verstummt ist, dann schreien diese Poren immer noch: hunderttausend Münder im Wettstreit, welcher den Schmerz, mit dem das Säurefeuer dich zerfrisst, am herzzerreißendsten in Töne setzt. Denn in unzählbar vielen Fetzen hängt dir deine Haut vom Leib, und jeder dieser Fetzen brüllt: »Es tut mir leid, Medea!« *Stille.* Glauke, ist dein Gelächter eingefroren? Eingefroren, obwohl du verbrennst, in einem Kleid aus Blut und Eiter? *Stille.* Oh. Ich höre dich. Du möchtest weinen, aber deine Augen kochen. Ich werde Mitleid mit dir haben wie mit meinem eigenen Kind. Wie könnte ich dir, Schwester, du Feenwesen aus Gold und Licht, jemals auch nur eines deiner blonden Haare krümmen! Doch zwischen deinem Schrei und meiner Einsicht liegt das blinde Jetzt. Die Zeit für dein Gelächter und für mein Verbrechen. Hekate! Heiz deine Küche! Ich stehe bald an deinem Herd.

5

MEDEA Enttäusch mich nicht, Lyxene.
LYXENE Ich war dir immer treu.
MEDEA Du warst dabei, als er zu uns nach Kolchis kam. Wie ihn mein Vater töten wollte. Wie ich ihn und die Argo rettete. Du weißt, um welchen Preis. Dir kann ich alles anvertrauen. Dir, der Amme meiner Kinder.
LYXENE Das hier ist mehr als alles. Ich bin nur ein Mensch. Du, Medea, bist noch etwas anderes. Und dieses andere vertraue mir nicht an.
MEDEA Ich brauche deine Hilfe.

LYXENE Du überforderst mich.
MEDEA Nicht, wenn du verstehst, warum ich tue, was ich tun muss.
LYXENE Wie kann ich das?
MEDEA Weißt du, was sie über mich sagen?
LYXENE Sie sagen: Enkeltochter der Sonne. Kind von Helios' Kind.
MEDEA Aber Helios, wer ist das, Milchfrau? Was tut dieser Glutball am Himmel, wenn er in eine Nacht verschwindet, in die ihm außer seinesgleichen niemand folgen kann? Ich weiß es. Ich bin seinesgleichen. Dieser Glutball hinter meinen Rippen, dieses Organ aus Sonnenfleisch in meinem Menschenfleisch hält mich so schlaflos wie den Drachen, der das Goldene Vlies bewacht hat. Und Nacht für Nacht zwingt er mich mit Helios unter den Horizont.
LYXENE Zwing nicht auch mich dorthin.
MEDEA Unter den Horizont in stets das gleiche Schauspiel: Erst wird die Sonnenkugel rot. Dann violett. Und dann so gleißend schwarz, dass sie die Augen blendet. Dort in der Schwärze gewinnt Helios eine andere Gestalt. Eine Gestalt, in der er Sterne schlachtet und ihr Licht verschlingt. Und der Glutball in Medea schlachtet mit. Er sendet mich auf meine Flugbahn über Gut und Böse. Seinem Feuer verdankte Jason bei seinem Drachenkampf das Leben. Und dieses Feuer wird es dem Verräter nehmen. Seines, das Leben Glaukes und das seiner Kinder.
LYXENE Schlägt es noch irgendwo in Kolchis? Oder hat es der Bosporus zerquetscht? Wo ist dein Herz, Medea?
MEDEA Du suchst nach einem Muskel in der Brust, ich rede von dem Fleisch der Sonne.
LYXENE Und dieses Fleisch hat keine Ohren, keine Augen?
MEDEA Die meiner Kinder müssten sich nicht schließen, hätte Jason seine aufgetan! Hätte er erkannt, wen er im Arm hält! Was kann meinesgleichen für die irdene, lehmige Bauerndumm-

heit eines Jason? Dieses Manntiers, das seinen Samen in mich ausstreut wie in einen wilden Acker! Er hat unsere Kinder an mir vorbeigezeugt mit einer Puppe, einem bespringbaren Etwas, das ihm zufällig das Leben gerettet hat. Was man in einen wilden Acker sät, ist Unkraut. Und Unkraut reißt man aus, wenn man in einem Garten lebt.

LYXENE Wenn du dein eigen Fleisch und Blut gerodet hast, was soll noch darin wachsen?

MEDEA Mein Frieden.

LYXENE Bringst du den deiner Rachsucht nicht zum Opfer?

MEDEA Es tut dir Leid um die verlorene Milch.

LYXENE Es tut mir Leid um dein verlorenes Menschsein.

MEDEA Mir nicht, wenn ich Gerechtigkeit gewinne.

LYXENE Gerechtigkeit? Was haben deine Kinder dir getan?

MEDEA Sich zeugen lassen von einem Verräter.

LYXENE Sind sie nicht Wesen eigenen Rechts?

MEDEA Eigenen Unrechts!

LYXENE Deine eigene Brust hätte Laurion nähren sollen, deinen jüngsten Sohn. Vielleicht wüsstest du dann, was Liebe ist.

MEDEA Ich habe einen Plan.

LYXENE Sag ihn mir nicht. Ich werde ihn verraten.

MEDEA Du tust es vergebens.

LYXENE Ich werde deine Opfer warnen. Alle.

MEDEA Keiner wird dich hören.

LYXENE Als erstes deine Kinder.

MEDEA Die glauben dir zuletzt.

LYXENE Und dann Jason.

MEDEA Fall dem Chirurgen nicht ins Messer, wenn er schneidet. Sonst trifft es dich. Ich warne dich vor deiner Warnung.

LYXENE Was muss ich tun?

MEDEA Sei mein Skalpell, Lyxene. Willig, geschickt, aber vor allem stumm.

6

GLAUKE Man hat mich gewarnt. Lieber einer Klapperschlange die Haustür öffnen als einer Dienerin Medeas.
LYXENE Wer immer dich gewarnt hat, Glauke, er hat recht. Aber ich komme nicht in ihrem Dienst. Ich, Lyxene, habe mich selber ausgeschickt im eigenen Auftrag.
GLAUKE Ich habe nicht das Geringste gegen deine Herrin. Aber umgekehrt ist dem wohl anders.
LYXENE Sagt das Jason?
GLAUKE Jason spricht nie über sie. Das sagt mir mein kleiner Finger. Er malt mir ein plastisches Bild dieser Kolcherin.
LYXENE Darf ich dein Bild erfahren, Glauke?
GLAUKE Ich sehe sie vor mir in ihren Räumen. Es wachsen waagerechte Blumen in Wänden aus Lehm. Herbstzeitlose, Fliegenpilze und Alraunen zwischen Ginster und Wacholder. Sie lenkt den Regen in die Wände, um ihre hängenden Gärten zu bewässern. Aber sie lebt nicht von seinen Früchten, sondern isst blutiges Fleisch und lebendige Fische. Kleine Blitze knäulen sich wie Vipern in ihren Augenwinkeln zusammen und warten auf Gewitter, um in den Himmel zu zucken. Das ganz normale Bild einer verlassenen Frau. Aber neben ihr liegt winselnd ein neugeborenes, dreiäugiges Tier, das nicht weiß, in welche Welt es gehört. Was, Amme, glaubst du wohl, ist das für ein Tier?
LYXENE Du hast scharfe Augen, Königstochter. Das ist Medeas Hass auf dich.
GLAUKE Eine solche Frau braucht doch ganz andere Feinde. Ich bin nur Glauke. Ein junges Mädchen. Fast noch Kind.
LYXENE Du bist die Tochter Kreons. Und du hast ihr den Mann genommen. Nicht irgendeiner Frau. Sondern Medea, der Tochter des Aietes, Enkelin des Helios. Und du verlachst sie.
GLAUKE Warum sollte ich über Medea lachen? Gut, sie ist älter. Es heißt, sie hat Falten. Sogar gar nicht wenig. Und Hüften

wie jemand von der Schwarzmeerküste. Der Teint entsprechend. Die Kinder spät bekommen. Und die sind fast schon groß. Sieht sie wirklich so gut aus für ihre Jahre?
LYXENE Das sagt sogar Jason.
GLAUKE Mit dessen Duldung sie mein Vater Kreon aus dem Land jagt. Nein, ich lache nicht. Ungern steckte ich in ihrer Haut!
LYXENE Achte auf die eigene. Ich warne dich.
GLAUKE Wovor? Vor deiner eigenen Herrin?
LYXENE Medea will dich töten.
GLAUKE Wenn ich gleich alle Frauen umbringen wollte, die jünger und schöner sind als ich und Jason schöne Augen machen!
LYXENE Würdest du es nicht können. Aber Medea kann.
GLAUKE Und Ammen können Ammenmärchen erzählen.
LYXENE Komm mit zu ihrem Haus. Komm an einem Mittag, wenn sie ihren Spiegel in den Ginster hängt. Dann siehst du: Dieser Spiegel spiegelt schwarze Sonnen, die an keinem Himmel stehen. Oder es sind die Himmel einer anderen Welt. Oder komm in einer Neumondnacht zu ihrem Salzteich und zum Mandelbaum an seinem Ufer. Hör ihr Lied in der Sprache von Kolchis, das diesen Mandelbaum plötzlich verwandelt. Die Äste werden zu Fangarmen, die Blätter zu Saugnäpfen, und die Augen des Walzenkopfs strahlen glutrot aus dem Wurzelwerk im Boden. Dieser Kraken, mit dem sie verschmilzt, reißt sie hinunter in das schwarze Wasser. Dort saugt sie Polypen das Mark aus und Quallen den Leuchtstoff, der sie glitzern lässt. Es ist die Küche Hekates. Für dich kehrt sie mit ihrer grausamsten Tinktur zurück, so hell und durchsichtig wie Wasser. Und damit salbt sie das Kleid, das sie dir zu deiner Hochzeit schenken wird. Und wehe dir, wenn du es anziehst.
GLAUKE Was ist die Gefahr?
LYXENE Es ätzt dir die Haut vom Fleisch bis auf die Knochen, damit du wirklich nackt bist. Nackter als Jason dich erträgt.
GLAUKE Was kann meine Haut dafür, dass sie zarter ist und heller als die Medeas? Was ist das für ein so besonderes Kleid?

LYXENE Es ist goldener als dein Haar und strahlender als Diamant. Ein Prunkgewand, wie du in Hellas und in Asien keines findest. Ein Vermächtnis von Helios, dem Sonnengott.
GLAUKE Wenn es mich schön macht, her damit.
LYXENE Du bist tatsächlich noch ein Kind.
GLAUKE Sie tränkt es mit Gift? Ich lass es reinigen. Und du, ihre Amme, sagst mir wie. Ein Geheimnis unter Frauen, von dem Jason nichts zu wissen braucht.

7

LINOS Es ist gut, dass die Amme es uns so kurz vor dem Einschlafen gesagt hat.
LAURION Warum?
LINOS Es war schon dunkel. Und das passt zusammen. Die Dunkelheit, der Tod.
LAURION Wir sind zu jung.
LINOS Fünfzehn und zwölf macht siebenundzwanzig. Zusammen sind wir aus dem Heulalter raus.
LAURION Ich hab nur was im Auge. Ein Stäubchen.
LINOS Du heulst.
LAURION Und du? Warum sind dir heute Nacht alle Haare ausgefallen, vor dem Morgengrauen? Mit fünfzehn! Hast du etwa keine Angst?
LINOS Alle Angst vor unserer Mutter ist in meine Haare gewandert. Deswegen sind sie ja ausgefallen. Jetzt bin ich sie los.
LAURION Meine Angst sitzt in meinem Hals, in meinem Bauch und hier mitten im Herz. Und wenn mir das Herz ausfällt, dann bin ich sowieso tot. Dann braucht sie mich nicht mehr umzubringen.
LINOS Haar kann ausfallen, aber nicht das Herz.

LAURION Alles kann dir ausfallen, wenn du erfährst, dass deine eigene Mutter dich umbringen will! Die Zähne, die Ohren, die Augen aus dem Kopf. Warum tust du so gelassen, Linos? Warum weinst und schreist du nicht und kannst es nicht fassen, so wie ich? Warum verstehst du die Welt nicht mehr? Warum hasst du deine Mutter nicht? Warum willst du sie nicht umbringen vor Wut und Schmerz? Oder dich selber? Oder alle beide, und mich, deinen Bruder, mit dazu? Und am besten noch deinen Vater? So wie ich das will?

LINOS Heute Morgen war mein Kopfkissen nass von Tränen, mein Hemd von Schweiß, meine Unterhose von Urin. Mir stand das Herz still. Der Boden schlug Wellen. Mir war schwarz vor Augen. Und dann habe ich nach meinem Kopf getastet, weil mir da oben so kühl war, und gemerkt: Oh, ich habe keine Haare mehr. Und dann habe ich weiter getastet und gemerkt: Für jedes verlorene Haar habe ich eine neue Furche im Hirn, und in jeder neuen Furche ist Platz für eine neue Einsicht.

LAURION Was hast du Neues gesehen?

LINOS Ich habe gesehen: Was ich erlebe, ist ein Schock. Und ein Schock, habe ich gesehen, ist eine aufgescheuchte Gottheit ohne Namen und ohne Kult. Du musst ihr einen Tempel weihen, natürlich einen kleinen, denn du bist ein Kind. Ich habe einfach meine Strümpfe zu Tempelchen ernannt, aus Wolle statt aus Stein, und meine Haare hineingestopft, als Opfergaben.

LAURION Aber du bist kein Opferpriester, sondern ein Junge, Linos. Ein Junge wie ich.

LINOS Bis gestern Abend. Vor der Erkenntnis: »Oh, dieser Schock ist ja ein Gott! Mach ihn satt, dann wird er dich nicht länger quälen.« Und tatsächlich: Meine Haare tun in ihrem kleinen Tempel das, was sonst ich tun müsste: jammern, schreien und klagen. Hier! Spitz die Ohren. *Hält Laurion einen Strumpf an die Ohren.*

LAURION Seit wann schreien Haare? So ein Quatsch! Du bist verrückt geworden, Linos! Total verrückt im Kopf!
LINOS Das kann sein. Aber es hilft mir, Laurion. Wenn du von deinem großen Bruder einen Rat willst: Mach es genauso. Lass etwas anderes für dich jammern und weinen; an deiner Stelle.
LAURION Und was?
LINOS Probier es mit den Fingernägeln. Vielleicht reicht das schon. Wenn nicht, musst du etwas Wichtigeres opfern. Ein Stück vom Ohr oder notfalls vom Geschlecht. Das machen viele Männer. Die Amme kann dir zeigen, wie es geht.
LAURION Lieber wehr ich mich, bevor ich mich kastriere.
LINOS Wenn ich mich wehren sollte, müsste ich mit einer Stahlhand aufwachen. Mit einem Messer in der Faust. Aber aufgewacht bin ich ohne Haare, mit mehr Grips.
LAURION Grips hast du sowieso zu viel. Aber Gefühl zu wenig. Ich sage Jason, was unsere Mutter plant.
LINOS Untersteh dich.
LAURION Nicht nur meinetwegen. Ich könnte es nicht ertragen, dass dir Medea etwas antut, Linos. Ich muss es unserem Vater sagen.
LINOS Wenn du das machst, bist du nicht mehr mein Bruder.
LAURION Hast du schon aufgegeben, Linos?
LINOS Was hat ein alter Mann groß aufzugeben?
LAURION Nur weil du eine Glatze hast, bist du nicht mir nichts dir nichts schon ein alter Mann.
LINOS Ich kann dir sagen: Dass man umgebracht wird, ist normal. Und gerade von den Müttern. Sie können nichts dafür. Mütter sind ein Stück Abgrund der Natur, aus dem das Leben kommt und in dem es mir nichts dir nichts wieder verschwindet.
LAURION Wie deine schönen Haare?
LINOS Wie sehe ich aus mit Glatze, Laurion?
LAURION Wie eine geschälte weiße Rübe.

LINOS Na also! Geschält hat sie im Erdreich nichts verloren. Ab in den Kochtopf mit ihr.

8

JASON Drei Bahnen für dich ganz allein? Läufst du um die Wette mit dir selber, Laurion? Ihr gehört nicht mehr dazu. Das tut mir leid. Und wo wirst du erst morgen sein? Erinnerst du dich noch an unsere Insel, Laurion? An deinen Schlaf auf Milo? In dem Fischerboot? Dein Schlaf war bläulich. Fast türkis, so wie der Himmel. Er träumte von Delphinen, und sie kamen zirpend angeschwommen; du warst jung genug, erst neun. Es war ein klarer Mittagsschlaf auf harten Planken, ohne Amme, ohne Mutter, wie ihn Männer unter Männern schlafen. Wir ruderten, ich und der Fischer. Er legte eine Reuse über dich, um dich zu wärmen. Als ich dich am Felsen von Chalakas an Land trug, bist du aufgewacht vom Blöken. Vor uns, am Beginn der Schlucht, stand dieses Lamm, und um es war plötzlich Schatten; dann Flügel, Krallen und der Adlerschnabel. Du hast aufgeschrien. Aber tapfer hast du den Blick nicht abgewendet von dem vielen Blut. Der Vogel fauchte, das Lamm brüllte, und dir stockte der Atem. Diese Feder, weißt du noch, fand ich nach der Mahlzeit auf dem roten Boden. Deine. Ich habe sie bis heute für dich aufgehoben. Hier hast du sie. *Gibt sie ihm.* Mit meinem Vorschlag.
LAURION Was für ein Vorschlag, Jason?
JASON Glaub mir, der Osten ist nicht gut für dich. Das Schwarze Meer überlass Linos und Medea. Du darfst in das Ägäische, nach Milo. Natürlich nicht allein. Mit deinem alten Lehrer. Wie damals jeden Morgen an den Strand. Mit deinem Federnhut, mit dem du aussiehst wie ein Pfauenjunge. Du sammelst

Kiesel, Muscheln, Vogelstimmen. Weißt du noch: wie geht der Häher? *Imitiert ihn. Laurion tut es ihm nach.* Hast du ihn noch, den Federnhut?

LAURION Medea hat ihn eingepackt für unsere Reise. Und wieder ausgepackt und eingepackt. Und jedes Mal verliert er Federn.

JASON Sag ihr, du gehst nach Milo. Dass du dein eigenes Bündel schnürst.

LAURION Ich weiß noch nicht.

JASON Überleg es dir. Bis morgen Abend.

LAURION Wann werde ich unsere Mutter wiedersehen? Wie lange dauert so eine Verbannung?

JASON Das entscheidet ganz allein der König, Kreon. Vielleicht für immer.

LAURION So viel Angst hat er vor ihr?

JASON Vor allem hat er Verantwortung. Ein König muss entscheiden, was das Beste ist nicht für ihn selber oder seine Familie, sondern für alle. Das ist niemals leicht.

LAURION Und für uns? Was ist für uns das Beste?

JASON Dass wir zusammenhalten, du und ich.

LAURION Und Medea? Wo genau muss sie hin, am Schwarzen Meer?

JASON Sie hat die Wahl. Ganz Asien steht ihr offen. Das Land, die See, die Berge – die ganze schöne Landschaft, nur ohne unsere Zivilisation. Aber diesen Mangel ist sie ja gewohnt. Und dich betrifft er nicht. Wenn du nach Milo gehst.

LAURION Auch für immer?

JASON Ein paar Monate. Nicht lang. Du lernst dort Reiten, Ringen, Speerwerfen und Jagen.

LAURION Und die Musik?

JASON Vergiss die Flöte. Die hat dir deine Mutter aufgeschwatzt. Damit sie nicht so auffällt als Barbarin, gibt sie sich kunstsinnig. Zum Beispiel durch angebliche Liebe zur Musik. Du brauchst die Tarnung nicht. Sei du ruhig hart und wild. Wenn

du wieder in unsere Schlucht kommst, pack dir ein blutiges Stück Wild auf den Rücken, das du selbst erlegt hast. Das lockt den Adler an, und er erkennt dich wieder. Träum von ihm und lass dich in die Höhe tragen, wenn er sich in deinen Nacken krallt. Fort von Medea und von allen Frauen. Du wirst ein Argonaut des Südens. In der Ägäis warten, bewacht von alten Drachen, neue Goldene Vliese. Du bringst sie heim, als Jasons Sohn. Willst du das, Laurion?
LAURION Wenn ich ein Mann bin.
JASON Das bist du bald. Denk an das Boot. An deinen Schlaf unter uns Männern. Und an die Adlerfeder. Sie beschützt dich. Sogar vor deiner Mutter, wenn sie sich an dir vergreifen will.

9

GLAUKE Hast du es gesehen? Wie ist es geschnitten? Auf Taille oder weit? Wie besetzt? Smaragde? Perlen? Gürtel oder Spange?
LYXENE Du darfst es niemals tragen.
GLAUKE Wie? Du hast für mich kein Mittel? Warum kommst du dann?
LYXENE Glauke, es gibt Zeichen. Keine guten. Die finstere Medea ganz in Weiß gekleidet. Über dem Salzteich weißer Dampf. Sein Wasser scheint zu sieden. Ein roter Ring umgibt die Sonne.
GLAUKE Mir macht er keine Angst.
LYXENE Sie fehlt dir. Das ist gefährlich.
GLAUKE Mir fehlt der Aberglaube.
LYXENE Nein, dir fehlt Erfahrung.
GLAUKE Ich bin behütet, das ist wahr. Ich gehe morgens auf die Nordterrasse und sehe zwischen den Säulen das Meer und

die Schiffe. Ich habe noch nie eins betreten. Ich war noch nie am Hafen, weder in Lechaion noch in Kenchreai. Ich gehe mittags auf die Südterrasse und schaue auf die Unterstadt, die Hallen um den Markt und das Menschengewimmel. Manchmal trägt der Wind die Schreie der Händler hier hinauf zur Burg. Meinst du, ich habe jemals feilschen dürfen um ihre Teppiche und Vasen? Überall nur Schranken, Geländer, Balustraden.

LYXENE Sie sind aus Marmor und Alabaster, aber trotzdem Gitter.

GLAUKE Ich habe vieles noch nie berührt. Und trotzdem Gespür dafür. Nicht nur für Dinge, auch für Menschen.

LYXENE Für eine Medea offensichtlich nicht.

GLAUKE Ist sie kein Weib? Kein Mensch? Nicht Mutter?

LYXENE »Ich stamme aus der Sonnenkugel. Und keiner kennt die Nacht wie ich!« Sagt das ein Weib? Ein Mensch? Und eine Mutter?

GLAUKE Mich schreckt sie nicht. Tagsüber stecke ich in einem goldenen Käfig. Nachts aber reise ich von der Burgterrasse in die Sterne. Diese Freiheit raubt mir keiner. Sie bleibt mir wie Corinna, Leuke und Eudora, meine Freundinnen. Corinna erklärt mir, wie die Gestirne sich bewegen. Dass es Bälle aus glühenden Steinen sind, die auf festen Bahnen durch den Äther kreisen. Nach Naturgesetzen und berechenbar mit Zahlen. Kein Gott und auch kein Dämon treibt sie an. Sie sagt mir die nächste Sonnenfinsternis voraus und kann sie mir erklären. Medea kommt aus dem finsteren Asien, wo der Unverstand Dämonen braucht. Und du bist genauso abergläubisch. Ich nicht. Medea ist ein verlassenes, gekränktes Weib aus Kolchis. Die Sonne ist ein Ball aus Stein am Himmel. Kolchis hat mit dem Himmel, das Weib mit Helios nichts zu tun. Rachsucht, Besessenheit und Anmaßung – das ist ihr ganzer Zauber.

LYXENE Du kennst sie nicht.

GLAUKE Vielleicht ist sie ja wahnsinnig und plant in ihrem Wahnsinn wirklich Mord. Aber was habe ich vom Anblick einer Verrückten? Gleich ob gekränkt oder verrückt, mir macht sie keine Angst. Und ihr Huldigungsgeschenk ist mir willkommen.

LYXENE Du rennst in deinen Untergang.

GLAUKE Klär deine Herrin auf. Sag ihr, dass ich ihre Schwester bin und nicht ihre Rivalin. Mich hat Jason nie gemeint. Weder mein blondes Haar noch meine weiche Haut. Er hat es abgesehen auf die Königstochter, Kreons Kind. Auf Einfluss, Macht und Gold. Auf die zehn Köpfe Abstand zu den anderen Köpfen, den ein Thron verleiht. Und ich bin nur das Mittel. Und er ist eins für mich.

LYXENE Das wird Medea niemals glauben.

GLAUKE Soll ich ihr das Geheimnis unserer ersten Nächte selbst erzählen? Wie Jason zum Schlafen kam; zum Schlafen und zum Schnarchen? Mein Vater hat ihn jeden Abend ausgefragt nach seinen einstigen Genossen auf der Argo: Herakles, Admetos, Atalanta. Der Daheimgebliebene will auch ein bisschen Abglanz von dem Heldenruhm. Aber was ist das für ein Ruhm: besoffenes Geschwätz, mit dem ein Hergelaufener sich zum Heros aufbläht? Zu mir kam er ins Bett getorkelt, und der Popanz schrumpfte. Schrumpfte zum Wicht und wollte nichts als meine Brust, um seinen Mundgeruch darauf zu betten, aus Wein und faulen Zähnen. Schon in der ersten Nacht sah ich auf diesem Zwerg den Mühlstein: alles, was er Medea schuldet. Diese Schuld zerquetscht ihn. Hohl, wie er ist, ist er mein Tor zur Freiheit. Ich kann zum Markt und kann zum Hafen. Nach Elis und nach Attika. Wo ich will, kann ich mit meinen Schwestern tanzen. Unter Frauen. Ungestört. Warum nicht in Medeas Zauberkleid? Lyxene, bring mir ein Gegengift! Dein Mittel!

LAURION Warum keuchst du so? Ganz nass! Bist du geschwommen?
LINOS Nein. Gerannt.
LAURION Du blutest am Kopf.
LINOS Haben sie mich getroffen?
LAURION Wieso fragst du? Es muss doch wehtun.
LINOS Gestern noch bekränzt auf dem Siegerpodest. Und jetzt bewirft die eigene Mannschaft mich mit Steinen. Laurion, pass auf. Das blüht dir auch.
LAURION Sie spucken aus und drehen sich weg, wenn ich zum Wettlauf komme.
LINOS Irgendein Brüllaffe, ein Herold, hat es in der Unterstadt herumgeschrien: Unsere Mutter wird verbannt, und wir sind Hexenkinder.
LAURION Du hast Recht, Linos. Wir sind wirklich ganz allein.
LINOS Das ist erst der Vorgeschmack.
LAURION Worauf? Sie wird uns doch nicht steinigen lassen von der eigenen Mannschaft?
LINOS Unsere Mutter braucht keine Komplizen.
LAURION Wie, glaubst du, wird sie es machen? Ersäuft sie uns im Salzteich?
LINOS Das würde zischen.
LAURION Wieso das denn?
LINOS Wir sind die Urenkel von Helios. Irgendwo in unserem Innern muss es gigantisch heiß sein. Und gigantisch hell. Wie in der Sonne.
LAURION Ich merke nichts davon.
LINOS Es ist zu tief im Innern.
LAURION Bei mir bestimmt nicht. Und bei dir auch nicht, Linos.
LINOS Woher willst du das wissen?
LAURION Ich kenne dich. Du bist mein Bruder. Ganz tief im Innern ist bei dir etwas ganz anderes. Etwas ganz Kaltes,

Schwarzes. So kalt und schwarz, dass es auch keine Sonne wärmt.
LINOS Was soll das sein?
LAURION Irgendein Punkt. Ein Loch. Winzig, aber sehr, sehr leer.
LINOS So groß wie ein Stecknadelkopf?
LAURION Genau.
LINOS Größer wollte ich auch nie sein.
LAURION Und wie passt in den Stecknadelkopf die Sonne?
LINOS Vielleicht kommt sich jede Sonne selbst so vor: schwarz, kalt und winzig. Aber dafür ewig.
LAURION Bis sie in einem Salzteich absäuft.
LINOS Medea nimmt das Messer. Oder Gift. Aus rituellen Gründen.
LAURION Linos! Unser Vater hat mit mir gesprochen.
LINOS Allein?
LAURION Ja. Im Stadion. Beim Wettlauf mit mir selbst.
LINOS Hat er dich ausgehorcht?
LAURION Ich habe über unsere Mutter nichts gesagt.
LINOS Was hat er von dir gewollt?
LAURION Er hat mir eine Adlerfeder geschenkt.
LINOS Zeig her!
LAURION Ich soll nach Milo statt mit euch ans Schwarze Meer.
LINOS Die Feder! Zeig schon!
LAURION Soll ich nach Milo, Linos?
LINOS Warum nicht? Wenn es dir dort gefällt?
LAURION Und du? Was ist mir dir?
LINOS Jetzt mach schon! *Laurion reicht ihm die Feder. Linos nimmt und behält sie.* Die ist gut. Jetzt hast du was, was für dich schreit. Und trotzdem auf dem Kopf noch Haare.
LAURION Ich habe mir die Finger- und die Zehennägel abgeschnitten bis ins Nagelbett. Und es hat nichts genützt. Ich kann nichts essen, nichts trinken und nicht schlafen. Selbst das Flötespielen kotzt mich an. Wie deine neunmalklugen Sprüche.

LINOS Fahr nach Milo!
LAURION Vielleicht steckst du mit unserer Mutter unter einer Decke! Vielleicht bist du genauso wahnsinnig wie sie.
LINOS Sie ist nicht wahnsinnig.
LAURION Findest du es normal, dass sie uns umbringt?
LINOS Wenn nicht irgendwas an uns faul wäre, würde sie uns, ihren Kindern, auch nichts antun. Sie würde uns lieben.
LAURION Was soll bitte an uns faul sein?
LINOS Dass wir nicht nur wir selbst sind, sondern auch Jason, der Mann, der sie verraten hat.
LAURION Ich bin Laurion. Laurion und sonst keiner.
LINOS Nein, du bist, genau wie ich, du selbst plus Jason und Medea. Wenn sie einen von uns umbringt, tötet sie auch ihn und sich. Ihn aus Eifersucht und sich selbst zur Sühne. Ein Messer rammt sie in drei Bäuche. Das ist praktisch.
LAURION Du bist verrückt im Kopf. Sonst könntest du das nicht verstehen.
LINOS Ich bin ihr Kind. Wie du. Aber ich weiß, was unsere Mutter schon alles getan hat, und du nicht! Medeas Kind zu sein, das ist an sich schon ein Verbrechen. Und dann auch noch ihr Kind mit Jason – das ist eine wandelnde Unmöglichkeit.
LAURION Jemandes Kind zu sein? Einfach nur sein Kind? Was ist daran verbrecherisch oder unmöglich?
LINOS Jason und Medea sind ein zu großer Gegensatz. Da gibt es keine Mitte. Und sie ist eine Hexe! Die den bösen Blick hat!
LAURION Ich bin doch nicht ihr Auge. Bloß ihr Sohn. Und genauso der von Jason. Sogar viel mehr.
LINOS Er kann nicht hexen. Als Kind bleibst du ein Körperteil des stärkeren Elternteils. Das ist Medea.
LAURION Und wenn sie uns abhackt, ihre Körperteile?
LINOS Hat sie das Recht dazu!
LAURION Ich pfeife aus dem letzten Loch, und du redest nur Schwachsinn. Ich gehe.

LINOS Nach Milo?
LAURION Quatsch! Ich gehe üben.
LINOS Solang du Flöte spielst, pfeifst du nicht aus dem letzten Loch.
ILITS Wenigstens ein Stück von meinem Atem soll noch in ihr stecken, wenn ich tot bin. Ein Tropfen meiner Spucke und der letzte Takt von meinem Lieblingstanz. Ich muss ihn noch zu Ende üben. Dann habe ich wenigstens das geschafft.
LINOS Die Flöte steck dir sonst wohin, wenn es dir an den Kragen geht.
LAURION Ich nehme sie mit ins Grab.
LINOS Das darfst du nicht, aus rituellen Gründen.
LAURION Als Leiche scheiße ich auf rituelle Gründe.
LINOS Als Leiche kannst du das nicht mehr.
LAURION Wo ein Wille ist, ist auch ein Weg.
LINOS Hier, deine Adlerfeder! Die brauchst du, nicht die Flöte.
LAURION Ja. Weil Jason sie mir geschenkt hat.
LINOS Nein, zurückgebracht. Sie ist dir ausgefallen wie mir meine Haare.
LAURION Bin ich ein Vogel?
LINOS Ja. Und ich ein Vogelschauer.
LAURION Hör auf, Linos. Hör auf damit!
LINOS Womit, Laurion?
LAURION Vielleicht bist du der Allerschlimmste. Verrückter als sie alle. Und unsere Mutter hat sich an dir angesteckt. An deinem Wahnwitz. Ich bin kein Vogel. Aber du hast einen! Verdammter Glatzkopf!
LINOS Glatzkopf ja. Aber warum verdammt?
LAURION Weil du verdammten Schwachsinn redest: »Vogelschauer!«
LINOS Laurion, hab keine Angst. Es ist eine Verwandlung. Und sie tut nicht weh.

11

MEDEA Seit wann trägst du im Sommer eine Mütze, Linos. *Er zieht die Mütze ab.* Die Locken! Linos! Wo sind deine schönen Haare?

LINOS Sie haben mich verlassen, Mutter. Wie die Ratten das sinkende Schiff. Als wäre mein Schädel in Seenot.

MEDEA Dabei ist er so klug. Als du aus meinem Schoß kamst, Linos, da hast du schon geweint beim Anblick deiner Mutter, so klug warst du. Jetzt, so ohne Haare wie ein alter Mann, wo soll da deine Klugheit enden?

LINOS Dich versteht sie nicht, Medea.

MEDEA Was ist das für eine Wunde an deinem Hinterkopf? Wer hat dich geschlagen?

LINOS Ein Stein.

MEDEA Fiel er vom Himmel?

LINOS Gestern war Manolis noch mein bester Freund. »Da, der Sohn der Hexe! Lasst ihn nicht ins Wasser! Es wird giftig!« So hat er plötzlich vor dem Wettkampf geschrien.

MEDEA Wer hat ihn aufgehetzt?

LINOS Niemand Bestimmtes. Das Gerücht, dass wir verbannt sind, Laurion, ich und du. Dass du den bösen Blick hast. Dass sich ein böser Blick vererbt. Dass ich nur wegen deiner Hexenkunst der Beste bin. In Geometrie, in Grammatik und sogar im Schwimmen. Und eigentlich ein Fremder.

MEDEA Gehst du noch in die Schule?

LINOS Nein.

MEDEA Und eine Mannschaft hast du auch nicht mehr?

LINOS Ich bin allein geschwommen. Und nicht im Fluss. In deinem Salzteich.

MEDEA Ihr Kinder habt dort nichts verloren.

LINOS Ich bin schon stundenlang kein Kind mehr.

MEDEA Was bist du dann?

LINOS Eine Handvoll Salz in deinem Teich. Ich bin nicht nur hineingetaucht, so tief ich konnte. Ich habe mich darin aufgelöst. Weißt du, was ich gefunden habe? Ratten! Ratten aus Stein. Was für ein Bildhauer hat sie wohl in deinen Teich geworfen, Mutter? Eine habe ich an Land gebracht. Als ich sie abtrocknete, spürte ich ein Pochen, einen Herzschlag. Und plötzlich schlug das Tier die Augen auf. Was sind das für Wesen zwischen Stein und Fleisch?

MEDEA Was hast du mit dem Tier getan?

LINOS Vor Schreck ließ ich es fallen. Im schwarzen Wasser wurde es wieder Stein.

MEDEA Tu das nie wieder, Linos. Du darfst in allen Flüssen baden, allen Seen und im Meer, aber nicht in diesem Wasser.

LINOS Mir war, als hörte dieses Tier, diese steinerne Ratte, auf einen ganz bestimmten Namen. So ähnlich wie: Apsyrtos.

MEDEA Meinen Bruder kennst du nicht. Lass ihn aus dem Spiel.

LINOS Apsyrtos. Der »Weggeschwemmte«. Auf irgendeinem Weg ist er in deinen schwarzen Teich zurückgeschwommen.

MEDEA Lass ihn in Frieden, Linos!

LINOS Das sagst du, die ihn umgebracht hat! Und seinen Leichnam dann zerstückelt, um ein Glied nach dem andern in den Fluss zu werfen. Dein Vater verfolgte euch nach eurer Flucht aus Kolchis. Und er hätte euch erreicht und Jason umgebracht. So aber musste er mühsam nach den Fetzen seines Sohnes fischen, deines Bruders Apsyrtos, um sie mühsam zu bestatten. Um diesen Preis seid ihr entkommen, du und Jason.

MEDEA Fluch über den, der dir das erzählt hat!

LINOS Pass auf, dass du dich nicht selbst verfluchst, Medea.

MEDEA Linos, was schaust du mich so an? Aus was für Augen?

LINOS Sieh genau hin. Sind es die von Apsyrtos?

12

MEDEA Danke, dass du das für mich getan hast, Jason. Kreon gewährt mir also die drei Tage?
JASON Zwei! Medea, zwei! Zeit bis zum dritten Sonnenaufgang. Und trifft dich dessen erster Lichtstrahl noch hier in Korinth, dann sieht sein Mittag deine Hinrichtung, ohne Aufschub und unweigerlich. Das sagt der König dieser Stadt.
MEDEA Und du, Jason, siehst das tatenlos mit an und klatschst noch Beifall, wenn man die Mutter deiner Kinder tötet? Die Frau, die dich gerettet hat?
JASON Jetzt bist du imstande, mich zu vernichten. Und nicht nur mich. Dir traue ich alles zu.
MEDEA Du kennst mich gut.
JASON Siehst du? Du gibst es zu!
MEDEA Aber trotz allem doch nicht gut genug. Denn wozu noch das Versteckspiel, Jason? Es ist ja wahr. Ich habe dir den Tod gewünscht. Und Glauke, deiner Braut. Und ihrem Vater Kreon. Ich schmiedete die fürchterlichsten Pläne. Ich habe alle unterirdischen Gänge in die Burg erkundet. Hatte schon genau den Weg gewählt, die Stunde ausgesucht, den Dolch in Gift getaucht. Ich wäre nachts an eurem Bett erschienen und hätte deine Hochzeit in ein Leichenfest verwandelt. Nur darum wollte ich drei Tage bleiben. Aus keinem anderen Grund. Die Amme weiß es. Dann kam Linos mit blutüberströmtem Kopf zu mir, ausgestoßen schon von seinesgleichen, so wie ihr seine Mutter ausstoßt. Später auch Laurion, schlaflos, verstört und angstgepeinigt. Ich sehe, was die Kinder jetzt schon leiden, meinetwegen. Und ahne, was sie erst noch leiden werden, wenn ich euch schaden will. Ich wurde schon einmal zur Mörderin, weil ich dich liebte, Jason. Was hat mir dieser Mord gebracht? Du verlässt mich! Ein neuer Mord bringt dich mir nicht zurück. Und genauso wenig heilt er meine Kränkung. Ich muss sie hinnehmen und um der Kinder

willen tragen. Ich, Medea, gebe auf. Die Kette der Verbrechen hat ein Ende. Damit das Leben einen Anfang hat.

JASON Und wie sieht dieser Anfang aus, Medea?

MEDEA Du hast ihn schon gemacht. Sehr klug, zu deinem Besten, auch wenn es für mich schmerzlich ist. Mein Bestes ist, dir dieses Glück zu gönnen, ohne Neid und Groll und Hader. Darum werde ich, selbst wenn kein König mich verbannt, so rasch ich kann Korinth verlassen. Nur eine letzte Bitte an Kreon hab ich noch, und nicht für mich.

JASON Er wird dir keine mehr erfüllen.

MEDEA Ich bin schon morgen aus dem Land. Aber die Kinder sollen bleiben. Hier, in deiner Obhut. Du sollst sie erziehen.

JASON Kreon hat taube Ohren.

MEDEA Bitte du statt meiner.

JASON Es wird nichts nützen.

MEDEA Dann bitte deine Braut, für sie zu bitten. Bald hat sie selber Kinder. Sollen die nicht ihre Brüder kennenlernen und mit ihnen glücklich sein?

JASON Sie werden eigene, neue Brüder haben.

MEDEA Genau darum überlege: Wenn deine Söhne jetzt die Stadt verlassen, als Verbannte, dann können sie nie mehr zurück auf einen Platz, der dann besetzt ist. Selbst wenn du, Jason, König wirst, sind sie für dich verloren. Sogar dein Liebling, Laurion.

JASON Gut, ich werde Glauke fragen.

MEDEA Ich weiß ein Mittel, das sie überzeugt. Ich schicke Laurion zu ihr, den Musiker zur Tänzerin. Und nicht mit leeren Händen.

JASON Arme Medea. Morgen am Bettelstab! Was willst du einer Königstochter schenken?

MEDEA Ein goldenes Gewand zu ihrer Hochzeit. Und einen ganz besonderen Spiegel. Er verschönt jeden, der hineinschaut.

JASON Deinen Gaben traut sie nicht.

MEDEA Wenn sie das Kleid nicht will und nicht den Spiegel, dann schenke ich ihr den Überbringer. Laurion, deinen

Augenstern, als Vorgeschmack auf eure künftigen Kinder. Für euer gemeinsames, nicht länger mein Kind soll sie bei Kreon Bleiberecht erbitten.

JASON Mein Sohn soll sein Glück versuchen. Aber ich warne dich vor Hinterlist. Die büßt dann nicht nur du. Die büßen auch die Kinder. Vielleicht mit ihrem Leben.

13

LYXENE Sie schüttet es dir in deine Milch. In deine Mandelmilch. Ich weiß, was deine Mutter gebraut hat.

LINOS Hat sie dazu gesungen? Vor sich hingemurmelt? Hast du es gehört, Lyxene?

LYXENE Medea braucht keine Zaubersprüche. Ihr Gift wirkt auch so.

LINOS Ich wäre so gern dabei gewesen. Nur um zu lauschen.

LYXENE Ich kenne die Ingredienzien. Hier ist das Gegenmittel. Linos, trink.

LINOS Einmal möchte ich sie hören. Die Sprache von Kolchis. Aus dem Mund meiner Mutter. Oder von dir. Wie klingt sie, Lyxene?

LYXENE Trink.

LINOS Hat sie nicht Laute, die man halb verschluckt? *Er macht es vor.*

LYXENE Hörst du, was ich dir sage, Linos? Trink diesen Saft. Oder schütte deiner Mutter den Becher ins Gesicht.

LINOS Merkwürdige Töne, bei denen man mehr Luft in den Bauch schickt als über die Lippen? *Er macht es vor.*

LYXENE Hörst du, Linos? Sonst musst du sterben.

LINOS Ohne die Sprache meiner Mutter gehört zu haben. Ihren Singsang.

LYXENE Linos!
LINOS Ihre Flüche, Zaubersprüche und Verwünschungen.
LYXENE Ich erkenne dich wieder. Diese Verstocktheit.
LINOS Woran?
LYXENE Du hast an meiner Brust gelegen, Linos. Aber mich niemals angeschaut. Ganz anders als dein Bruder. Er hat mich angestrahlt. Und du hast nachgedacht. Oder gezählt.
LINOS Gezählt? Als Stillkind?
LYXENE Du wusstest so viel, was niemand dir beigebracht hat. Du hast Zahlen im Kopf bewegt wie Schafherden. So viele auf einmal. Oder sie in Bruchteile zerlegt, dass man es splittern hörte. Das hast du von Jason.
LINOS Von meinem Vater?
LYXENE Er ist ein Mann, der alles berechnet. Aber klein. Nach seinem Vorteil. Du rechnest alles im Großen, in Kugeln und Kreisen und Ebenen hinter dem Horizont. Du selbst bist dir egal. Aber nur, weil du das Leben noch nicht kennst. Wirf es nicht weg, Linos. Trink. Und mit dem Rest reib dich ein.
LINOS Du hast mit meiner Mutter in Kolchis gelebt? Bei ihrem Vater Aietes?
LYXENE Das weißt du doch.
LINOS Und ich?
LYXENE Was, du?
LINOS Saß ich nicht auch schon dort, als alter Glatzkopf? In einem Haus aus Eselsknochen, umschwirrt vom Echo des I-ah, aus den Halswirbeln der toten Esel?
LYXENE Ich will nicht, dass all meine Mühe umsonst war. Trink.
LINOS Bekam ich nicht langsam einen Eselskopf? Riesige Ohren? Stumpfe Zähne?
LYXENE Kind, was erzählst du da?
LINOS Habe ich Esel nicht gesagt: »Nehmt nicht den Erstgeborenen. Auch nicht den Jüngsten. Gar kein Kind. Nehmt Winterweizen. Bohnen. Leinsamen und Hanf. Das reicht als Opfer für die Sonnenwende.« Habe ich nicht so etwas gesagt?

LYXENE Linos, wach auf! Du warst niemals in Kolchis. Und kommst auch niemals hin, wenn du das hier nicht trinkst.
LINOS Wie auch? Wenn ich der Winterweizen bin? Leinsamen, Hanf und Bohnen? Und auf den Mörser warte? Auf Medea.
LYXENE Du bist verrückt mit deiner Glatze und mit deinem Kolchis! Der Schreck hat dir das Hirn verhagelt. Jetzt bist du neunmal so verrückt wie vorher neunmal klug. Du hörst mir gar nicht zu.
LINOS Doch. Ich soll trinken. Und mich abreiben mit dieser braunen Tunke. Aber sie riecht nicht gut. Wenn es nur nach Bärlauch und nach Ginster wäre. Aber sie stinkt nach Rattenpisse.
LYXENE Komm zu dir. Du bist Linos, Sohn von Jason. Ein verstörtes Kind!
LINOS Ich bin noch viel zu jung, um schon ein Kind zu sein. Noch bin ich Greis.
LYXENE Es stimmt: du kommst aus Kolchis. Denn du bist genauso verbohrt wie deine Mutter. Du bestrafst sie dafür, dass sie ihre Kinder umbringt, indem du dich nicht wehrst. Du bist Sieger in diesem Wettkampf der Verdrehtheit. Aber deinen Bruder zieh da nicht hinein.
LINOS Was erwartest du? Wir sind Medeas Kinder.
LYXENE Laurion hat einen Vater. Lass ihn zu Jason.
LINOS Ihn lasse ich zu Jason und dir deine Brühe. Trink sie selbst. Auf Wiedersehen in Kolchis, Amme.

14

LINOS Ich habe Durst.
MEDEA Warte noch, Linos.
LINOS Und Laurion? Wieso spielt er nicht? Es ist doch seine Zeit.

MEDEA Er hat sich eingeschlossen. In den Keller.
LINOS In den Keller? Warum das denn?
MEDEA Er will nicht mehr, dass ich ihn üben höre. Erst wenn er fertig ist. Alles perfekt bis auf den letzten Takt. Das hat ihm bestimmt sein Lehrer in den Kopf gesetzt.
LINOS Mich lässt er zuhören. Auch wenn er noch so stümpert. Und Lyxene auch.
MEDEA Lyxene nimmt ihn gleich mit auf die Burg. Zu eurer neuen Mutter.
LINOS Zu Glauke? Was will er denn von der?
MEDEA Er soll sie bitten, dass ihr bleiben könnt. Auch wenn ihr Vater mich verbannt.
LINOS Niemand von uns bleibt in Korinth. Nicht ich, nicht Laurion und nicht du, Medea.
MEDEA Linos, du weißt zu viel. Aber du kämpfst zu wenig.
LINOS Wofür? Und gegen wen?
MEDEA Um dein Leben. Gegen mich.
LINOS Du bist kein Gegner, Mutter!
MEDEA Mutter, ist das ein Schimpfwort?
LINOS Nein. Ein Schrei.
MEDEA Du schreist sehr leise, Kind.
LINOS Meine Haare sind heiser. Sie haben sich die Stimme aus dem Leib geschrien. Jetzt sind wir durstig, sie und ich.
MEDEA Nein, Linos, warte noch.
LINOS Wozu? Worauf?
MEDEA Linos, du hattest recht. Du hast Apsyrtos' Augen. Ich weiß nicht, woher sie kamen. Aus dem Hades? Aus dem Meer? Aus den Wänden unserer Kammer? Aber in unserer Hochzeitsnacht, da schweben plötzlich über unserem Bett die Augen meines toten Bruders.
LINOS Warum die Augen? Warum nicht sein Geist? Von Kopf bis Fuß, als Ganzes?
MEDEA Es gab kein Ganzes von Apsyrtos mehr. Alles an ihm konnte mein Messer zerteilen. Nur seine Augen nicht. Ich

habe zu Hekate gebetet: seine Augen verwandle in Fische. Aber sie sanken flossenlos wie Steine auf den Grund des Flusses. Die Augen meines Bruders konnte unser Vater niemals finden. So begrub Aietes seine Überreste ohne Augen. Und ich, gerettet mit Jason, habe am Heck der Argo dreimal ausgespien, damit sein Geist mich nicht verfolgt. Aber seine Pupillen drangen durch die Wand aus Speichel und begleiten mich. Sie raubten mir die Liebe Jasons. Und auch deine.

LINOS Nein. Ich will nur meine Mandelmilch!

MEDEA In jener Nacht sind die Augen von Apsyrtos in meinen Schoß geschwebt. Es war für dich kein Platz darin. Sie haben ihn dir weggenommen.

LINOS Jetzt lässt du mich verdursten!

MEDEA Warte noch!

LINOS Wozu?

MEDEA Weil du wissen sollst: Ich habe dir einen anderen Schoß gewünscht. Meiner war verriegelt. Und zwischen uns war alles krumm, seit du die Augen aufschlugst. Es waren ja nicht deine. Wenn ich dich streicheln wollte, stießen verkrümmte Hände dich zurück. Alles war windschief und verzerrt. Als sei ich ein gekrümmter Spiegel für den geraden Lichtstrahl Linos, der hinter den Horizont zurück will. Zurück zu seinem Urahn Helios. Ich krumme Mutter blieb deiner Kindheit alles schuldig.

LINOS Deine Mandelmilch macht alles wieder gut.

MEDEA Muss ich dich belügen? Dir erzählen, dass sie köstlich ist?

LINOS Mich nicht belügen und mich nicht bedauern. Ich weiß zu viel.

MEDEA Woher? Von wem?

LINOS Von den neuen Furchen in meinem alten Hirn. In ihnen wachsen neue Nasen, Ohren, Augen.

MEDEA Was siehst du, Linos?

LINOS Ich rieche, Mutter. *Er schnuppert.* Meer, Qualle und Krake.

Schierling, Fliegenpilz und alle deine Pläne. Deinen Hass auf Jason und auf Jasons Teil an mir. Sogar den Hass, mit dem du selbst dich hasst. Aber deutlicher als alles andere rieche ich meine Unsterblichkeit – wie einen Klumpen Rotz an meiner Nasenwand, der sich nicht lösen will, ich kann mich noch so heftig schnäuzen. Hast du ein Taschentuch, Medea?
MEDEA Nein. Nur diese Mandelmilch. Da, Linos, trink. Das Taschentuch brauche ich selber.
LINOS *trinkt* Spar dir die Tränen. Ich bin doch nur dein Sohn; kein gerader Lichtstrahl, sondern eine krumme Finsternis. Ich habe mich dir nachgekrümmt. Wie Efeu um die schiefe Birke. Jetzt krümme ich mich in mich selbst zurück. Lass mich allein. Ich muss mich schnäuzen, ohne Taschentuch.

Er trinkt den Becher aus, den er schon seit längerer Zeit in der Hand hielt.

15

LAURION *spielt im Keller immer wieder dieselbe Melodie, die eines schnellen Tanzes, und bricht immer wieder bei dem gleichen, schmerzlich hörbaren Fehler ab.* Falsch! Falsch! Falsch! Ich habe doch geübt. Geübt, geübt, geübt. Jetzt lässt auch du mich noch im Stich! *Er macht einen neuen Versuch.* Verdammtes Stück Scheißdreck! *Er schleudert das Instrument in eine Ecke, hält sich die Ohren zu und schlägt die Stirn mehrmals gegen die Wand. Nach einer Weile hebt er die Flöte auf und reinigt sie hingebungsvoll.* Es tut mir leid. Aber warum hilfst du mir nicht? Nur die eine Stelle? Nur dieses eine Mal? Ich verspreche dir, es ist das letzte! *Er versucht es erneut und scheitert wie zuvor.* Wer von uns beiden ist schuld? *Er benutzt einen Abzählvers, um es herauszufinden, und landet bei sich*

selbst. Wirklich ich? *Er pfeift die Melodie und simuliert die Griffe statt auf dem Instrument auf seiner Schädeldecke. Wieder stoppt er an derselben Stelle.* Ihr habt recht, meine Mutter und du: Ich bin falsch. Falsche Atemtechnik. Falscher Ansatz.
LYXENE *von draußen, noch entfernt* Laurion?
LAURION Falsche Griffe! Falscher Kopf! Was soll so ein Stümper in Korinth? Oder in Milo? Oder am Schwarzen Meer? *Er hält das Instrument über eine brennende Kerze, über der sie während des folgenden Wortwechsels zu kokeln beginnt.*
LYXENE *klopft* Laurion? Laurion! Mach mir auf. Ich weiß, dass du da drin bist. Ich habe dich gehört.
LAURION Du sollst mich nicht hören.
LYXENE Ich höre dich doch immer. Schön hast du gespielt.
LAURION Einen Scheißdreck habe ich.
LYXENE Mach auf.
LAURION Lass mich in Ruhe.
LYXENE Du musst dich umziehen.
LAURION Ich muss gar nichts.
LYXENE Doch. Dein Vater will nämlich, dass...
LAURION Aber ich will nicht.
LYXENE Er will dich Glauke vorstellen. Deine neue Mutter will dich endlich kennenlernen.
LAURION Ich habe keine Mutter. Keine alte und schon gar keine neue.
LYXENE Doch. Und deine beiden Mütter, die neue und die alte, haben sich versöhnt. Medea will dir ein Geschenk für Glauke mitgeben. Ich habe es dabei. Mach auf! Sonst kommen wir zu spät.
LAURION Keine Lust.
LYXENE Ich begleite dich. Es wird ein großes Fest.
LAURION Ohne mich.
LYXENE Alle warten auf dich.
LAURION Damit ich vorspiele? Ich kann nicht.
LYXENE Laurion, mach endlich die Tür auf.

LAURION Nicht mal im Keller hat man seine Ruhe.
LYXENE Es riecht nach Rauch! Laurion, was tust du da drin?
LAURION Das hörst du doch: nichts.
LYXENE Willst du uns das Haus über dem Kopf anzünden? Mach sofort auf.
LAURION Lass mich.
LYXENE Mach auf oder...
LAURION Oder was?
LYXENE *sprengt mit einem Schlag die Tür auf, sieht die Kerze* Das kostbare Instrument! Das Geschenk deiner Mutter!
LAURION Da. Sie kriegt es geröstet zurück.
LYXENE Das wird sie nicht freuen.
LAURION Und du willst wirklich, ich soll dort hingehen, wo mich Medea, meine Mutter, hinschickt? Du, Lyxene? Was habe ich dir getan?
LYXENE Ich bin bei dir. Du wirst sehen, es kommt ganz anders, als sie denkt.
LAURION Gut, lass uns gehen. Ich will mich schön machen für Glauke. Und die Flöte packen wir auch mit ein.
LYXENE Wozu denn das?
LAURION Als Geschenk von mir. Ich werde sagen, ich habe geübt, bis sie gebrannt hat.

16

MEDEA *versucht, sich in ein weites weißes Kleid zu hüllen, das sich immer wieder löst. Sie bleibt beharrlich.* Du Weiß, so weiß, wie ich es finden konnte, sträub dich nicht. Du bist mein letztes Bollwerk. Mein Vorhang vor dem, was ich nicht mit ansehen kann. Die Wand vor meinem eigenen Wollen. Denn ich will es nicht. Ich hasse Schwarz und tue doch das Schwärzeste:

Lebendiges verbrennen. Das ist mein Erbteil von der Sonne, für die die Erde ewig unberührbar bleibt, damit sie nicht verglüht. Selbst dieser Stoff kennt meine Herkunft und hat Angst vor mir. Beruhige dich. Du hast mich nicht gekränkt, mit keiner Faser. Du wirst unter meinen Händen nicht verkohlen. Ich brauche dich. Du bist nicht nur die Wand vor meinen eigenen Taten, sondern auch das Segel, das mich zurückträgt in die Welt, der ich entstamme, tausend Mal weiter entfernt als Kolchis und das Schwarze Meer. Aber nimmt Helios mich auf? Ich, die sterbliche Medea, habe Sterbliche berührt und Sterbliche geboren. Ich bin nicht mehr sein Lichtglanz. Kein Auge, das in ewigem Tag die Welt umkreist, sondern nur blinder Brennstoff für sein Feuer; selber auf dem Weg zu jener Asche, in die ich meine Feinde verwandeln will. Und es gelingt mir: sie verglühen. Aber in Wahrheit, hinter all den weißen Wänden, übe ich durch meine giftgetränkten Kleider und den Zauberspiegel mit den mörderischen Strahlen nur das eigene Verderben. *Sie zerreißt ein Stück ihres Kleides.* Ich sehe mich – dich, Glauke, meine Schwester! Dein Hohngelächter hat für immer aufgehört. Ein Ring aus Sonnenfleisch hat sich um deinen Leib gelegt und presst aus deinem Mund ein Lied für eine andere Vermählung, als du dachtest. Auch du kommst aus einer Sonne, aber aus einer anderen als ich. Nicht alle Sonnen steigen am selben Himmel auf. Nicht alle sinken in dieselbe Nacht. Wehe, wenn sie sich doch am selben Horizont berühren. Viel zu früh und viel zu arglos wolltest du mit mir tanzen zu der Musik, die Laurion uns aufspielt. *Stille.* Laurion! Laurion? Warum spielst du nicht? Wo ist dein Instrument? Hast du es weggeworfen, kleiner Laurion? Ist dir für deine hohe Griechenkunst eine Barbarin doch nicht gut genug, auch wenn sie dich geboren hat? Es war auf Widerruf. Du wirfst meine Geschenke in den Dreck. Und ich, ich widerrufe die Geburt.

17

LYXENE Es war Mittag! Mittag! Doch was da am Zenit stand, das war ein erloschener finsterer Ball, schwarz und lichtlos neben dem leuchtenden Mond, der alles in grüne Schimmer tauchte – er, der Mond, um Mittag! Nur ein einziger giftgrüner Strahl lief vom unteren Rand der Sonne durch den Äther nach Korinth und warf wie einen Keil sein Licht auf die Terrasse.
JASON Der Reihe nach, Lyxene! Ihr kamt also zu Glauke, du und Laurion, mit Medeas Geschenken.
LYXENE Vielleicht sah ich als Einzige, was vorging. Oder war die Sonnenfinsternis allein in meinen Augen?
JASON Amme! Lyxene! Wo ist Laurion? Was sagt Glauke?
LYXENE Wir gingen die dreihundert Stufen ganz hinauf, dein Sohn und ich, bis nach Akrokorinth, zur Königsburg. Deine Braut empfing uns auf der obersten, der Nordterrasse mit dem Meerblick. Sie trug ein Kleid aus Silber, undurchdringlich wie ein Kettenhemd, zum Schutz. Ich hatte sie gewarnt. Deinen jüngsten Sohn begrüßte sie mit offenen Armen und mit einem Kuss. Anders die Gaben seiner Mutter. Mit Zangen griffen ihre Dienerinnen nach dem Prunkgewand und drapierten es um eine Marmorstatue. Das Gebilde aus Gold und Seide beginnt zu dampfen und zu schwären. Es schwitzt Säure aus, die selbst den Stein zerfrisst. Glauke schreit auf. Ich hatte sie gewarnt. Daraufhin befiehlt sie ihren Dienern, Medeas anderes Geschenk, den Spiegel, mit Vorschlaghämmern zu zertrümmern. Aber selbst aus den Scherben tönt noch eine Stimme: »Glauke, dreh dich um! Schau in die Sonne!« Vor Überraschung tut sie es. Vor dieser unbekannten Stimme hatte ich sie nicht gewarnt. Ein Augenblick genügt. Ein dunkelgrüner Strahl fährt in ihr Auge. Es glüht rot auf. Rot strahlt ihr ganzer Körper, ehe er in Flammen aufgeht. Glauke verbrennt vor unseren Augen, und von ihrem Leib bleibt nichts zurück, das sich bestatten lässt.

JASON Und Laurion?

LYXENE Niemand schaute auf dein Kind. Alle nur auf das eine Schauspiel, Glauke im Feuer. Auch ich. Doch irgendwann rief ich nach Laurion. Laurion! Laurion! Vergeblich. Er war und blieb verschwunden. Aber ein Adler kreiste über unseren Köpfen. Jedes Mal, sobald ich Laurion rief, beschrieb er engere Kreise. Bis er irgendwann in Richtung Meer verschwand.

JASON Und Linos? Wo ist Linos?

LYXENE Bei Medea.

JASON Und am Leben?

LYXENE Das frag die Götter. Aber nicht Helios. Frag Hekate.

JASON Ich frage dich, Lyxene. Ist mein Erstgeborener noch am Leben?

LYXENE Wenn, dann an einem, das wir nicht kennen.

JASON Was soll das heißen?

LYXENE Wollte Linos, euer Sohn, nicht immer dorthin, wo die Zahlen leben, die geometrischen Figuren, der kristalline Bauplan aller Dinge? Suche ihn dort. Hinter dem Horizont. Wenn es dort Leben gibt.

18

MEDEA *hält den toten Linos in den Armen* Jetzt bin ich endlich aufrecht, Linos. Aufrecht und ungebeugt. Schluss mit den krummen Kosenamen aus der krummen Kehle. Jetzt, wo sie erloschen sind, kann ich sie lieben, deine Augen.

Jason stürzt herein. Der Leichnam von Linos strahlt so große Hitze aus, dass er sich ihm und Medea nicht nähern kann.

JASON Linos! Linos!

MEDEA Still, Jason! Stör uns nicht. Die Mutter und ihr Kind.
JASON Mutter! Du, Medea! *Er will auf sie zu und schafft es nicht.*
MEDEA Betritt nicht meine Flugbahn. Ich warne dich: du wirst verbrennen. Aber ich will, dass du dein Opfer anschaust, Jason. Ganz genau. Da. Sieh jedes seiner Wimpernhaare. Sie sind grau. Das Entsetzen hat ihnen die Farbe ausgetrieben. Die Brauen. Sie sind grau. Den Mund. Die Lippen noch weiß von seiner Mandelmilch.
JASON Von deinem Gift, du Bestie!
MEDEA Das du gebraut hast. Es hat auch einen Namen: Glauke. Mein Sohn hat sie ausgetrunken bis zur Neige, deine Glauke. Siehst du! Linos wird bleicher in deiner Nähe; wie jedes Opfer, das den Mörder spürt. Fast öffnet er den Mund und spuckt es wieder aus, dein Gift.
JASON Du bist kein Mensch, Medea.
MEDEA Ich habe mich verdünnt, verdünnt, verdünnt für deinesgleichen. Mein Sonnenfeuer abgekühlt. Bis ich fast sterblich war. Da hast du mich verraten; du, der nur Mensch ist. Und welchen Schlags!
JASON Nur Mensch. Aber kein Monstrum so wie du!
MEDEA Was hat mich an dir so lang geblendet, Jason? So verblendet? Deine Verlorenheit? Diese Ahnungslosigkeit, so tief, dass ich sie als Weisheit missverstand?
JASON Gib mir das Kind.
MEDEA Wozu? Seinen Körper kannst du nicht berühren. Er ist zu heiß für dich. Zu glühend.
JASON Du verhext sogar die Toten.
MEDEA Jetzt jedenfalls sehe ich dich. Und mehr als dein Verrat ekelt mich deine Seichtheit. Dass du aus nichts bestehst als Oberfläche. Dieses Kind war die einzige Tiefe, die du je besessen hast.
JASON Lass mich meinen Sohn begraben.
MEDEA Linos braucht kein Grab. Er wird verglühen.
JASON Lass ihn der Erde. Entreiße ihn nicht seiner Heimat.

MEDEA Die kennst du nicht. Du kennst nicht einmal deine eigene.
JASON Doch. Sie heißt Korinth. Griechenland. Die Menschheit. Alles, dem du Furie feind bist.
MEDEA Du täuschst dich. Für das Nichts gibt es noch kein Maß und keine Zahl. Keine Benennung für den Stoff der schwarzen Sterne am Himmel, die abgrundtiefe Leere. Für die Löcher in der Welt, die eure Sinne nicht erkennen. Irgendwann werdet Ihr Menschen sie entdecken, dieses Maß und diese Zahl. Und sie wird auch einen Namen tragen: Jason.

Die Körper von Linos und Medea leuchten so hell auf, dass Jason die Flucht ergreift.

THEBEN
Die Botschaft

ÖDIPUS
JOKASTE
KREON
ISMENE
ANTIGONE
HAIMON
TEIRESIAS
BOTE
HERMIAS, Wächter
MYRON, Wächter

Theben. Nach der Pest.

1

BOTE Schau: Sie kreisen.
ANTIGONE Es werden immer mehr. Aus allen Richtungen. Sogar aus dem Norden.
BOTE Keine Geier mehr, die sich an unverscharrten Leichen gütlich tun. Die Habichte und die Milane kehren in der klaren Luft aus dem Kithairon zurück. Über den Wällen Thebens ist der letzte Pesthauch verflogen.
ANTIGONE Du hast meinem Vater die Botschaft aus Korinth gebracht. Jetzt bring mir die Botschaft von meinem Vater. Wie hat er es getan?
BOTE Schau: Die Mittagssonne lässt die Dächer und die Steine flimmern. Die Elstern spähen nach Beute.
ANTIGONE Wie hat er es getan?
BOTE Die Eidechsen haben noch nicht bemerkt, dass ihre gefiederten Feinde zurück sind. Bald schlüpfen sie in die Finsternis der Mauerfugen, aus Angst vor Krallen und Schnäbeln.
ANTIGONE Wie hat er es getan?
BOTE Frag nicht, Antigone.
ANTIGONE Soll auch ich mir eine Ritze suchen, um darin zu verschwinden? Um nicht den Schrei zu hören? Den Schrei meines Vaters, der in den Mauern nicht verklingen will. Warum schreie ich nicht, Fremder?
BOTE Überall auf den Wällen siehst du die schwarzen Wächter und Bogenschützen Kreons. Du begreifst, dass das Unglück weitergeht, und sparst deinen Schrei für das Ende.
ANTIGONE Ich schreie, wenn du es nicht sagst.

BOTE Als erstes hat Ödipus, dein Vater, das goldgewirkte Hochzeitskleid Jokastes angezogen. Das Kleid, das deine Mutter zweimal trug.
ANTIGONE Und wo? Wo hat er es getan?
BOTE Im Thronsaal. Vorm Gefolge. Die Mägde sind herbeigelaufen. Um noch zu richten, wie es fällt. Das war ein Geschwirr von Stimmen. Ein Gewirr von Händen. Und mit der Brosche, die es vor der Brust zusammenhält, da hat er es getan.
ANTIGONE Wie? Du bist der Bote. Sag es!
BOTE Die Brosche hat die Form eines goldenen Nachens. Und den Bug des Nachens treibt er wie die Mulde eines Löffels hinter seine Augen. Er hebelt sie aus ihren Höhlen und hackt die roten Bänder durch, an denen sie noch hängen. Reglos im Schatten einer Säule haben zwei von Kreons Wächtern ihn beobachtet. Als hätten sie darauf gewartet, pflücken sie die Augäpfel des Königs aus den Falten von Jokastes Hochzeitskleid und bergen sie in einem Krug.
ANTIGONE Nicht nur die Räuber der Lüfte sind zurückgekehrt.
BOTE Als würde er sie aus leeren Augenhöhlen noch erkennen, verflucht sie Ödipus: »Räuber meiner Augen! Hunde des Hundes, der sich die Lefzen leckt nach meinem Thron!« Kreons Schergen knebeln ihn, aber sie legen keine Binde über die Wunden unter seiner Stirn, als wüssten sie: Etwas muss noch heraus.
ANTIGONE Was? Was muss heraus aus seinen Augenhöhlen?
BOTE Etwas Schwarzes nach dem weißen Gallert und dem roten Blut. *Er zeigt seinen behinderten linken Arm, dessen Haut mit Schuppen bedeckt ist.* Was ist schlimmer: Echsen durch die Haut oder Raben aus den Augen?

2

ANTIGONE Ich habe erfahren, wie unser Vater es getan hat, Ismene. Er hat...
ISMENE Ich will es nicht wissen. *Sie jongliert mit bunten Kugeln und summt dazu.* Wie immer er es getan hat, es war nicht schön.
ANTIGONE Wie bringst du es übers Herz...
ISMENE *jongliert* Ich kann es dich lehren, wenn du möchtest, Antigone.
ANTIGONE Ich will es nicht lernen.
ISMENE Selbst ein Mädchen mit zwei linken Händen wie du kann es schaffen. Erst mit zwei Kugeln, später mit dreien, und irgendwann vielleicht mit so vielen wie ich, die Geschickte.
ANTIGONE Sehr geschickt bist du. Wenn du weinst, dann aus keinem Auge.
ISMENE Ich weine nicht. Ich singe.
ANTIGONE Ich singe nicht. Ich weine.
ISMENE Weil du nicht singen kannst. Ich überlasse dir das Weinen und unserer Mutter das Kopfweh! Und das Geschrei, drinnen im Palast, um ihr Ein und Alles, ihr Erbstück, ihr kostbares Kleid.
ANTIGONE Und um unseren Vater, deinen und meinen, ihren Mann und Sohn, um den schreit sie nicht?
ISMENE Die Sorge überlässt sie dem Teiresias, dem Seher.
ANTIGONE Ein Blinder soll sich um den Blinden sorgen! Lass uns zu ihm, Ismene!
ISMENE Seine Augen waren so schön. Ihr Blau so strahlend wie das meiner eigenen. Geh du!
ANTIGONE Ismene, sei wieder meine Schwester. Nur für jetzt. Das Unglück ist zu groß für mich allein.
ISMENE Denk an das Glück.
ANTIGONE *umklammert Ismene und versucht, auf ihren Rücken zu klettern. Ismenes Kugeln fallen zu Boden.* Nur für jetzt!
ISMENE Lass los!

ANTIGONE Halt mich fest! Trag mich. Wie damals am Asklepiosbrunnen.
ISMENE Du bist kein Kind mehr.
ANTIGONE Weißt du noch? Du stehst in der Brunnenschale, den Wasserstrahl in deinen Haaren, und winkst den Möwen zu, die hungrig vom Fluss herbeigeflogen sind.
ISMENE *befreit sich* Die Möwen haben Theben verlassen, und dein bisschen Verstand deinen armen Kopf, kleine Schwester. Spring deinen Salamandern auf den Rücken! Von ihnen lass dich aus dem Unglück tragen, deinem Unglück.
ANTIGONE Ich will nicht fliehen. Ich bin nicht wie du. Ich bin nicht feige. Komm mit zu ihm, Ismene.
ISMENE Ich will nicht! Dir, der Hässlichen, tut Hässlichkeit nicht weh.
ANTIGONE Den Anblick unseres verstümmelten Vaters willst du dir ersparen? Bist du noch sein Kind? Bist du noch meine Schwester?
ISMENE Ich war es nie gern. Ich habe mich deiner oft geschämt.
ANTIGONE Geschämt? Warum?
ISMENE Du bist nicht schön. Nicht froh. Nicht geschmeidig. Niemand tanzt so wie du – das, was du Tanzen nennst. Allein, im Wald, wie eine, die der Krampf gepackt hat!
ANTIGONE Es gibt einen, der findet mich schön.
ISMENE Vielleicht unser Vater, jetzt, wo er keine Augen mehr hat.
ANTIGONE Es findet mich auch noch ein anderer schön. Einer, der Augen hat. Bleib, wo du bist, Ismene.

3

KREON *kommt aus der unterirdischen Baustelle seines künftigen Palasts* Du hast mich gerufen, Jokaste?
JOKASTE *hält sich die Nase zu* Nicht so nah. *Sie sprengt aus einer Phiole Duftöl über ihn.* Was treiben dort unten deine Soldaten? Unablässig rumort es unter der Burg. Vor den Mauern türmen sich Berge von Aushub. Der rissige Boden unter dem Marktplatz sackt ein.
KREON Warum hast du mich gerufen?
JOKASTE Ich brauche deine Hilfe, Kreon.
KREON Wobei?
JOKASTE Du weißt, was Ödipus getan hat. In meinem Hochzeitskleid. Er gibt es mir nicht zurück. Jetzt bist du, mein Bruder, der Herrscher der Stadt.
KREON Noch regiere ich nicht.
JOKASTE Trotzdem. Befiehl ihm, es mir zurückzugeben.
KREON *nähert sich ihr* Was bietest du?
JOKASTE *weicht zurück* Jedes Mal bringst du aus deinen Verliesen den Geruch von Moder und fauligem Wasser. Die Flucht vor der Seuche hat dich bleich gemacht und deine Haut zerfurcht. Als wärst du an der Kellerluft verwittert, Bruder.
KREON Du, Jokaste, scheinst vom Alter unberührt. Glatt die Haut und rabenschwarz das Haar.
JOKASTE Etwas Unbegreifliches ist dort unten mit dir geschehen.
KREON Was ist das bloß für eine verborgene Kraft, die dich so jung hält?
JOKASTE Es ist keine verborgene Kraft. Sondern das Glück mit ihm und unseren Kindern. Schenk mir deinen Beistand, Kreon. Ich kaufe ihn nicht.
KREON Noch immer nennst du es Glück. Wie konntest du all die Jahre so arglos bleiben?
JOKASTE Ich habe mir meine Arglosigkeit tapfer erkämpft. Und jetzt ist sie unanfechtbar geworden.

KREON Ich vermisse an dir das Entsetzen, Schwester! Jetzt ist alles am Tageslicht.
JOKASTE Du bist nicht am Tageslicht. Und du entsetzt mich.
KREON Bin ich dein Mann und dein Sohn zugleich? Bin ich der Bruder meiner eigenen Kinder? Habe ich mir die Augen ausgestochen?
JOKASTE Ich will nicht, dass du mich daran erinnerst! Du weißt, warum.
KREON Dein Kopfweh, dein Kopfweh! Jetzt darf ich dich nicht erinnern. Damals durfte ich dich nicht warnen. Denn ich habe es von Anfang an gewittert; und nicht als einziger. Etwas war faul an diesem Rätsellöser. Ja, er hat uns von dem Joch der Sphinx befreit. Aber stärker als diese Befreiung hat sich etwas anderes hier breitgemacht.
JOKASTE Was argwöhnst du?
KREON In den Mauerritzen, unter den Schwellen, sogar in den Sockeln der Götterstatuen, überall haust diese Echsenbrut. Wo nisten sie? Wo paaren sie sich? Wann schlüpfen sie?
JOKASTE Wer weiß das besser als du? Du steckst selber tiefer in der Erde als jedes Tier.
KREON Bevor dein Mann hierherkam, gab es die Plage nicht.
JOKASTE Einmal Verdacht geschöpft, lasst ihr Männer ihn nicht mehr los. Wie einen kostbaren Schatz.
KREON Es geht nicht länger um Verdacht. Sondern um Beweis, um Urteil und Vollstreckung.
JOKASTE Was hast du all die Tage wirklich dort unten getrieben?
KREON Mich vor Ansteckung geschützt. Und das Fundament meiner Herrschaft gelegt: die Klarheit.
JOKASTE Dort unten, in der Finsternis?
KREON Ich habe Thebens Boden aufgewühlt, bis sein unterster Grund nackt vor mir lag. Und nach dem Tag meiner Krönung will ich alle Bewohner Thebens ebenso nackt sehen.
JOKASTE Bist du ein Tier geworden, Kreon, in deiner Finsternis?
KREON Im Gegenteil. Ich will uns vor den Tieren schützen.

JOKASTE Du wirst mir nicht helfen?
KREON Nein.
JOKASTE Wühl weiter in der Erde, Maulwurf, wo du hingehörst.

4

JOKASTE Ruh dich aus. Leg deinen Kopf in meinen Schoß. Und fürchte nichts und niemand. Was auch geschieht, ich werde dich immer behüten.
ÖDIPUS Du lügst.
JOKASTE Unvermeidlich wird es Tag, und unvermeidlich wird es Nacht. Erkennst du nicht, dass alles unvermeidlich war? So unvermeidlich wie der Regen, vor dem die Erde sich nicht schützen darf, wenn sie nicht Wüste werden will? Die Erde hat keine Wahl. Ich hatte keine Wahl. Wir Frauen haben keine Wahl. Den warmen Atem eines Neugeborenen, welche Mutter wollte den ersticken? Es aussetzen im Winterwald? Nur Orakelpriester denken sich solche Gräuel aus, und in der Nacht setzen die Männer sie ins Werk.
ÖDIPUS Du lügst!
JOKASTE In der Nacht, in der man vor lauter Dunkelheit nicht mal mehr die Gedanken im eigenen Kopf sieht. Mit dieser Nacht und dem, was die Männer entschieden, hatte ich nichts zu tun.
ÖDIPUS Du lügst, Jokaste.
JOKASTE Du warst mein Kind, du warst mein Gemahl, meine Liebe war beide Male gleich groß.
ÖDIPUS Schon im Mutterleib, noch ohne Augen, habe ich das Nein gehört. Nein pochte das Herz meiner Mutter, dein Herz, Jokaste. Darf ich dein Kind sein? Nein. Darf ich geboren werden? Nein. Darf ich leben? Nein.
JOKASTE Immer habe ich Ja zu dir gesagt.
ÖDIPUS Und hast mich ausgesetzt. Später, als erwachsener Mann, habe ich deine Lüge, habe ich dein Ja geglaubt. Dann kam der

Bote aus Korinth mit der erlösenden Nachricht: Mein Vater, den ich zu töten fürchtete, sei tot. Und dann meine eigene vernichtende Erkenntnis: Nicht Polybos, der König von Korinth, war mein Vater, sondern der Mann, den ich tatsächlich getötet hatte, damals, auf jenem Dreiweg, Laios, der König von Theben. Da riss ich mir alle Kleider vom Leib. Und habe mir das genommen, was dir immer wichtiger war als Mann und Kind: dein Hochzeitskleid.

JOKASTE Du weißt nicht, warum es mir so kostbar ist.
ÖDIPUS O doch.
JOKASTE Wenn du es weißt, dann gib es mir zurück.
ÖDIPUS Ich brauche es.
JOKASTE Die Glückshaut meiner Mutter ist darin vernäht. Tag für Tag tauche ich in dieses Kleid hinein wie in einen Jungbrunnen. Darum bleiben meine Haut so glatt, mein Haar so schwarz, mein Herz so weit und hell. Es schützt mich vor allem, was mich umgibt und was ich nicht begreife – nicht begreifen muss, denn dieser Brunnen wäscht es von mir ab.
ÖDIPUS In deinem Hochzeitskleid muss mich Teiresias von meiner Blutschande entsühnen. Der Blutschande mit dir!
JOKASTE Ödipus! Ich bitte dich beim Augenlicht unserer Kinder: Gib mir mein Kleid zurück! *Sie ruft.* Antigone! Antigone! Ich will es nicht für mich. Nicht nur! Sie soll es nach mir tragen. Bitte! Um ihretwillen! Antigone!

5

JOKASTE Hilf mir, Antigone! Bring deinen Vater zur Vernunft. Ich will mein Kleid zurück. Er hat es lang genug besudelt.
ANTIGONE *ignoriert Jokaste* Warum, Vater? Warum hast du das getan?
ÖDIPUS Dank den Göttern, Kind.
ANTIGONE Wofür?

ÖDIPUS Für diese Tat.
ANTIGONE Lieber als die fromme Lüge höre ich aus deinem Mund die Wahrheit.
ÖDIPUS Und wenn sie grässlich ist, Antigone?
ANTIGONE Ich bin nicht Ismene. Ich kann sie ertragen.
ÖDIPUS Ich habe meine Augen getötet, damit ich nicht etwas anderes töte, das ich noch erblicken kann.
ANTIGONE Was, Vater, fürchtest du zu töten?
ÖDIPUS Gebt mir kein Messer. Hütet euch vor mir, solange ich noch meinen Weg ertasten und eure Körper wittern kann. Ihr, meine Fleisch gewordene Schmach! Du, Antigone, und deine Schwester Ismene, und die da, mein Weib, meine Mutter, die mir das Kleid vom Leib zerren will. Hütet euch selbst im Schlaf.
ANTIGONE Ich bette mich jede Nacht zu Füßen deines Lagers.
ÖDIPUS Tu es nicht, Antigone. Tu es nicht, um meinetwillen!
ANTIGONE Ich habe gehört, wie du getobt und dich selbst verflucht hast. Ich wusste: etwas von all dem Furchtbaren wirst du tatsächlich tun. Vielleicht stichst du dir sogar die Augen aus. Und jetzt trägst du wirklich dunkle Höhlen in deinem stolzen Gesicht wie zwei Gräber.
JOKASTE *zerrt an Antigone* Sag ihm, ich will mein Kleid zurück!
ANTIGONE Und mein Kleid? Wer gibt mir das Kleid von damals zurück?
JOKASTE Welches Kleid? Wann damals?
ANTIGONE Das Leichenkleid im Mutterleib. Weiß, mit einer roten Borte. Aus wessen Blut?
JOKASTE Aus meinem, Kind, das dich genährt hat.
ANTIGONE Genährt wozu? Lag ich, ungeboren, nicht bereits auf einer Totenbahre?
JOKASTE Geborgen, Kind, lagst du in meinem Schoß.
ANTIGONE *zu Ödipus* Sag du mir die Wahrheit. Wo, Vater, habt ihr es versteckt, mein allererstes Kleid? Meinen einzigen Schmuck! Mein ganzes Erbe! Den Rest gib ruhig Ismene: das große Theben samt seiner Königsburg und all ihren Schätzen.

ÖDIPUS Du weißt nicht, was du verschmähst.
ANTIGONE Ich will nur das, was mir das Schicksal bestimmt hat.
ÖDIPUS Nein, das willst du nicht. Du willst davor fliehen, so wie ich davor geflohen bin. Siehst du nicht, wohin diese Flucht mich geführt hat?
ANTIGONE Dann ist mir, so wie dir, die Flucht vor dem Schicksal zum Schicksal bestimmt. Nur wohin soll ich fliehen? Sagt es mir! Nach oben? Nach unten? Nach rechts? Nach links? Vorwärts? Rückwärts? Seitwärts? Im Kreis? Welches ist die Bewegung, die euer schwarzes Schicksalsnetz nicht weiterwebt? Wen darf ich berühren, der sich am Ende nicht jäh als Blutsverwandter entpuppt?
JOKASTE Siehst du nicht das Tor, das dir weit offensteht?
ANTIGONE Sprich nicht von Haimon. Ich habe keinen Bräutigam. Ich schlafe allein und ich tanze allein. Vielleicht sogar hinaus aus eurem Netz. Hinaus aus meinem Namen, als Niemandstochter und als Niemandsbraut.

Unangemeldet kommt der Bote herein. In der einen Hand trägt er einen Stock, in der anderen einen Korb aus Weidenzweigen.

JOKASTE Wer hat dich geschickt?
BOTE Teiresias.
JOKASTE Mit welcher Botschaft?
BOTE Mit dieser. *Er entnimmt dem Weidenkorb einen Totenschädel.*
JOKASTE *nähert sich dem Schädel ungläubig* Woher hast du diesen Schädel?
BOTE Der Seher hieß mich graben. An der Kreuzung der drei Straßen zwischen Phokis und Daulia.
JOKASTE Ich erkenne ihn! Selbst aus den leeren Augenhöhlen blickt er mich noch an: der Geist von Laios, um uns zu verfluchen, mich und dich und deine Schwester. Schau nicht hin, Antigone! *Sie zerrt Antigone gegen deren Willen hinaus. Während der Bote den Schädel auf ein Podest stellt, ist von*

draußen Rabengekrächz zu hören, das auch die gesamte folgende Szene begleitet.

6

ÖDIPUS *bewegt sich tastend auf den Schädel zu und berührt ihn* Ist er es wirklich? Der Kopf meines Vaters?
BOTE Ja.
ÖDIPUS Und dieser Schädel ist alles, was Teiresias auf meine Bitte erwidert?
BOTE Er ist ein Teil der Antwort.
ÖDIPUS Wo ist der andere?
BOTE *drückt ihm einen Stock in die Hand* Hier.
ÖDIPUS Was ist das?
BOTE Dieser Stock blieb damals genauso achtlos liegen wie der Leichnam des Erschlagenen.
ÖDIPUS Was soll ich jetzt damit?
BOTE Deine Schuld vollenden.
ÖDIPUS Welcher Frevel ist vollkommener als Blutschande und Vatermord?
BOTE Es fehlt in dem Gericht das Salz der Absicht, das es den Erinyen schmackhaft macht. Und ohne Erinyen keine Entsühnung.
ÖDIPUS Haben nicht sie die Hand geführt, die mich geblendet hat?
BOTE Das hast, selbstherrlich, du selbst getan.
ÖDIPUS Was also kann sie rufen?
BOTE Deine Demut.
ÖDIPUS Wie?
BOTE Schlag wissentlich und willentlich mit diesem Stock noch einmal zu.
ÖDIPUS Ich bin blind.
BOTE Ein Gott führt deine Hand.

ÖDIPUS Jetzt ist nicht damals.
BOTE Hörst du die Raben? Die Raben, die aus deinen leeren Augenhöhlen flogen?
ÖDIPUS Ja. Ich höre sie.
BOTE Sie schicken dich weit in die Zeit zurück. Und durch den Raum. *Ödipus tastet sich am Stock des Boten im Kreis herum.*
ÖDIPUS Wer bin ich?
BOTE Ein Jüngling aus Korinth. Vor vier Tagen hast du die Stadt verlassen aus Angst vor einem Orakelspruch: Den eigenen Vater werdest du erschlagen. Den König Polybos.
ÖDIPUS Ja. Mich treibt die Angst. Wo bin ich jetzt?
BOTE In der Hütte eines Bergbauern, in der du auf deiner Wanderung die fünfte Nacht verbracht hast. *Stille.*
ÖDIPUS Sturmwind geht durch die Eichen und hat mich geweckt. Ich weiß, heute treffe ich die Sphinx und werde sie besiegen. Vor Sonnenaufgang, im Hochgefühl meines Triumphs, mache ich mich ohne Dank und ohne Abschied auf den Weg. In meinem Drang bin ich so unbeirrbar, dass ich auf dem Dreiweg dem Gespann nicht einen Fußbreit weiche, auf dem mir ein alter misslauniger Mann entgegenkommt. Er droht mir mit der Pferdepeitsche, mir, dem Sohn des Polybos, des Königs von Korinth. Lachend schiebe ich seine Schindmähren beiseite. Da schreibt der Greis mir mit der Peitsche ins Gesicht: »Zurück, du Bastard!«
BOTE Da steht er vor dir: Laios, der Mann, der dich gezeugt hat. Was tust du, Ödipus, sein Sohn? Wissentlich und willentlich, mit Vorsatz!
ÖDIPUS Ich packe meinen Stock. Ich hole aus. Ich schlage zu. *Er tut es. Der Schädel auf dem Podest rollt zu Boden. Das Gekrächz der Raben verstummt.* Der Alte stürzt mit zerschmetterter Schläfe ohnmächtig vom Wagen, und ich lasse ihn im Straßenkot verbluten. Unbekümmert ziehe ich meinem Triumph entgegen. *Stille.* Werden sie kommen? Werden sie kommen, die Erinyen?
BOTE *nimmt Schädel und Stock wieder an sich* Das frage Teiresias.

7

Hundegebell und Wächter kündigen das Erscheinen Kreons an.

KREON Ich habe euch rufen lassen, Thebaner, euch alle, einschließlich eurer Schreiber und Priester, damit ihr es aus dem Mund eures Herrschers erfahrt: Ich, Kreon, ich allein bin fortan Mitte und Anker der Stadt. Lasst euch nicht beirren: Der Palast wurde aus der Königsburg ins Unterirdische verlegt. Doch umfassender als je ein Herrscher erhalte ich Bericht über alles, was in Theben vorgeht. Und nicht von blinden Propheten über heiligen Dämpfen, sondern von Männern mit adlerscharfen Augen und klarem Verstand. Der einstige Tempel der Athene beherbergt jetzt meine Vermesser und Späher. Und im Tempel der Artemis wohnen Nachtsichtige, die durch Mauern blicken, bis in die hintersten Winkel der Kammern und in die geheimsten Absichten der Schlafenden. Ich habe die empfindlichsten Spürhunde Griechenlands gezüchtet. Ich habe Knaben abgerichtet, die Erz, Silber und Gold auch im tiefsten Innern der Berge wittern. Auf den Türmen Thebens beobachten meine Posten Tag und Nacht die Wolken und die Gestirne des Himmels. Ihnen zur Seite stehen Schützen mit Pfeil und Bogen, die die Luft von allem geflügelten Ungeziefer säubern, das Orakelsüchtigen und Zeichendeutern zum Vorwand dienen könnte für ihren Betrug. Der Himmel über Theben wird künftig vermessen statt gedeutet. Die Gevierte am Himmel spiegeln die Gevierte, in die ich den Boden Thebens einteilen werde. Jede Elle darin soll aufgebrochen und umgegraben werden, auf der Suche nach Rattennestern und Echsengelegen und Keimen einer künftigen Seuche, die unsere Stadt bedrohen könnte. Theben wird gereinigt von Aberglauben und Schmutz. Kein noch so kleiner Keim von Verhängnis wird in die neue Ordnung eindringen können, die ich meinen Untertanen verheiße. Mit uns, die wir jetzt The-

bens Thron besteigen, wird alles in der Stadt sich wandeln: von nachtschwarzem Chaos in taghelle Klarheit, wie sie ein Richter benötigt, um sein Urteil zu fällen – *zu Jokaste* und sei es über seine eigene Schwester. Hörst du, Jokaste?
JOKASTE Kreon...
KREON Jetzt nicht mehr Kreon. Mein König.
JOKASTE Mein König, ich...
KREON *zu Jokaste* Schwester! Warum, wo doch die Schlinge schon bereit lag und das Gebälk in deiner Kammer genügend Haken bot, warum hast du dich nicht selbst gerichtet?
JOKASTE Aber warum? Was habe ich getan?
KREON Was wir dir gewähren können, als Herrscher dieser Stadt und auch als Bruder, ist nur eine Aussetzung deiner Strafe. Bleiberecht auf Widerruf in einer kleinen Kammer neben den Getreidespeichern, in der Hoffnung, dass du selber binnen kurzem ermisst, was du getan hast und was deine Schuldigkeit ist.
JOKASTE Mein König...
KREON Kein Wort mehr. – Du, Teiresias, du Seher in den Augen derer da und Blinder in den meinen, hast mich nicht ins Bild gesetzt über meine große Zukunft. Was sieht nun deine Kunst voraus, was ich beginnen soll mit einem derart ungeschickten Propheten, der am Wohl der Stadt vorbeischaut?
TEIRESIAS Großes, neuer König, habe ich immer für dich vorausgesehen. Aber ich durfte es nicht offenbaren.
KREON Wer hat es dir verboten?
TEIRESIAS Phoibos Apollon.
KREON Und meine Thronbesteigung hebt dieses Verbot jetzt auf?
TEIRESIAS Es besteht nicht mehr.
KREON Und all die Jahre, in denen der Vatermörder hier der Herrscher war und im breiten Bett der Labdakiden die eigene Mutter beschlief, durftest du auch dieses Furchtbare nicht offenbaren?

TEIRESIAS Es war mir nicht erlaubt.
KREON Redest du stets dem Brotherrn feige nach dem Mund? Solange Kreon hier regiert, rechne nicht mit Sold für Opferdienst und Vogelschau, außer von Thebens Marktweibern und Bettlern.
TEIRESIAS Auch ohne die Vögel zu befragen, kann ich dir eines sagen.
KREON Sprich.
TEIRESIAS Du wirst an den Göttern freveln, an ihren Dienern und auch an mir, Teiresias.
KREON Noch sehe ich keinen Grund dazu. *Zum Boten.* Dich, du grünes Halbtier, einarmiger Krüppel, hat dich ein Krokodil gefressen und als unverdaubar ausgespien? Wer oder was bist du?
BOTE Ein Bote aus Korinth, Herr, mit Bitte um Rückkehr in seine Heimat.
KREON Du wirst bleiben – damit wir beobachten können, wie du langsam zu einem ausgewachsenen Monstrum heranreifst. – Und du da in deinem goldgewirkten Kleid! Zeig dich hinter deinen Glitzerschleiern, ja, du dort, Ismene!
ISMENE Ich habe mir nichts vorzuwerfen, Herr.
KREON Aber ich dir: deinen Prunk, wo dir Trauer ziemt. – Dir, Haimon, setze ich eine letzte Frist, wenn du mein Sohn und Erbe bleiben willst, für die Beendigung deines Umgangs mit dieser Sippe. *Deutet auf Antigone.* Sie ist die Tochter des Blutschänders und Vatermörders! Schlepp ihren Fluch nicht ein in unser Haus und in dein Bett. Kein Wort und keine Widerrede! *Zu Antigone.* Und du, wenn du hier einen Rest Frieden genießen möchtest, dann lass die Hände von meinem Sohn und achte lieber, dass dein blinder Vater in keine Grube stürzt.
ANTIGONE Und dass du unsere ganze Stadt nicht in die Grube stürzt, wer achtet darauf?
KREON Ich lenke sie ins Licht statt in die Finsternis, wie Ödipus es getan hat.

ANTIGONE In dein Licht lenkst du mich nicht.
KREON Dich und jeden hier in dieser Stadt. Was steht hier nicht in meiner Macht?
ANTIGONE Alles, was nicht so hohl ist wie du selber.
KREON Meine Herrschaft hat Raum für euch alle. Aber sie duldet kein Versteck. Auch nicht deines, blinder Ödipus! Sprich! Wo hast du das Gold verborgen?
ÖDIPUS Wann hätte ich je welches besessen?
KREON So nahe ist mir meine Schwester doch geblieben, dass sie mir berichtet, was dir im Schlaf entfuhr, und nicht nur einmal. Also! Was hast du mit dem Gold der Sphinx getan?
ÖDIPUS Frag deine Hunde, Hundekönig.
KREON Denen werfe ich dich vor, gibst du nicht Antwort. Wo ist das Gold?
ÖDIPUS Zu recht vor dir verborgen.
KREON Wo?
ÖDIPUS Und zu deinem Glück.
KREON Mein Glück lass meine Sorge sein. Wo hast du es gehortet?
ÖDIPUS Frag Helios, den Sonnengott. Oder die Augäpfel, die du mir gestohlen hast.
KREON Einen Tag und eine Nacht gebe ich dir Zeit. Dann befragen meine Wächter dich auf ihre Weise. Und denkt daran, ihr alle, wenn ihr jetzt geht, jeder an seinen Ort: Ihr geht nicht aus meinen Augen, und wo immer ihr auch sprecht, sind meine Ohren.

Während die Versammlung sich auflöst, gibt Haimon Antigone hinter Kreons Rücken, aber vor den Augen Ismenes ein Zeichen des Einverständnisses.

8

ISMENE Ich bin die Ältere. Ich bin die Schönere. Mir hat Jokaste ihren Schmuck geschenkt: »Die Juwelen zum Juwel. Das Geschmeide zur Geschmeidigen!« Was also will der stolze Haimon, Kreons Bastardsohn, von dir?
ANTIGONE Ich habe ihn nicht gesucht und nicht gerufen.
ISMENE Wen hast du gerufen?
ANTIGONE Andere.
ISMENE Nenn sie mir! Sag ihre Namen.
ANTIGONE Sie haben keinen.
ISMENE Gespenster! Urweltwesen, wie du sie auf deine Urnen malst! Auf die stinkenden Batzen Lehm, die du am Flussufer zusammenkratzt!
ANTIGONE Aber sie haben einen Duft. Am Anfang war es nur der Harzgeruch der Fackel, die über mir brannte. Dann spürte ich deutlich den Geruch der Schatten, die an den Wänden tanzten. Einer sprang in den Salbölkrug, der von der Decke meiner Kammer hängt.
ISMENE Einen Schattenmann hast du gerufen? Ein Schattenmann ist gekommen? Dann bleib bei ihm und lass mir den aus Fleisch und Blut.
ANTIGONE Wer sagt, dass dieser Schatten mein Bräutigam war? Vielleicht war es mein Bruder.
ISMENE Deine erfundenen Brüder steck dir sonst wohin.
ANTIGONE Ein Bruder, schöner als alle jungen Männer, die du auf der Rennbahn siehst.
ISMENE Zeig ihn mir, wenn er so schön ist.
ANTIGONE Für deinesgleichen bleibt er unsichtbar.
ISMENE Ich brauche nur deine Vasen anzuschauen. Alles, was du schwarz auf rot hervorpinselst aus deinem verstörten Inneren: Echsen und Krokodile.
ANTIGONE Nicht ich male sie. Sie selber benutzen meine Hände für ihr Spiegelbild.

ISMENE Die Echsen, die Schatten und die Spiegelbilder, das alles kenne ich besser als du.
ANTIGONE Als kleines Mädchen habe ich das geglaubt. Damals wollte ich mit in den Wald zu euren ach so wilden Tänzen um den Thyrsosstab, in euren Efeumasken. Aber nicht Tollkirsch-, sondern Brombeersaft habt ihr getrunken und Gänseblümchen in eure Zöpfe geflochten und euch eingeweiht in die Geheimnisse von Bohnenmus und Mandelbrot. Ich war nicht die passende Genossin eurer Harmlosigkeit.
ISMENE Deine Genossinnen such dir unter deinesgleichen, den Verrückten.
ANTIGONE Verrückt, ich? Nur weil ich, anders als du, die Kraft habe, allein zu sein?
ISMENE Ja, allein bist du. Denn welcher Mann käme auf dich zu, in deinem armseligen Aufputz? In deiner Ausgezehrtheit, deiner Schäbigkeit und jetzt auch in der Schande, die dein Vater über dich gebracht hat!
ANTIGONE Ich lasse dir deine erlesenen Düfte aus deinem erlesenen Garten, deine kostbaren Ringe und deine goldenen Armreife, dein Seidengewand, die Spangen aus Onyx und die Kämme aus Bernstein. Und bisher habe ich dir auch deinen Hochmut gelassen. Doch ab jetzt, Schwester, hat er einen Preis.
ISMENE Und welchen?
ANTIGONE Da kommt er.

Haimon kommt mit einem Kranz, den ihm Ismene abnimmt, um ihn sich selber aufzusetzen.

ANTIGONE Wen suchst du, Haimon?
ISMENE Ich war zuerst, Schwester.
HAIMON *zu Antigone* Du weißt, wen ich suche.
ISMENE Wer trägt den Windenkranz? Wer trägt den Windenkranz im Haar?

HAIMON *zu Antigone* Was ist geschehen?
ISMENE *zu Haimon* Schau sie nicht an!
HAIMON *zu Antigone* Was ist geschehen, dass du mich anschaust?
ISMENE Haimon, komm in meinen Garten. Weißt du, wie schön er ist mit seinen Rosen, dem Buchs und den Anemonen? Niemandem aus unserer Sippe habe ich ihn je gezeigt, denn unsere Wege haben sich getrennt. Vor allem mein Weg und der Weg von der da.
ANTIGONE *zu Haimon* Ich habe dich schon immer angeschaut.
ISMENE Erkennst du es endlich, Haimon? Die so spröde und so abgewandt tut, sie giert nach dir. Aber ich warne dich.
HAIMON Warte, Ismene.
ISMENE Wer hat dich so verblendet, Haimon? Ich bin die Schöne. Ich bin die Glückliche. Ich allein sehe das Diadem auf deinem Haar, die künftige Krone – wenn du sie nicht fortwirfst, in den Schlamm der Gosse.
ANTIGONE *zu Haimon* Ich sehe etwas anderes, auf deinem nackten Rücken.
ISMENE *zu Haimon* Stößt du mich zurück, weil jetzt an mir ein Makel haftet oder noch Schlimmeres, ein Fluch? Aber der Wahn dieser da und ihrer Eltern ist nicht meiner, und ich bin nicht sie. Ich will das Leben.
HAIMON *zu Antigone* Was siehst du auf meinem Rücken?
ANTIGONE Ich sehe...
ISMENE *Antigone übertönend* Statt Gift in dein Herz wie sie, gieße ich dir Öl auf die Haut und Wein in den Becher.
ANTIGONE *unbeirrt* Einen Pfeil. In deiner rechten Schulter einen Pfeil.
HAIMON *zu Antigone* Und trotzdem weist du mich nicht mehr ab?
ISMENE *zu Haimon* Glaub ihr nicht. In ihrer Sucht nach Tod saugt sie das Leben aus, erst deins und dann meines. Sie will dich zu sich herabziehen, aber auf ein Bett aus Asche, damit du selbst zu Asche wirst, eingesargt in einer ihrer Urnen.

HAIMON *zu Ismene* Was du mir in deinem Garten zeigen willst, zeig es mir hier. Zeig es mir jetzt.
ISMENE Es ist ein Wunsch; ein und derselbe in meinem verborgenen Garten und auf Thebens Straßen und sogar vor der da.
HAIMON Was wünschst du dir, Ismene?
ISMENE Ein Kind.
HAIMON Warte, Ismene.
ISMENE Einen Sohn. Einen Königssohn von dir.
HAIMON *zu Ismene* Gib her!

Er nimmt ihr den Kranz vom Kopf und setzt ihn auf den Kopf von Antigone. Ismene stürzt davon.

9

HAIMON Warum?
ANTIGONE Warum was?
HAIMON Warum weist du mich nicht mehr ab? Was ist dein Wunsch an mich, Antigone?
ANTIGONE Ich habe keinen Garten, in dem ich ihn dir zeigen kann.
HAIMON Zeig ihn mir hier.
ANTIGONE Am Morgen meines zwölften Geburtstags erfüllten sie mir alle ausgesprochenen Wünsche, Mutter und Vater. Ich bekam also einen Esel, eine Schildkröte und eine Töpferscheibe. Meinen unausgesprochenen Wunsch aber, den erfüllte ich mir selbst. Ich rannte kurz vor Sonnenuntergang aus dem Palasttor, die Hügel abwärts, und aus der Stadt auf die Felder. Mein Laufen nahm kein Ende, bis es Nacht geworden war. In dieser Nacht meines Geburtstags sollte ein Stern aufgehen, das war mein unausgesprochener Wunsch, ein Stern, der noch

nie aufgegangen war. Im Osten sah ich ihn, rot glühend unter den goldenen Sternen am Himmel, und ich pflückte ihn mit meinem unendlich langen rechten Arm vom Firmament. Ich presste ihn in meine Achselhöhle und nahm ihn mit in meine Kammer. Ich nährte ihn über der Kerze, bis er auch bei Tag nicht mehr verblasste. Seither ist er mein Stern geworden, der Stern Antigones, der eine Elle über meiner linken Schulter schwebt. Ich kann eine Schale bilden mit der rechten Hand, dann schöpfe ich von seinem Glühen und Brennen und Funkeln, soviel ich will, und gieße es über meine Haare und in mein Gesicht.

Sie schüttet das unsichtbare Licht über Haimon. Der hält ihre Hand fest.

HAIMON Ist es wahr, dass dein Vater Gold versteckt hat? Viel Gold, an einem geheimen Ort?
ANTIGONE Ich bin mir sicher.
HAIMON Woher weißt du es?
ANTIGONE Von den Eseln in den Ställen hinter dem Palast. Sie haben die schweren Säcke geschleppt. Irgendwo tief in die Erde, in eine Höhle oder eine Schlucht. Wie ihre Zunge nach meiner Hand schnappt, verrät es mir.
HAIMON Gleich, wo er es vergraben hat, wir werden es finden.
ANTIGONE Ich will sein Gold nicht.
HAIMON Und wenn es der Lohn ist für die Stadt, dass sie all dies ertragen hat, erst die Sphinx, dann deinen Vater, dann die Pest und jetzt die Schande?
ANTIGONE Den, der das Gold will, will ich nicht.
HAIMON Was soll ich meinem Vater sagen, was dein Erbteil ist?
ANTIGONE Ein Esel, eine Schildkröte, eine Töpferscheibe und der Fluch eines Vaters, der mich mit seiner eigenen Mutter gezeugt hat. Welche Braut hat Kostbareres zu bieten?
HAIMON Wie willst du leben ohne meinen Schutz?

Antigone reißt Haimon zu Boden und setzt sich auf ihn.

ANTIGONE Kadmos zeugte Labdakos. Labdakos zeugte Agenor. Agenor zeugte Laios. Laios zeugte Ödipus. Ödipus zeugte Antigone. Und immer lag die Frau unter dem Mann. Ich will nicht unter dir liegen, Haimon.
HAIMON Bin ich deine Beute?
ANTIGONE Ich musste dich nie jagen. Denn du warst schon erlegt.
HAIMON *schüttelt sie ab und greift sich an den Rücken* Es ist kein Pfeil. Sondern ein Stachel. Mein Vater, Kreon, hat ihn in mein Fleisch getrieben: »Haimon, Bastardsohn! Bastardsohn! Im Rausch mit einer Sklavin gezeugt.«
ANTIGONE Du, Haimon, wen willst du zeugen?
HAIMON Eine Tochter, die deine Haare trägt und deine Brauen und den Stern in deinen Augen.
ANTIGONE Geh zu Ismene. Leg deinen Kopf in ihren Schoß. Sie wird ihn kraulen inmitten ihrer weichen Polster. Sie liebt, was glänzt, wie du, das Gold, die glitzernden Behänge, an den Markttagen die vollen Krüge mit Weizen, Öl und Wein, das vorgewärmte Bett, wie du. An Feigheit seid ihr gleich, sie und du und dein Vater, der sich den Thron meines Vaters raubt.
HAIMON Ich bin nicht feige.
ANTIGONE Beweise es.
HAIMON Ich werde meinen Vater stürzen.
ANTIGONE Gerade dann brauchst du Ismenes Kissen. Dass es für sein Gesäß ein weicher Sturz wird.
HAIMON Der Sturz wird ihn zerschmettern!
ANTIGONE Wirf dich mit deinem Holzschwert lieber auf die Gegner, denen du gewachsen bist: die Spielzeuglöwen in deinem Knabenzimmer. *Sie löst sich von ihm.*
HAIMON Ich wollte hingehen. Ich hätte die Sphinx aus ihrer Höhle geholt. Ich hätte ihr den Kopf abgeschlagen mit meinem Schwert. Dann hättest du gesehen: es ist aus Eisen.

ANTIGONE Aber sie ließen dich nicht zu ihr, die Bösen! Zu der Rätsel singenden Bestie, der Blutzolleintreiberin.
HAIMON Meine Aufgabe war es, sie zu töten. Dein Vater kam mir zuvor. Er hat den zweiten Stachel in meinen Rücken getrieben. Aber das Gold! Wenigstens das muss ich finden.
ANTIGONE Wozu?
HAIMON Um meinen Vater zu stürzen, brauche ich seine Wächter. Und um sie zu kaufen, brauche ich das Gold.
ANTIGONE Und warum willst du König sein?
HAIMON Damit ich nicht länger ein Niemand bin.
ANTIGONE Sei ein Niemand, Haimon. Das ist mein Wunsch an dich, mein einziger. Dass du ein Niemand bist.

10

Der Boden ist übersät mit Vogelleichen, in denen Pfeile stecken. Zwei Wächter sammeln die Kadaver ein. Hermias zieht jeweils die Pfeile heraus, und Myron stopft sie in einen Sack.

HERMIAS Der zuckt noch.
MYRON Lass ihn verrecken.
HERMIAS Mach du!
MYRON *stopft das Tier in den Sack* Ganz einfach.
HERMIAS Er zuckt immer noch.
MYRON *schlägt mit dem Knüppel zu* Jetzt nicht mehr.
HERMIAS Beschissene Arbeit.
MYRON Was ist daran beschissen?
HERMIAS Alles fürn Arsch.
MYRON Wieso fürn Arsch?
HERMIAS Fürs Feuer und nicht für den Bratspieß.
MYRON Du denkst immer ans Fressen!

HERMIAS Warum rottet er die Vögel aus?
MYRON Der Maulwurf? Weil er nicht vögelt.
HERMIAS Bestimmt vögelt er. Nur nicht so wie unsereins. Die Weiber.
MYRON Wen sonst?
HERMIAS Das große Ganze.
MYRON Und wo hat es das Loch, das große Ganze?
HERMIAS Es hat kein Loch, es ist ein Loch.
MYRON Ein Loch mit nichts drumrum ist fürn Arsch. Außerdem, das große Ganze, das sind doch wir. Bin ich jetzt plötzlich ein Loch?
HERMIAS Probiers aus.
MYRON Und wie?
HERMIAS Fick dich. Wenn dus schaffst.
MYRON Wo? Vorn oder hinten?
HERMIAS Das ist lochmäßig ein und dasselbe, im großen Ganzen.
MYRON Irgendwo ist da ein Knoten.
HERMIAS Wo soll da ein Knoten sein?
MYRON Im Schwanz vom Maulwurf.
HERMIAS Halt dein beschissenes Maul. Das Gras hat Ohren.
MYRON Mein Sack ist satt. *Bindet ihn zu.*
HERMIAS Schön für deinen Sack. Hauptsache, er hat kein Loch.

Beide entfernen sich mit ihrer Last. Antigone kommt und sammelt die übriggebliebenen Federn ein. Eine bläst sie mit ihrem Atem in die Luft. Der Bote, der sich auf einem Baum versteckt hat, fängt sie auf, als sie unter ihm vorbeigeht. Er springt auf Antigones Rücken und reißt sie zu Boden.

ANTIGONE Woher hast du es gewusst?
BOTE Was?
ANTIGONE Dass man sich mir nur so nähern kann?
BOTE Ich, der Bote, habe die Botschaft deines Körpers gehört.

Aber in ganz Theben niemanden gesehen, an den sie gerichtet wäre und dem ich sie hätte überbringen können. Darum habe ich sie als an mich gerichtet betrachtet.

ANTIGONE Wie eine große, schwere Echse hast du in dem Baum gelauert. So hat es ausgesehen, nur ausgesehen. Denn du bist leicht. Als wäre dein Körper innen hohl. Aber ich spüre, dass du nicht hohl bist.

BOTE Ich trage das Gewicht so vieler Botschaften. Keine, die ich überbracht habe, verlässt meine Zunge spurlos. Ein ganz bestimmter Geschmack bleibt zurück, vor allem der Geschmack der Anrede: »O Herrscher! O König! O Herren dieses Landes!«

ANTIGONE Und mich, mit welcher Anrede redest du mich an, Bote aus Korinth?

BOTE O Niemandstochter, Niemandsbraut!

ANTIGONE Wieso sprichst du meine Worte mit deiner Stimme?

BOTE Meine Zunge, die vorher kalt war, wurde plötzlich heiß, als ich sie hörte.

ANTIGONE Wie deine rechte Hand. Die linke ist wie Eis. Wie kommt das?

BOTE Es kommt nicht. Es war schon immer so.

ANTIGONE Ich liebe die Schuppen in deinem Gesicht, die Zacken auf deinem Kopf und die Mulden zwischen ihnen. Und dass deine Finger sich wie Krallen krümmen. *Küsst ihn.*

BOTE Du hast schöne Augen; aber in der Mitte sind sie spitz und leer. Dein Haar duftet nach welkem Laub.

ANTIGONE Wo ist die Grenze?

BOTE Die Grenze zwischen dem Boten und dem Mann?

ANTIGONE Die zwischen Fingernagel und Fleisch! Ich sehe sie nicht. Wie wirst du mich berühren? Wie mich liebkosen? Ich könnte dir einen Drachen gebären wie den, dessen Zähne Kadmos in die thebanische Erde gesät hat. Dann hätte das Unheil, das sonst unsichtbar über meinen Kindern schweben müsste, endlich eine angemessene Gestalt. Nicht auszuden-

ken, kämen sie wohlgeformt aus meinem Schoß, um zu schönen Jünglingen zu erblühen wie Haimon oder zu prächtigen Frauen wie Ismene.
BOTE Was wäre daran so schrecklich?
ANTIGONE Die Lüge. Meine Mutter, meine Schwester, mein Vater, der sich geblendet hat, alle sind sie in ihrem Innern Ungeheuer, durchströmt von Pest und Mord und Blutschande. *Küsst ihn.* Du trägst das Monster offen auf der Stirn. Du willst ihm nicht entkommen. Es ist dein Schicksal.
BOTE Es ist nicht mein Schicksal. Es ist Teil meiner Botschaft.
ANTIGONE Aber die Botschaft des Boten, ist die nicht sein Schicksal? Sag mir deinen Namen, Bote.
BOTE Der ist Teil meines Schicksals, nicht meiner Botschaft.
ANTIGONE Da, schreib ihn mir in den Sand.
BOTE Ich bin Linkshänder.
ANTIGONE *greift nach seinem linken Arm* Was ist mit deinem Arm? Ist er gelähmt?
BOTE Er schläft. Ich kann ihn nicht wecken.
ANTIGONE Vielleicht kann es ein anderer für dich?

Sie wirft sich über ihn. Er umarmt sie mit beiden Armen.

11

KREON *vor seiner eigenen kolossalen Büste* Ihr Bürger Thebens! Ein anderer Herrscher, einer aus der Labdakidensippe, würde sagen, Götter hätten ihm diese Eingebung im Traum gesandt, oder im Geschrei der Nachtvögel während der Mondfinsternis sei sie zu hören gewesen. Ich, Kreon, Sohn des Menoikeus, aber sage: Nach all den Tagen in der Dunkelheit hat mein Spiegel es mir verkündet, als Ödipus stürzte: »Du schaust in das Gesicht des neuen Königs, der mit tausend Augen über Theben wacht. Heilige dieses Gesicht und heilige die Hände, in denen Theben ruht.Vertausendfacht in tausend Bildnissen schaue dein Gesicht auf diese Stadt, wie jetzt schon deine Augen aus den tausend Augen deiner Späher. Setze dein Gesicht als Bild der Wahrheit an die Stelle der Trugbilder der Götter. Führe Theben aus seinem Aberglauben zurück in eine Ordnung, die sich den Menschen zum Maß nimmt. Schließe alle Tempel, in denen sich Unsichtbares mit Sichtbarem paart, um Ungeheuer zu gebären!« In Demut nahm ich den Auftrag an. So tritt euer König jetzt in euren Dienst, um eure Sichtbarkeit zu ordnen durch sein Abbild, als Schutz vor Pest und Wahn, vor Götterfluch und Orakelspruch. Denn wir werden zeigen, dass sich, sind erst einmal alle Keime der Krankheit getilgt, unter dem Boden dieser Erde nichts verbirgt, außer Wurzeln, Ton und Lehm. Die Toten sind gegangen und sie kehren nicht wieder, auch nicht als nächtliche Phantome. Erinyen, Nemesis und Rachegeister, sie alle gibt es nicht. Ich setze den Herrscher der Stadt wieder in die Mitte und über alle anderen Götter und begründe so das Ende aller Furcht. Weibergottheiten behalten weder in meinen Tempeln noch in Thebens Mauern Bleiberecht; nicht Athene und nicht Artemis, nicht Hera und nicht Hekate. Haben ihre Statuen die Lippen bewegt oder die Arme gerührt, als es Zeit gewesen wäre, höchste Zeit? Haben ihre Augenlider geflattert, als dieses Unglückspaar an der Spitze der Festzüge an ihnen vorbeischritt, Ödipus und Jokaste? Nein. Sie blieben starr, kalt und ohne Erbarmen. In meiner neuen Ordnung gibt es keinen Platz für Marmorgötzen. Zerlegt ihre Statuen, beginnend mit dem Kopf und endend mit den Zehen, und schafft sie in die Steinbrüche nördlich der Stadt. Bei allen Standbildern der olympischen Götter, Zeus und Apollo, Hermes und Hephaistos, Ares und Asklepios, entfernt die Köpfe und die Hände. Denn sie werden von Thebens besten Bildhauern ersetzt durch meinen Kopf und meine Hände. Und du, der dem Herzen der

Macht nach mir am nächsten steht, du, Haimon, wirst es sein, der den Götzen die Köpfe vom Rumpf trennt und die Hände von den Armen.
TEIRESIAS Auch wenn du seit zehn Tagen Herrscher bist, Kreon, Sohn des Menoikeus, so wird dein Sohn einem solchen Befehl nicht folgen.
KREON Wer sollte ihn daran hindern?
TEIRESIAS Apollon.
KREON Auf deine Götter wälze deine Vermessenheit nicht ab. Du selbst willst uns entgegentreten, du, Teiresias!
TEIRESIAS Zu deinem Besten und zum Schutz der Stadt.
KREON So wie ich deine Fürsorge nicht brauche, braucht Theben nicht deinen Schutz, sehr blinder Seher.
TEIRESIAS Frag das Orakel.
KREON Du meinst dich, den Orakelpriester.
TEIRESIAS Hat dir meine Sehergabe nicht vorausgesagt, dass du dich an mir vergreifen wirst?
KREON Haben mir meine Späher nicht berichtet, dass genug Grund dazu besteht? Ich weiß von deiner Schlangenhöhle, wo du ständig Neues ausbrütest gegen unsere Stadt und ihren neuen König. Und du hast Recht. Denn sie erträgt keine blinden Seher. Ich weiß Mittel, deine Augen wieder zu öffnen, so dass du sehend wirst wie wir.
TEIRESIAS Was willst du tun?
KREON Ich lasse deine Blindheit blenden.
TEIRESIAS Was mir ein Gott geschickt hat, kann ein Kreon mir nicht nehmen.
KREON Du wirst sehen. Und jetzt: verschwinde!

Teiresias tastet sich an seinem Blindenstock aus dem Raum.

ANTIGONE Fast schön bist du in deiner Wahrheit, Kreon! Selbst der Gestank nach Hades, der dich immer umgeben hat, verfliegt.

KREON Auch nach neuer Lage der Dinge werden wir Wege finden, zärtlich miteinander umzugehen, Schwesterkind.
ANTIGONE Das Flackern deiner Augen kommt zur Ruhe, jetzt, wo du ungestraft die Bestie sein darfst, die du schon immer warst.
KREON Doch meine Zärtlichkeit hat es schwer, denn du redest ungefragt im Rat der Männer.
ANTIGONE Tyrannen sind nicht zärtlich. Und wenn, dann zum verfeinerten Genuss der Grausamkeit.
KREON Ich habe dir Zärtlichkeit versprochen. Jetzt schwebt mein Versprechen über dir.
ANTIGONE So viele Statuen unserer Götter du auch zertrümmerst, meine Hände, solange ich sie am Körper trage, setzen sie wieder zusammen. Aber dir, Kreon, trennt vielleicht bald jemand im Schlaf endgültig den Kopf vom Rumpf.
KREON Noch schützt dich dein Wahn, Antigone. Wir werden ihn heilen.

12

HAIMON Wie konntest du es wagen?
BOTE Dir habe ich nichts auszurichten. Es war eine Botschaft von ihr an mich, den Boten.
HAIMON Sie ist meine Braut. Komm ihr nicht noch einmal nah.
BOTE Und wenn sie mich ruft?
HAIMON Krüppel! Halbmensch!
BOTE Meine Haut verändert sich nicht überall. Zum Beispiel nicht auf dem Bauch und nicht um das Geschlecht.
HAIMON Dein Bauch und dein Geschlecht seien gewarnt vor meiner Peitsche.
BOTE Du vergisst, dass ich der Bote bin, und missverstehst die Botschaft.

HAIMON Und die wäre?
BOTE Die Krätze. Aber nicht meine eigene, sondern die Krätze Thebens, die an mir zum Vorschein kommt.
HAIMON An dir zum Vorschein kommt die Geilheit eines feigen Knechts.
BOTE Ich bin nicht feige.
HAIMON Zeig es. *Er bedroht ihn.*
BOTE Ich habe keine Waffe.
HAIMON Du hast Beine. Dreh dich um und verschwinde für immer aus der Stadt.
BOTE Dein Vater hat es mir verboten. Kreon, euer König.
HAIMON Ich, sein Sohn, befehle es.
BOTE Dir gehorche ich nicht.
HAIMON Das werden wir sehen, du Krüppel!

Er sticht nach ihm und trifft ins Leere. Der Bote wirft ihn mit einem Fußtritt zu Boden und stellt den Fuß auf ihn, so fest, dass Haimon immer wieder schreit.

BOTE Das von mir, dem Krüppel.
HAIMON *schreit.*
BOTE Und das von meiner Mutter.
HAIMON *schreit.*
BOTE Schon weit vor meiner Geburt hat sie mir einen Krug voll Salböl bestimmt, mannshoch und bis zum Rand gefüllt, genug für alle Krätze dieser Welt.
HAIMON *schreit* Halt dein Maul!
BOTE Dieser Krug begleitet mich immer, auf jedem Botengang, und schützt Boten wie Botschaft vor dem Aussatz.
HAIMON *schreit lauter* Maul halten!
BOTE Nur eine Gegengabe hat meine Mutter sich erbeten für meinen kostbaren Begleiter: meinen linken Arm. Und ich gab ihn ihr und gebe ihn ihr immer wieder.
HAIMON *brüllt* Bring mich um! Bloß hör auf!

BOTE Immer wieder neu, weil er im Traum nachwächst, so oft ich ihn ihr bei Tageslicht gebe.
HAIMON Hör auf damit!
BOTE *unbeeindruckt* Aber jetzt wünscht eine andere sich meinen linken Arm. Zum Glück! Sonst wäre meine Mutter bald die reichste Frau der Welt an linken Armen. So teilt sie sich den Reichtum mit Antigone. Zum Glück, Haimon, nicht wahr?
HAIMON *unter Schmerzen* Zum Glück! Zum Glück! Zum Glück.

Der Bote lässt Haimon los. Haimon weint.

13

ISMENE Du bist stolz darauf, dass du nichts isst und nichts trinkst. Am liebsten wärst du so dünn, dass man eine Kerze hinter dir durch deinen Bauch leuchten sieht. Schwach und ausgezehrt wie du bist, wie willst du es aufnehmen mit Kreon und seinen schwarzen Wächtern?
ANTIGONE Das Recht nimmt es von selber mit dem Unrecht auf.
ISMENE Dein Eigenwille will das Unmögliche. Lass ab davon. Die Götter haben entschieden. Es war so bestimmt.
ANTIGONE Wenn du die Götter so achtest, dann hilf mir. Lass nicht zu, dass Kreon sie entehrt und ihre Tempel schändet.
ISMENE Ich achte vor allem das Schicksal. Ich liebe es sogar. Und – etwas, das du nicht verstehen kannst, Antigone, kleine Schwester – ich liebe mich selbst; trotz meines Vaters Ödipus, trotz meiner Mutter Jokaste. Hörst du? Ich liebe mich selbst! Mich selbst, und die Schönheit, und den Reichtum, und die Macht, und den Thron, zu dessen Erbin ich geboren bin. Darum, nur darum, und nicht etwa, weil ich deine ältere

Schwester bin, bin ich dein Vorbild. Von mir kannst du diese Kunst erlernen, bevor es für immer zu spät ist. Und du kannst immer nur eines von zweien: für immer dich lieben oder dich hassen. Ein Drittes, Gleichgültigkeit, gibt es nicht.
ANTIGONE Es gibt sie. Denn du, Ismene, bist mir gleichgültig. Du kannst dich lieben oder dich hassen, mir ist es eins. Doch wenn du dich selber hassen würdest, wärst du der Wahrheit näher.
ISMENE Du liebst nichts und niemanden, außer den eigenen Trotz. Und du willst, dass alle anderen genauso sind wie du, trotzig, mit allen zerfallen und sich selber feind.
ANTIGONE Du willst also nicht mitkommen?
ISMENE Nein.
ANTIGONE Nicht mit Hand anlegen?
ISMENE Nein.
ANTIGONE Nicht den Göttern wieder den Platz zuweisen, von dem der Frevel sie vertrieben hat?
ISMENE Eine neue Ordnung herrscht in der Stadt unter einem neuen Herrscher.
ANTIGONE Also auf Kreons Seite stehst du?
ISMENE Weißt du, welche Strafe ausgesetzt ist auf das, was du tun willst?
ANTIGONE Er hat sie nicht benannt. Nur dass sie schrecklich ist.
ISMENE Tu es nicht, Schwester. Nicht allein und nicht mit andern.
ANTIGONE Du hast Angst vor dem Staub auf deinem Byssoshemd. Angst um deine kostbaren Ziegenledersandalen. Angst, dass deine zarten Füße sich an Steinen stoßen. Schreckliche, furchtbare Angst, Ismene!
ISMENE Wenn, dann Angst um dich.
ANTIGONE Um mich? Würdest du nicht mit Genugtuung sehen, wie mein Kopf von meinen Schultern in die Grube rollt?
ISMENE Die Gruben samt Inhalt überlasse ich dir. Geh! Tu, was du nicht lassen kannst. Aber tu es allein.
ANTIGONE Ich weiß einen, der mir helfen wird.

ISMENE Wehe, du wagst es! Wehe, er setzt deinetwegen sein Leben aufs Spiel!
ANTIGONE Es ist kein Wagnis. Er wird sich glücklich schätzen. Weißt du, was Haimon zu mir gesagt hat?
ISMENE Behalte deine Lügen in deinem Giftmaul.
ANTIGONE »Lieber mit dir in der Erde, Antigone, als in Ismenes Bett.«
ISMENE Soll er dir einen Grabstein in deinen Unterleib rammen! Platzt das ganze Geschwür dann endlich aus dir heraus, du Eiterbeule? Vampir! Leichenschänderin, die nichts als Totes kennt und nichts als Totes will! Ich habe in deine Krüge hineingeschaut! Was sind das für Knochen darin? Alles willst du an dich reißen! Alles in deinen Urnen horten! Bei den Toten fängst du an, aber auf uns, auf die Lebenden, hast du es abgesehen! Auf deine eigene Schwester, weil sie glücklich ist und schön! Selbst die Ungeborenen lässt dein Neid nicht in Ruhe. Das Kind, das ich von Haimon haben werde, willst du dir in den Bauch stopfen. Als Aschehaufen willst du es gebären, damit es hineinpasst in dein krankes Hirn, in deinen kranken Totenkult! Du bist krank im Kopf und krank im Bauch und überall so krank, dass kein Asklepios dich heilt!
ANTIGONE Beruhige dich, Schwester. Um Haimon brauchst du keine Angst zu haben. Er bleibt in seinem Knabenzimmer. Ich habe bessere Begleiter.

14

Auf der Schutthalde im Innern des Apollontempels.

HERMIAS Die Kameraden haben zugelangt.
MYRON Ehrensache.

HERMIAS *wühlt in zertrümmerten Gefäßen* Das waren einmal Weihgeschenke. *Er dreht Krüge um, aus denen nichts herausfließt.*
MYRON Was suchst du?
HERMIAS Ein Tröpfchen Samos oder zwei.
MYRON Sauf nicht Apollon den Wein weg. Oder du kriegst eins aufs Dach.
HERMIAS Schau dich um. Apollon hat selber eins aufs Dach gekriegt.
MYRON Eben. Was bleibt ihm noch, als sich zu besaufen?
HERMIAS Und einem göttlichen Vorbild darf man nicht folgen?
MYRON Soll ich alleine hier Wache schieben?
HERMIAS Wachen macht durstig.
MYRON Nimm das da. *Er reicht ihm einen versiegelten Krug.*
HERMIAS *mit einer Geste des Ekels* Uah! Soll ich kotzen?
MYRON Hast du noch nie Augen gegessen? Vom Kalb oder vom Ochsen?
HERMIAS Deswegen bin ich noch lang kein Menschenfresser. Außerdem sind die da reserviert.
MYRON Vielleicht sind für einen Blinden Menschenaugen genau das Richtige. Vor allem, wenn sie sich ein König ausgestochen hat.
HERMIAS Ein ehemaliger.
MYRON *horcht auf* Was ist das?
HERMIAS Irgendeine Ratte.
MYRON Wenn, dann sind es zwei. Mindestens.
HERMIAS Ratten auf zwei Beinen. Da sind sie.
MYRON Meinst du dort drüben den Alten am Stock, mit dem Korb auf dem Rücken?
MYRON Das ist er, Teiresias.
HERMIAS Wer führt ihn an der Hand?
MYRON Die Ödipustochter, die Verrückte. Lass sehen, was sie treiben!
HERMIAS In Deckung!

Während die beiden sich verstecken, führt Antigone den blinden Teiresias herein.

TEIRESIAS Auch sein Standbild?
ANTIGONE Ja. Zertrümmert.
TEIRESIAS Der Schrein?
ANTIGONE Ein Haufen Brennholz.
TEIRESIAS Die Opferschalen?
ANTIGONE Es gibt keine mehr.
TEIRESIAS Dann verstehe ich, warum alle Mühe für deinen Vater umsonst war.
ANTIGONE Was sind seine Frevel gegen das, was Kreon tut!
TEIRESIAS Trotzdem braucht Ödipus Entsühnung. Ich habe den Mischkrug geleert. Den Zweig mit den purpurnen Bändern geschwungen. Ich warf Salbei und Zedernblätter, Eibisch und Wicke in die Glut. Aber der Wind wehte den Opferrauch an ihm vorbei. Die Vögel schwiegen. Und die Lebern platzten in der Glut!
ANTIGONE Was willst du damit sagen?
TEIRESIAS Der Sehergott hat sich von uns abgewandt. Apollon will seine Gestalt zurück. Sein unversehrtes Bild in seinem Tempel. Er nimmt kein Opfer an, solange seine Augen aus seinem Schädel gesprengt sind und sein Kopf keine Ohren mehr hat. Suche die Trümmer. Füge seine Statue wieder zusammen.
ANTIGONE Wozu brauchst du für deine Beschwörungen ein Standbild? Einen toten Stein? Ist Apollon der Sklave der Gestalt, die ihm die Bildhauer geben?
TEIRESIAS So, wie die Gestalt uns überliefert ist, muss sie die Stadt bewahren.
ANTIGONE Darf ein Gott nicht Tier sein, weil die Menschenstadt es nicht erträgt?
TEIRESIAS Vergiss nicht: Diese Stadt hat dich geboren.
ANTIGONE Und welches Tier gebar die Stadt?

TEIRESIAS Antigone, du verletzt das Menschenmaß.
ANTIGONE O nein, das Menschenmaß verletzt mich.
TEIRESIAS Was dich verletzt, Antigone, das bist du selbst in deinem Unmaß.
ANTIGONE Ich bin mir selber weder Freund noch Feind, sondern ein hohler Knochen für die Wahrheit.
TEIRESIAS Deine Wahrheit muss aus Fleisch und Blut bestehen, wenn du leben willst.
ANTIGONE Will ich leben?
TEIRESIAS Bist du geboren oder nicht?
ANTIGONE Habe ich nicht das Recht, auch als Lebende schon tot zu sein? Oder noch immer?
TEIRESIAS Verblendung, Antigone! Vermessenheit!
ANTIGONE Das Maß der Toten ist nicht gleich dem Maß der Lebenden. Und die Lebende zahlt für das Unmaß der Toten bereitwillig den Preis.
TEIRESIAS O weh! Ich sehe!
ANTIGONE Was siehst du, Priester?
TEIRESIAS Ein Kind in einer dunklen Kammer.
ANTIGONE Ob ich Kind bin oder Weib oder Mann, hat kein Gewicht auf dieser Waage.
TEIRESIAS Es weint und weiß nicht, dass es weint, und nicht, um wen.
ANTIGONE Um wen weint dieses Kind und weiß es nicht?
TEIRESIAS Das frag die dunkle Kammer: Schoß und Grab.
ANTIGONE Sag du es mir, Teiresias.
TEIRESIAS Frag, die dich geboren hat und einen andern nicht. Frage Jokaste.
ANTIGONE Sag du es. Sag es jetzt.
TEIRESIAS Apollon will es nicht.
ANTIGONE *ruft* Apollon! Apollon!

Hermias und Myron zeigen sich.

HERMIAS Apollon wohnt hier nicht. Ich heiße Hermias. Und der da Myron.
ANTIGONE Euch habe ich nicht gerufen.
MYRON Jetzt sind wir da.
ANTIGONE Dann helft mir suchen, Thebaner.
HERMIAS Nicht mehr nötig.
MYRON Schon gefunden.
ANTIGONE Aus den Trümmern seines Standbilds muss Apollon neu erstehen.
HERMIAS *zu Myron* Wir müssen sie gar nicht erst fragen. Sie sagt uns ihr Verbrechen ins Gesicht.
MYRON *zu Hermias* Und will uns als Komplizen.
TEIRESIAS Lasst das Mädchen. Ich bin der Anstifter. Der wahre Täter.
MYRON Zu dir, wahrer Täter, kommen wir gleich. *Sie packen und fesseln Antigone.*
TEIRESIAS Rührt sie nicht an.
MYRON Weg da! Wir haben Befehle.
TEIRESIAS Das werdet ihr büßen, Bastarde.
MYRON Halt's Maul, Alter.
HERMIAS Nein, mach's auf! Wir bringen dir was zu schlucken. *Er entsiegelt den Krug und hält ihn an seinen Mund.*
TEIRESIAS Was ist das?
HERMIAS Honig.
MYRON Wein.
HERMIAS Und Augen.
MYRON Damit du wieder sehen lernst.
HERMIAS Thebens rosige Zukunft.

Gegen seinen verzweifelten Widerstand zwingen sie Teiresias, den Krug zu leeren.

15

JOKASTE Deine Männer haben sie verschleppt. Aber ich sage dir: Vergreif dich nicht an meiner Tochter, Kreon.
KREON Ich kann das Gesetz nicht beugen.
JOKASTE Du hast es selbst erlassen.
KREON Also soll ich selber mich beugen – vor der Verbrecherin!
JOKASTE Vor welches Gericht wirst du sie stellen?
KREON Vor keines. Ihre Schuld ist allzu klar.
JOKASTE Ihr Ankläger ist also ihr Richter. Auch ihr Henker?
KREON Das Strafmaß ist noch nicht bestimmt.
JOKASTE Was hast du, Kreon, noch mit Maß zu tun? In deiner Tyrannei, noch über die Götter? Aber alles Menschliche besitzt ein Maß – sogar die Feigheit Thebens.
KREON Die Stadt lass meine Sorge sein.
JOKASTE Noch versetzen deine Schergen sie in lähmendes Entsetzen. Aber irgendwann weicht auch die größte Angst.
KREON Und verwandelt sich in dankbaren Gehorsam gegen den Mann, der hier die Seuche ausgerottet hat. Vor kurzem noch war es die Pest. Jetzt ist es Auflehnung. Und deine Tochter trägt sie in sich.
JOKASTE Was willst du ihr antun? Sie umbringen?
KREON Sie selber hat sich ausgestoßen aus der Stadt.
JOKASTE Und du erhebst dich über sie – aus Rachsucht und aus Neid.
KREON Wen sollte ich beneiden? Und worum?
JOKASTE Du durchwühlst die Erde. Aber das, was du suchst, wirst du nicht finden. Für jeden, der geboren wird, gibt es nur einen Mutterschoß. Und auch wenn du ihn viel zu früh verlassen musstest, kannst du ihn kein zweites Mal betreten.
KREON Dein Gemahl beweist das Gegenteil. Aber ich habe nicht die Absicht, seinem Beispiel zu folgen.
JOKASTE Sondern mein Kind zu töten.

KREON Nicht wenn sie ihre Schuld bekennt und ihren Starrsinn einsieht.
JOKASTE Was geschieht dann mit ihr?
KREON Dann darf mein Sohn entscheiden.
JOKASTE Entscheiden worüber?
KREON Wie sie büßt, was sie getan hat – der Stadt und ihm.

16

Vor dem verwüsteten Apollontempel liegen zwischen leeren Sockeln die Trümmer der zerstörten Statuen.

ISMENE *deutet auf Jokastes Hochzeitskleid, das der Bote in der Hand trägt* Bringst du das meiner Schwester?
BOTE Deine Schwester ist nicht hier.
ISMENE Wo ist sie? Die Verrückte?
BOTE Willst du sie befreien?
ISMENE Hat Kreon sie endlich ins Loch geworfen? Soll sie darin verrotten. Aber bevor sie verrottet, habe ich ihr etwas zu sagen.
BOTE Sag es mir.
ISMENE Wer bist du überhaupt? Woher? Bestimmt nicht aus Korinth. Aus keiner Stadt in Griechenland.
BOTE Ich bin der Bote.
ISMENE Was habe ich davon, dass du der Bote ist? Dass ich dich anschauen muss? Dreh dich gefälligst um!
BOTE Mein Hintern kann nicht reden.
ISMENE Hast du überhaupt einen, wenn du schon kein Gesicht hast? *Der Bote dreht sich um.* Das ist noch kein Beweis. Zieh dich aus. Ich will es wissen!
BOTE Ob ich ein Mann bin? Ja, ich bin ein Mann.

ISMENE Warum zögerst du dann noch? Was ist das Geheimnis? Hast du einen Kadaver in dir versteckt? Frisst du Asche? Ist dein Schwanz ein abgenagter Knochen? Ein armseliger Stummel wie ein kupierter Hundeschweif? Zeig ihn mir! Ich will es wissen.

BOTE Du wirst es nicht erfahren.

ISMENE Tu, was ich sage, Hundsfott!

BOTE Er hat keine Botschaft für dich.

ISMENE Mach schon! Ich will wissen, warum meine Schwester mit dir schläft!

BOTE *dreht sich ihr wieder zu* Das Schicksal schläft mit ihr, nicht ich, der Bote.

ISMENE Seit wann kann das Schicksal ficken?

BOTE Hat es je etwas anderes getan?

ISMENE Das Skelett liebt die Missgeburt. Aber wieso liebt Haimon das Skelett? Warum bleibt ihr nicht unter euch, ihr Monster? Was hat sie mit ihm gemacht? Wo ist er?

BOTE Haimon? Welche Botschaft soll ich ihm bringen, wenn ich ihn treffe?

ISMENE Einen Tritt zwischen die Beine. Und dir selber auch.

BOTE Warum mir?

ISMENE Du bist ein Mann, hast du gesagt.

BOTE Ich bin der Bote.

ISMENE Du bist ein Mann. Ihr seid alle gleich.

BOTE Das ist nicht wahr.

ISMENE Nur die Fratze ist verschieden. Du wenigstens versteckst es nicht. Dir steht das Monster ins Gesicht geschrieben.

BOTE Mein Arm hat eine Botschaft für dich.

ISMENE Ich verzichte.

BOTE Unmöglich. *Sein linker Arm schlägt zu.* Was habe ich jetzt davon, dass ich dich anschauen muss?

17

JOKASTE Er selber hat es dir gegeben?
BOTE Ohne den Beistand Apollons kann Teiresias ihn nicht entsühnen. Da hilft auch kein Hochzeitskleid.
JOKASTE Gib es mir. *Er reicht es ihr.* Deine Hand ist eiskalt. Leg sie mir auf die Stirn.
BOTE *Er tut es* Sie glüht.
JOKASTE Mein Kopfweh! Fast so schlimm wie an dem Tag, als du hier ankamst. Dass mir Hören und Sehen verging! Ah, das tut gut! Jetzt sag mir noch einmal, was du damals allen gesagt hast und was mein armes Hirn immer wieder durcheinanderbringt.
BOTE Das Kind, das Laios und Jokaste nach dem Orakelspruch nicht zeugen sollten und das Laios und Jokaste dennoch gezeugt haben, dieses Kind und Ödipus sind ein und derselbe.
JOKASTE Ein und derselbe. Aha! Ich verstehe.
BOTE Das Kind, dem Laios und du, Jokaste, die Füße durchbohrt habt und das ihr im Kithairon aussetzen ließet, damit es dort zugrunde geht, dieses Kind und Ödipus sind ein und derselbe.
JOKASTE Ein und derselbe. Ich verstehe.
BOTE Das Kind, das du geboren hast, Jokaste, und der Fremde, der das Rätsel der Sphinx gelöst hat und den du zum Mann nahmst, sind ein und derselbe, Ödipus.
JOKASTE Aha! Aha! Ich verstehe.
BOTE Die Frau, die Ödipus geboren, mit ihm geschlafen und ihm Kinder geschenkt hat, bist du, Jokaste.
JOKASTE Jetzt kannst du die Hand wegnehmen.
Der Bote tut es. Stille.
JOKASTE Friedliche, goldene Tage lebt man dahin: In einem Augenblick kann eine Schreckensnachricht alles zerstören. Eigentlich müsste ich dich hassen.
BOTE Ich bin nur der Bote.
JOKASTE Hast du, Bote, nie mit deiner Mutter geschlafen?

BOTE Wenn, dann werde ich es nie erfahren.
JOKASTE Nie mit ihr Kinder gezeugt, die auch deine Geschwister sind?
BOTE Wenn, dann werde ich sie niemals sehen.
JOKASTE Du bist gerissen. Du schützt dich durch die Botschaft an die andern vor der Botschaft an dich selbst.
BOTE *hebt seinen linken Arm* Was nützt es mir?
JOKASTE Mich führst du nicht hinters Licht. Dieser Grind ist deine wahre Haut. Was bist du hinter deiner Maske für ein Tier?
BOTE Weißt du, Jokaste, was die Leute hinter deinem Rücken sagen?
JOKASTE Über meine Einfalt? Und ob ich das weiß. »Jokaste, die schönste Frau Böotiens, aber dumm wie attisches Bohnenstroh.« Mein Kleid, mein Kopfweh und meine Dummheit waren immer mein Schutzwall gegen die böse Welt.
BOTE Wenn du wirklich so dumm bist, woher weißt du dann, dass eine Botschaft ein Tier sein kann?
JOKASTE Ich weiß sogar, dass der Bote sich dann in dieses Tier verwandelt.
BOTE Nur wenn er nicht ausweicht.
JOKASTE Wohin?
BOTE In eine Lücke. Eine Lücke in jemandes Schicksal.
JOKASTE Meinst du den Schoß meiner Tochter?
BOTE Ich meine das Grab, das sie auf ihrem Rücken trägt.
JOKASTE Und das Grab, in das Kreon sie hinunterstößt, das kümmert dich nicht?
BOTE Ich bin nicht dazu da, ihren Tod zu verhindern, sondern ihn zu berichten.
JOKASTE Bring ihr wenigstens mein Kleid.
BOTE Zu Kreons Kerkern habe ich keinen Zutritt.
JOKASTE Es ist das Einzige, was sie noch vor ihm beschützen kann. Mich schützt es nicht mehr.
BOTE Warum fliehst du nicht? Nach Korinth, nach Argos oder Kreta?

JOKASTE Meinem Bruder kann ich nicht entkommen. Kreon ist nicht nur Maulwurf geworden, seit er in der Erde wühlt, sondern auch Spinne. Aus den Augen seiner Wächter fließen klebrige Fäden. Überall in der Luft umschwirren mich Netze. Schwerelos legen sie sich um mich, Schicht um Schicht, bis ich völlig eingesponnen bin. Aber ich sträube mich nicht. Komm, Bote, hilf mir hinauf! *Mit Hilfe des Boten steigt sie auf einen leeren Statuensockel und dreht sich dort mehrmals um die eigene Achse.* So webe ich mir eine neue schützende Hülle, nachdem die alte ausgedient hat. Auf diesem Sockel stand in rotgekörntem Marmor Pallas Athene, den Schild in der rechten Hand. Jetzt stehe darauf ich, Jokaste, und mein Schild ist Kreons Spinnennetz. Bote?
BOTE Königin?
JOKASTE Eben hat mein Kopf geglüht. Jetzt erfrieren mir die Füße.
BOTE *hüllt ihre Füße sorgfältig in ihr Hochzeitskleid* Ist es so besser?
JOKASTE Ja. Jetzt kann mich nichts mehr erschüttern. Jetzt kannst du mir alles erzählen. Jede Botschaft, die du noch auf Lager hast.
BOTE In Bezug auf was?
JOKASTE Was du willst. Ödipus. Laios. Labdakos. Die Sphinx.
BOTE Willst du sie wirklich hören?
JOKASTE Natürlich. Hier oben werde ich sowieso zu Stein. *Der Bote besteigt Jokastes Statuensockel und flüstert ihr ins Ohr.* Aha! *Sie lauscht.* Aha! *Sie lauscht.* Aha! *Nach und nach beginnt sie in ihrem Staunen zur Statue zu erstarren, bis der Bote sie schließlich verlässt.*

18

KREON Willkommen, Haimon.

HAIMON Zum ersten Mal rufst du mich in das Verlies, das du deinen Palast nennst. Was hast du mir mitzuteilen?

KREON Meine neuesten Entschlüsse. Die Pläne, meine Macht mit dir zu teilen.

HAIMON Hast du nicht immer gesagt, die Macht sei ein glühender Stab, den du in keine fremden Hände geben kannst?

KREON Bist du, Haimon, mir fremd?

HAIMON Zumindest genauso fern wie der Macht. Ob die glühend ist, das weiß ich nicht. Dich jedenfalls erlebe ich als eisig.

KREON Vielleicht zu deinem Schutz. Dass du dich nicht verbrennst.

HAIMON Jedenfalls hast du mich auf Abstand gehalten. Dem Wort Sohn immer das Wort Bastard vorangestellt.

KREON So habe ich die Möglichkeit zu dem Gnadenakt geschaffen, den »Bastard« eines Tages vor dem »Sohn« zu tilgen. Jetzt ist die Zeit dazu gekommen, Haimon, Sohn – wenn du die Suche aufgibst.

HAIMON Von welcher Suche sprichst du?

KREON Der nach dem Gold des Vatermörders.

HAIMON Warum sollte ich das suchen?

KREON Du betreibst meinen Sturz, Haimon, Bastardsohn. Das sagen mir die, die du mit diesem Gold bestechen willst.

HAIMON Hast du mich deswegen hergerufen? Als Zwischenstation auf dem Weg in den Kerker?

KREON Oder zum Thron. Es liegt an dir, ob du mein Feind sein willst oder mein Erbe.

HAIMON Was soll ich erben?

KREON Nicht nur mein Reich. Auch meinen Kampf.

HAIMON Bist du nicht König? Gegen wen musst du noch kämpfen?

KREON Gegen die Seuche, die Auflehnung, den Götzendienst.

HAIMON Hast du nicht alle Tempel zerstört?

KREON Helios lässt sich nicht zerstören. Jeder seiner Strahlen trägt den Keim einer noch unbekannten Krankheit in sich. Davor müssen wir uns schützen. Meine Höhlen unter der Stadt stehen erst am Anfang. Ich werde sie weiter ausbauen, solange, bis sie jedem Thebaner Schutzraum bieten.

HAIMON In deine Maulwurfmenschheit wird kein Bürger dieser Stadt dir folgen.

KREON Wer nicht folgt, der wird gezogen.

HAIMON In die Grube, in die du jetzt schon meine Braut hinunterziehst?

KREON Ich weiß von keiner Braut meines Sohnes.

HAIMON Antigone, die Tochter des Ödipus. Gib ihr die Freiheit wieder.

KREON Nicht ich habe sie eingekerkert, sondern das Gesetz.

HAIMON Das es nicht gäbe, hättest du es nicht erlassen; genau so wenig wie dieses Verlies, hättest du es nicht in den Boden gewühlt.

KREON Es geht nicht um irgendein Weib, sondern um das Heil der Stadt. Alle Aufrührer, die sie bedrohen, werde ich aus ihr entfernen. Ich gewähre ihnen Zuflucht im einstigen Tempel des Apollon. Und dann mauere ich seine Tore zu. Als erster genießt dieses Asyl Teiresias. Er wollte das zerschlagene Götzenbild erneuern. Ihn begleitet seine Helfershelferin, die du deine Braut nennst.

HAIMON Und ich begleite sie.

KREON An ihrer Seite ist kein Platz für dich.

HAIMON Du verwehrst ihn mir nicht!

KREON Das tut ein anderer. Der Halbmensch, der sich Bote nennt, das wechselwarme Wesen. Nur sein Geschlecht hatte genau die Wärme ihres Geschlechts, als beide einander berührten.

HAIMON Das ist nicht wahr!

KREON Meine Späher wissen es besser als du.

HAIMON Knechte lügen, was Tyrannen hören wollen.

KREON Du willst ihr Leben retten, obwohl sie dich betrügt? Ich gebe dir die Möglichkeit dazu. Doch sie hat einen Preis.
HAIMON Welchen?
KREON Ich zeige ihn dir.

19

ÖDIPUS *ertastet den Statuensockel, auf dem Jokaste in ihrer Erstarrung steht* Jokaste! Wo bist du? Ich spüre, dass du hier bist. Ich kann dich riechen. Die Luft schmeckt nach dir. *Er tastet den Sockel der Statue ab.* Rede! Gib Antwort. Nur du kannst mich noch schützen.

Hinter dem Statuensockel erscheinen Myron und Hermias.

MYRON Armer Narr. Das kann sie nicht.
HERMIAS Deine Frist ist abgelaufen, Blinder.
ÖDIPUS Wer hat sie mir gesetzt?
HERMIAS Der König. Spuck es aus!
ÖDIPUS Wozu? Seid ihr nicht Auswurf genug?
MYRON Keine Witze, Alter. Wo ist das Gold?
ÖDIPUS Fragt euren Dienstherrn Kreon.
MYRON Der schickt uns zu dir.
HERMIAS Wo hast du das Gold der Sphinx versteckt?
ÖDIPUS Da war nichts zu verstecken.
MYRON Wir fragen dich mit Worten noch ein letztes Mal.
HERMIAS Dann fragen wir mit unserem Besteck. *Er lässt Foltereisen klirren.*
ÖDIPUS Das werdet ihr nicht wagen.
MYRON Siehst du hier irgendwo ein Wagnis, Hermias?
HERMIAS Nein. Du?

ÖDIPUS Ich bin Ödipus, der Urenkel des Kadmos.
MYRON Ich sehe nur ein blindes Wrack.
ÖDIPUS Noch immer euer König!
HERMIAS Fühl mal, König! *Er drückt die Hand des Ödipus auf ein Nagelbrett. Ödipus schreit.*
MYRON Reden, Alter! Nicht singen.
ÖDIPUS Aufhören! Aufhören! Ich rede.
MYRON Aber die Wahrheit!
ÖDIPUS Ja, ja. Die Wahrheit.
MYRON Schieß los!
ÖDIPUS Ich habe die Sphinx besiegt.
HERMIAS Das Gold! Das Gold!
ÖDIPUS Aber ich habe sie nicht getötet. Es war nicht möglich. Das Ungeheuer besaß vier Leiber: Weib, Löwe, Schlange und Adler. Sobald einer verwundet war, stellte sich mir ein anderer entgegen: nach dem Weib der Löwe. Nach dem Löwen die Schlange. Nach der Schlange der Adler. Und nach dem Adler unversehrt, wie Phönix aus der Asche, wieder das Weib. Von Mittag bis Sonnenuntergang habe ich unentwegt gegen das Wandelmonster angekämpft. Da, in der Dämmerung, verließen es endlich die Kräfte. Offenbar war es das Sonnenlicht, das seine Wunden immer wieder heilte. Gerade als ich dem Löwen den Todesstoß versetzen wollte, flüchtete die Schlange in die Dunkelheit. Erschöpft, wie ich war, folgte ich ihrer Blutspur durch die Nacht.
HERMIAS *zu Myron* Er schindet Zeit.
MYRON Das Gold, Alter! Das Gold!
ÖDIPUS Sie führte mich geradewegs nach Theben. Im Mondlicht konnte ich sehen, wie sie schließlich in einem Stollen unter der Königsburg verschwand. Ich folgte ihr mit gezücktem Schwert bis in eine hohe Grotte. Und da lag es vor mir. Das Gold. Ein Haufen Barren, alle in der Form von linken Armen. Aber die Schlange, immer noch blutend, kroch in einen Erdspalt und blieb verschwunden.

HERMIAS Die Barren! Wo hast du sie hingeschafft?
ÖDIPUS Sie sind immer noch an Ort und Stelle. Genau wie die Sphinx, gleich in welcher Gestalt. Denn ich ließ den Stollen vermauern.
MYRON Wehe du lügst, Alter!
ÖDIPUS Warum haben die Echsen ihre unterirdischen Verstecke verlassen? Weil sie das Ungeheuer riechen: das Weib, den Löwen, die Schlange und den Adler.
HERMIAS Zeig es uns! Führ uns hin!
ÖDIPUS Wenn ihr es so wollt.
MYRON Voran, Alter! Auf ins Bergwerk. *Während die drei Männer sich auf den Weg machen, löst Jokaste sich allmählich aus ihrer Erstarrung*
ÖDIPUS Ihr müsst mich führen. Ihr kennt den Weg zur Kadmeia.
JOKASTE *ruft ihnen hinterher* Halt! Was habt ihr vor? Rührt diesen Schatz nicht an, um keinen Preis! Sonst werden die goldenen Arme euch packen, und die Sphinx verwandelt euch in Stein. Ich weiß es aus sicherer Quelle. Tut es nicht!

20

BOTE *steht auf dem leeren Podest einer Götterstatue* O Theben mit den sieben Toren, Kadmosstadt! Wären deine Flüsse über ihre Ufer getreten bis hinauf zur Königsburg, so wäre diese Botschaft dir noch fassbarer als meine jetzige. Denn lebendigen Leibes einmauern lässt dein neuer Herrscher Kreon im zerstörten Tempel des Apollon das Auge Thebens, den greisen Seher Teiresias, zusammen mit Antigone, der Tochter des Rätsellösers Ödipus. Soeben befiehlt er, den letzten Stein in der Mauer zu setzen, die das Tor des Tempels für immer verriegelt. Diese Mauer umschließt, wie einen atmenden Stein, den Leib Antigones, zur Strafe dafür, dass sie gewagt hat, das zerstückelte Standbild des Herrn der Orakel wieder zusammenzufügen. Als einzig sichtbarer Teil ihres Körpers ragen ihre Hände aus der Wand hervor. Um den Preis dieser Hände, so hat Kreon es bestimmt, kann sie ihr Leben retten. Beide soll das Schwert von ihren Armen trennen. Und den Schlag zu führen hat nach dem Willen seines Vaters niemand anderer als Haimon selbst, ihr Bräutigam. Umringt von schwarzen Wächtern nimmt Haimon das Schwert von seinem Vater in Empfang und die Drohung, selber atmender Teil der steinernen Mauer zu werden, falls er sich dem Befehl verweigert. Ratlos steht der Entsetzte da, schaut von den Händen der Braut zum Gesicht seines Vaters, vom Gesicht seines Vaters zu den Händen der Braut. Endlich hebt er das Schwert. Wen wird es treffen? Den Nacken des Vaters? Die eigenen Eingeweide? Die Handgelenke der eingemauerten Frau? Doch was erblickt er da, wie wir alle? Die Haut von Antigones Händen reißt auf und offenbart darunter blitzende Schuppen. Haimon taumelt, reibt sich die Augen, senkt das Schwert und hebt es wieder. Da! Mit einem Aufschrei holt er aus, schlägt zu, holt wieder aus, schlägt wieder zu und stürzt dann ohnmächtig nieder. Aus den Stümpfen zweier Arme strömt Blut über die Mauer, und der Schrei des Mädchens dringt bis zum Tympanon des Tempels hinauf. Auf den Steinen zucken die Finger, wie um das eigene Blut festzuhalten und es zurück zu gießen in die leeren Adern. Doch schon sind sie erstarrt und liegen reglos da. Aus ihrer aufgeplatzten Haut dringt plötzlich Licht. Die toten Hände auf den Steinen bleiben weder tot noch Hände, sondern verwandeln sich in Echsen, die sogleich durch eine Erdspalte im Boden verschwinden. Aus der sich weiter öffnenden Spalte windet sich eine mächtige Schlange hervor, drohend auf Kreon zu. Bevor sie ihn erreicht, wird sie von den Pfeilen der Bogenschützen durchbohrt. Aus dem zuckenden blutigen Körper bricht eine neue, noch mächtigere Gestalt, ein Löwe, an dem jedes Geschoss abprallt. Vergebens schreit Kreon Befehle. Soldaten, Wächter, Bogenschützen, alle fliehen; der verlassene Tyrann rettet sich in seine unterirdische Festung. Aus ihr kommt jetzt ein dumpfes Grollen, der Boden bebt, die Stützmauern wanken, die Decken brechen ein, unter Donnerkrachen sinkt das Bauwerk in sich zusammen. Eine riesige Staubwolke steigt auf, die die Sonne verdunkelt und in der sich das viergestaltige Monstrum abermals verwandelt. Als Adler durchquert es die finsteren Schwaden und schwingt sich empor in den Himmel. Entlässt es Theben jetzt endgültig aus seiner quälenden Knechtschaft, aus dem Joch der Sphinx?

Der Bote packt mit der rechten Hand seinen linken Arm und schleudert ihn in die Höhe. Er fällt nicht wieder herab, während sein Körper im Sockel der Statue versinkt.

21

ISMENE, *einen Kranz auf dem Kopf, versucht vergeblich, den ohnmächtigen Haimon mit Ohrfeigen wieder zu Bewusstsein zu bringen* Wach auf! Wach auf! *Sie schlägt ihm den Kranz ins Gesicht.* Ein letztes Mal vor deinem letzten Schlaf. *Sie rüttelt ihn.* Da, ich gebe dir zurück, was du mir nie geschenkt hast! *Der Kranz entpuppt sich als Schlinge, die sie um Haimons Hals legt.* Schau, was für ein schöner Dreiweg: dein Hals und meine beiden Hände. Ein Dreiweg für drei Wesen: Haimon, Ismene und ihr ungeborenes, noch nicht einmal gezeugtes Kind. Aber was dir jetzt die Kehle zudrückt, das ist kein Mädchen, keine Frau. Nicht einmal Rache oder gekränkter Weiberstolz. Über uns, geheim und schwarz, liegt ein Orakelspruch von einem unbekannten Gott. Zwei Worte nur: »Zieh zu!« Wir Kadmoskinder scheuen die Götter. Hier mein gehorsames Debüt beim großen Labdakidenball, mit Schlangenfrisur, und die Erinyen singen. Ein Lied, das uns die Luft abschnürt. Und dir als erstem, Bastard Haimon. Wer auf das Leben spuckt, wozu braucht der noch Atem?

Myron und Hermias nähern sich schwitzend und keuchend mit einem schweren Sack, den sie vor Ismene abstellen. Ismene zieht die Kranzschlinge zu. Noch während der letzten Zuckungen des erstickenden Haimon stimmen die beiden Wächter ihr Chorlied an.

MYRON / HERMIAS
Es rollen die Tage, die Monde
wandeln sich und wandeln uns;
von den Göttern kommt niemals ein deutlicher Wink.
Ans Verwegenste wagen wir uns dennoch heran,
von trügerischer Hoffnung genarrt;
denn der Quell des Wahren
ist fern und verhüllt.
Doch das rastlose Mühen der Sterblichen
tragen tausend breite Straßen hinaus
als nie verklingende Kunde,
weiter als bis zu den Quellen des Nils
oder zu den Gefilden der Hyperboräer.
Und so rau an Sitten ist keine Stadt,
dass sie nicht vom Haus der Labdakiden vernahm,
von seinen gewaltigen Leiden
im Kampf mit gottgesandtem Verhängnis
und eigener Verblendung.
Aber du, Tochter des Ödipus,
neue Königin Thebens,
furchtlos zur Sonne hebe den Blick,
dem gleißendsten Gestirn,
das tags den Äther durchstrahlt;

durch die Nacht aber leuchtet
am hellsten gediegenes Gold, funkelnder
als alle glückmehrenden Schätze;
und was vor dem Fuß dir liegt, das ergreife getrost,
unter dem Himmel oder tief in der Erde.
Denn voller Trug hängt das Leben über dem Mann;
und krumm sind die Pfade der Zeit.
Doch ist sie unerschrocken und frei,
dann biegt die krummsten noch gerade
gerade die Frau.

ISMENE Wer hat euch Hunde das Singen gelehrt?
MYRON Der Bote aus Korinth.
HERMIAS Weil unsere Last einen Geleitspruch verdient.
MYRON Und ihre Empfängerin einen Hymnus: Sie darf die Fackel weitertragen.
HERMIAS Hat uns der Bote gesagt.

Sie öffnen den Sack und schütten seinen Inhalt aus: Goldbarren in Form linker Arme.

ISMENE Das Gold meines Vaters!
HERMIAS Er selber hat uns hingeführt. In ein vermauertes Verlies unter der Königsburg.
MYRON Auf Befehl von Kreon.
ISMENE Kreon gibt es nicht mehr. Und das da ist alles, was von seinem Bastard übrig blieb. *Sie zeigt auf den Leichnam von Haimon.* Bringt das in die Gruft, aus der ihr herkommt. Und sagt dem Boten, ich erwarte ihn im Palast.
MYRON Du wirst vergeblich warten. Er hat die Stadt verlassen, zusammen mit Teiresias.
ISMENE Ohne unsere Erlaubnis? Schafft das an seinen Platz! Und dann, Hunde, hetzt das Wild! Bringt die Beute, lebend oder tot.

Myron und Hermias stopfen Haimons Leiche in ihren Sack und schleppen ihn gemeinsam davon.

Ismene beginnt mit den goldenen Armen zu jonglieren.

An seinem Stock tastet sich der blinde Ödipus herein.

ÖDIPUS Tochter, Tochter! Wo ist Teiresias?
ISMENE Der Bote hat den Seher aus der Stadt geführt. Aber ich fange den Flüchtling wieder ein.
ÖDIPUS Nicht gegen seinen Willen. Nicht mit Gewalt.
ISMENE Das zu entscheiden überlass der Herrscherin.
ÖDIPUS Wer hat dich dazu bestimmt?
ISMENE Das Volk von Theben. Die Priester seiner zerstörten Tempel, die ich wieder aufbauen werde. Und mein Geburtsrecht auf mein Erbe.
ÖDIPUS Welches? Die Vermessenheit?
ISMENE Sorge dich nicht. Ich bringe unserer Stadt das Maß zurück. Und auch die Reinheit.
ÖDIPUS Auch Kreon hat genau das geglaubt.
ISMENE Dich ließ er in der Stadt.
ÖDIPUS Und du willst mich aus ihr verjagen? Du, Ismene? Deinen eigenen Vater?
ISMENE Ich bringe dich an einen Ort, der deiner würdig ist.
ÖDIPUS Wohin?
ISMENE Du kennst ihn. Es ist die Kreuzung der drei Straßen zwischen Phokis und Daulia. Dort hütest du das Grab Antigones. Und das des Laios.
ÖDIPUS Deine Schwester lasse hier bestatten. Hier in der Heimaterde.
ISMENE Der Dreiweg ist der angemessene Ort für eine, die sich nie entscheiden konnte: Sollte sie Mensch sein oder Tier? Braut oder Priesterin? Lebendig oder tot? Ein Wesen oder zwei? Unbehaust oder Teil der Stadt? Und ebenso angemes-

sen ist er für dich, Ödipus, als Schauplatz deiner Großtat. Ihr da, bringt den Alten vor die Mauern! Und sucht ihm draußen eine Hütte für seine letzte Nacht auf thebanischem Boden.

Wächter führen Ödipus ab.

22

JOKASTE *hält die tote Antigone auf ihrem Schoß* Einmal. Einmal noch! Noch einmal schau mich an! Nein? Du willst nicht? – Du bist klug. Du möchtest nicht sehen, wie das Volk Ismene umjubelt als Befreierin. Die Raubkatze hat endlich freie Bahn zum endlich leeren Thron von Theben. Heute Nacht kommt sie in meine kleine Kammer, in der Hand die hanfene Schlinge. Sie wird mir den Balken zeigen, an den ich sie knüpfen soll und knüpfen werde. Sie nimmt sich alles und schickt uns ins Vergessen. – Du weißt, Antigone: Ich bin einfältig. In meiner Einfalt dachte ich: Es ist nicht wichtig. Also habe ich es dir verschwiegen bis jetzt: Deinem Zwillingsbruder, der gemeinsam mit dir, der Lebenden, tot aus meinem Schoß kam, gaben wir keinen Namen und keinen Platz in der Erinnerung. Dabei wolltest du deine Hände gar nicht von ihm lösen. Wir lösten sie dir mit Gewalt. Wir gaben ihm nicht einmal ein Grab. So warst du ein Leben lang sein wandelndes Grab und hast es nicht gewusst. *Sie beginnt, ihrer Tochter das Hochzeitskleid anzuziehen.* Antigone, die Zeit ist ein schwangeres Tier. Ein schwangeres Tier, das schließlich Götter wirft. Und die Götter versuchen, uns Menschen auszubrüten in dem Ei, das sich Welt nennt. Wir hämmern von innen gegen die Schale, mit Gebeten und mit Geschrei: »Tock, tock, tock! Zeus, Zeus, Zeus! Hades, Hades, Apollon!« Aber wir vergehen schneller, als sie brüten und als wir schlüpfen können. – Wer mit der Glückshaut zur Welt kommt, der weiß, woran er ist. Dem kommt es nicht in den Sinn, er wäre wirklich aus dem Mutterleib geschlüpft und jetzt im Freien. Wenn schon geboren werden, dann wenigstens rückwärts. Wenn schon heiraten, dann wenigstens den eigenen Sohn. Wenn schon sterben, dann wenigstens vor der Geburt. Wie dein Zwillingsbruder, dessen namenloses Grab du warst. Darum wolltest du immer tot sein. Darum wurdest du nie wirklich geboren. Wärst du es doch, mein Kind, Antigone! Wie schön bist du in meinem Hochzeitskleid!

Die tote Antigone trägt jetzt Jokastes Kleid. Ihre Mutter hält sie wiegend in den Armen und summt ein Hochzeitslied.

NAUKRATIS
Die Doppelstadt

CHEPRI, ägyptischer Orakelpriester im Tempel des Amun
USTANI, Griechin aus Milet, Zollbeamtin
KORE, griechische Leichenwäscherin, Zwillingsschwester von Leuke
LEUKE, griechische Prostituierte, Zwillingsschwester von Kore
SARON, Grieche im ägyptischen Tempeldienst, Bruder von Duamutef
DUAMUTEF, griechischer Eselshirte, Bruder von Saron

Das antike Naukratis am kanopischen Nilarm, einzige griechische Enklave im voralexandrinischen Ägypten, durch eine Schleife des Flusses geteilt in die griechische Nord- und die ägyptische Südstadt.

Regierungszeit des Pharao Amasis im 6. Jahrhundert v.u.Z.

1

Ein Loch quer durch die Zeit

Schon eine ganze Weile sind Ustani und Chepri durch die Räume des Ägyptischen Museums gewandert, von den Exponaten nicht sonderlich berührt. Doch vor dieser einen Statue, die einen stehenden Orakelpriester darstellt und noch schwache Farbspuren der einstigen Bemalung trägt, bleibt Ustani unvermittelt stehen. Sie beugt sich hinunter in dem Bemühen, die Inschrift auf dem Sockel zu entziffern. Chepri will weitergehen. Ustani berührt die Schulter ihres Begleiters, lenkt seinen Blick auf die Hieroglyphen und beginnt laut zu lesen.

USTANI Je anehu tepu ta swa taj sen cher jes pen... Erinnerst du dich noch?
CHEPRI Vage: O ihr Lebenden auf der Erde, die vorbeigehen werden an diesem Grab...
USTANI Mereru anch mesdjedju hepet...
CHEPRI Die das Leben... Warte... *Liest.* Die das Leben lieben und...
USTANI Mesdjedju hepet.
CHEPRI Den Tod hassen...
USTANI Djedu ten sach...
CHEPRI Möget ihr sprechen: Es verkläre...
USTANI Usir chenti Imentiyu Chepri.
CHEPRI Osiris, der Herr des Horizonts, den Chepri.
USTANI Was würdest du sagen, Chepri?
CHEPRI Sagen wozu?
USTANI Hat er es getan? Hat Osiris dich verklärt?

CHEPRI Wenn ich die Augen schließe, sehe ich jedenfalls noch eine Stadt. Die Stadt von damals.
USTANI Was ist das genau für eine Stadt?
CHEPRI Eine Stadt am Nil. Im Delta. Eine Enklave. Auf allen Seiten eingegrenzt. Und in der Mitte, von Ost nach West, durch den Fluss geteilt.
USTANI In zwei Hälften?
CHEPRI Der südliche Teil, in dem die Ägypter wohnen, ist der größere.
USTANI Und wer wohnt im Norden?
CHEPRI Fremde. Vor allem Griechen aus Kleinasien und aus der Ägäis.
USTANI Was haben sie hier in Ägypten zu suchen?
CHEPRI Die Söldner hat der Pharao angeworben. Und die Händler, die Handwerker und die Hetären kommen von selber. Sie erhoffen sich hier ein besseres Auskommen als in Kyrene oder in Milet.
USTANI Finden sie es?
CHEPRI Es herrscht jedenfalls reges Leben. Am Zollgebäude stauen sich die Schiffe. Jedes einzelne wird kontrolliert. Die großen sogar von einem eigenen Zollschiff. Erst dann ertönt das Signalhorn.
USTANI Und das bedeutet?
CHEPRI Das Recht zur Durchfahrt oder zum Ankern.
USTANI Um was auszuladen?
CHEPRI Amphoren, Keramik, Silber, Kohle für die Ziegelbrenner.
USTANI Und manchmal auch Gefangene?
CHEPRI Naukratis war voller Magazine und Stapelplätze. Manche waren unterirdisch, für verderbliche Waren. Das weiß ich noch. Aber nichts von einem Sklavenmarkt für Nubier.
USTANI Oder für Griechinnen?
CHEPRI Versklavte Griechinnen? Woher?
USTANI Kreta. Aigina. Milet. War zum Beispiel ich nicht eine solche Frau? Aus Milet mit großen Versprechungen an den Nil gelockt wie in ein gelobtes Land?

CHEPRI Bist du dir sicher?
USTANI Wie war der tatsächliche Empfang? War ich nicht eine solche Sklavin? Warst nicht du der Herr?
CHEPRI Willst du mir den Prozess machen? Nach fast dreitausend Jahren?
USTANI Nicht ich. Die Statue.
CHEPRI Durch ihre Inschrift?
USTANI Tu nicht so ahnungslos. Siehst du das auf ihrer Brust?
CHEPRI Ja, seltsam. Die Haut ist nicht glatt. Sie hat Risse.
USTANI Und den kreisrunden Fleck? Siehst du auch den?
CHEPRI Er sieht aus wie ein Ekzem.
USTANI Die Statue bist du. Du, Chepri.
CHEPRI Der Fleck wird ein Loch. Ich kann durch ihn hindurchsehen.
USTANI Und? Was siehst du?
CHEPRI Hm. Nicht nur Gebäude. Menschen.
USTANI Zum Beispiel Leuke, wie sie Perücken anprobiert? Saron mit seinem Schreibstift? Und Duamutef, wie er zwischen Schildkröten umherschwimmt?
CHEPRI Wenn du Duamutef sagst, dann sehe ich keinen Mann, sondern eine Eselherde, die sich in den Schatten der Palmen drängt, mit hängender Zunge. Wo bist du, Ustani, in all dem?
USTANI Ich sitze an Deck des Zollschiffs und inspiziere die Ladung der ein- und auslaufenden Schiffe. Aber manches, was an mir vorbeischwimmt, übersehe ich absichtlich. Ich glaube sogar, in deinem Auftrag. Aber nur bis zu einem ganz bestimmten Tag.
CHEPRI Ja. Es herrscht Aufregung in der Stadt.
USTANI Kein Wunder beim Hebsed-Fest, dem Krönungsjubiläum des Pharao.
CHEPRI Aber ich bin nicht der Pharao. Ich bin Priester am Tempel des Amun, in der Südstadt. Was habe ich dieser jungen Frau getan, die so empört auf mich zukommt?
USTANI Hast du Angst?

CHEPRI Sie greift mich an. Zumindest die Statue in meiner Grab-
kapelle. Warum tut sie das?
USTANI Jemand hat Leuke aufgehetzt.
CHEPRI Wer? Vielleicht du selbst, Ustani?
USTANI Du musst nur tiefer in die Statue hineinschauen. Dann
erfährst du es.
CHEPRI Schau du!
USTANI Du zuerst. Was siehst du?
CHEPRI Eine andere Frau. Wer ist das?
USTANI Ich weiß nicht. Aber ich sehe Kore, Leukes Schwester.
In der Balsamierungshalle des Anubis steht sie so deutlich vor
mir wie damals, vor dreitausend Jahren.

2

Der Tod ist nicht ansteckend

*Eine Weile ist in der hohen weiten Halle des Anubis, dem Einbalsamie-
rungsort in der ägyptischen Südstadt von Naukratis, nur das Geräusch
des Waschens zu hören. Mit Schwämmen und Lappen reinigt Kore
Leichname in einer flachen steinernen Wanne, während Saron, der der
Wäscherin den Rücken zukehrt, tief in die lautlose Tätigkeit versunken
ist, Stoffbahnen zu beschriften.*

KORE Hast du gehört, Saron? Es ist das letzte Mal. Also? *Stille.* Du
fragst nicht einmal, warum? Nicht einmal nach dem Grund?
Er interessiert dich nicht? *Stille.* Ich weiß, ich bin nur eine
Griechin. Eine Gastarbeiterin, für die Ägypter in der Südstadt.
Nicht viel mehr als eine Sklavin. Aber ein Grieche warst du
auch! Bevor ihre Gehirnwäsche so gut funktioniert hat. *Stille.*
Wenn ich schon eine Arbeit verrichte, für die sich eure Damen

zu gut sind, ganz allein, eingespannt in euren manischen Kampf gegen die Verwesung, als Wäscherin für eure Toten, bin ich da nicht eine Antwort wert? Euer ach so wichtiges Hebsed-Fest ist in zehn Tagen. Warum also redest du schon jetzt nicht mehr mit mir? Bist du bereits unter die Priester gegangen? Mit Haut und Haar Ägypter geworden? Saron? Sieh mich wenigstens an. *Er tut es nicht. Stille.* Ekelt dich vor meinem Anblick? Hinterlässt der Gesichtsausdruck eurer Leichen seinen Abdruck in meinem Gesicht? Gut, du fragst nicht danach. Aber ich sage es dir auch so, zum Abschied: Die Ägypter verwandeln sich wirklich, wenn sie tot sind. Aber sie werden nicht schöner. Und tot bleiben sie trotzdem; nicht weniger tot als die Leichen von uns Griechen. Sie können noch so viele Beschwörungen auf ihre Mumienbinden schreiben, so wie du jetzt: »Ich habe die Feste geleitet, ich habe Brot gegeben, ich habe Opfer beschafft für meinen Vater Osiris.« Blablabla. Und sie können noch so viele Götter erfinden, einen hässlicher als den andern. Das Schlimmste ist, sie glauben daran. Das sehe ich an den Gesichtern unter meinen Händen. Es heißt, die Sterbenden verwandeln sich in das, was sie glauben. Euer Pech! Unsere Götter sind Olympbewohner. Erhaben und schön. Eure ägyptischen sind Bestien. Chimären mit Krallen und Schwänzen. Monster mit Schuppen, Hauern und Flossen. Willst du auch einmal so aussehen wie ein Mistkäfer, wenn du tot bist, Saron? Anstatt schön wie Hermes, Apollon oder Adonis? *Stille.* Zeig sie mir doch, eure Körper der anderen Welt. Wo ist denn hier an diesem Leichnam *stemmt ihn hoch* eure berühmte Verklärungsseele Ach. Und Ba, der sonderbare Seelenstorch? Wo siehst du ihn außer in euren Hieroglyphen? Und Ka, der Doppelgänger? Wo treibt er sich herum? Da! Vielleicht in diesem Rotz in der Nase? Diesem Schleim am Kinn? In diesen brüchigen Fingernägeln, die immer noch wachsen? In dem Einzigen, was von euren Gestorbenen wirklich noch eine Weile weiterlebt? *Stille.* Wenn ich jetzt tot umfiele, hier auf der Stelle, welchen Spruch würdest du für mich schreiben, Saron? In schönen griechischen Buchstaben auf meine Urne? »Asche der Isis-Tocher Kore, die heute in der Balsamierungshalle des Anubis ihren Dienst gekündigt hat«?

SARON *dreht sich zu ihr um* Warum, Kore?

KORE Warum was?

SARON Warum nennst du dich Isis-Tochter?

KORE Manchmal höre ich die Toten hinter meinem Rücken tuscheln. Und dann nennen sie mich so.

SARON Und warum kündigst du deinen Dienst in der Balsamierungshalle des Anubis?

KORE Es interessiert dich nicht.

SARON Doch. Während ich schreibe, darf ich nicht sprechen.

KORE Aber das tust du doch sonst.

SARON Nicht bei einer Fahne für das Hebsed-Fest. Also? Warum kündigst du?

KORE Diese Arbeit widert mich an.

SARON Du machst sie schon so lange.

KORE Dreißig Tage. Aber jetzt kann ich keine toten Kinder mehr waschen.

SARON Warum?

KORE Sie schauen mich so an. Warum drückt niemand ihnen die Lider zu? Solang das Fleisch noch warm ist?

SARON Warum sollten sie die Augen schließen? Es ist ja nur der Tod. Das wissen sie. Es sind Ägypter.

KORE Warum ist dann so viel Angst in ihren Pupillen?

SARON Die siehst nur du.

KORE Die sieht das Kind in meinem Bauch.

SARON Der Tod ist nicht ansteckend.

KORE Das Kind in meinem Bauch erschrickt. Vor allem vor den Totgeborenen.

SARON Lass ihre Augen offen und mach deine zu.

KORE Ich muss den Schmutz sehen, den ich waschen soll. Sag deinem Gott Anubis, die toten Kinder müssen warten.

SARON Worauf, Kore? Worauf?
KORE Bis meins geboren wird. Und zwar lebendig.
SARON Ich sage dem Vorsteher der Halle, du wirst keine Kinder mehr waschen. Aber bleib zumindest bis zum Hebsed-Fest und wasche Greisinnen und Greise. Es gibt genug davon.

3

Eine Inschrift kann Gestank nicht übertönen

In einer Gaststätte am Fischmarkt essen Kore und Leuke die letzten Bissen ihrer gemeinsamen Abendmahlzeit. Leuke sitzt vor einem Wein-, Kore vor einem Wasserglas. Kore versucht, ihre Hände von Geruchsspuren zu säubern, während Leuke vor ihrem Handspiegel der Schönheitspflege nachgeht. Kore wartet eine ganze Weile auf die passende Gelegenheit, das Schweigen zu brechen. Obwohl sich keine ergibt, tut sie es schließlich doch.

KORE Was passiert mit der Seele, wenn ein Mann allein in der Wüste verdurstet und ihn niemand begräbt?
LEUKE Das musst du in der Südstadt fragen. Deine Arbeitgeber, die Ägypter. Das ist doch ihr Geschäft. Aber woher willst du wissen, dass er verdurstet ist? Vielleicht kommt er ja noch zurück, dein Sophilos!
KORE Er muss!
LEUKE Die Toten müssen gar nichts. Und wer weiß, ob der Lebende will.
KORE Leuke, verspritz nicht schon wieder dein Gift.
LEUKE Glaubst du, ein Mann bleibt gern bei einer, deren Hände jeden Abend nach Kadavern stinken, und das Haar nach Natron? In Kanobos gibt es ganz andere Frauen.

KORE Ich wasche nicht alles, was sie mir in die Wanne legen. Ich wasche Beamte, Vorsteher, Aufseher, Vermesser und Offiziere. Manchmal sogar Wab-Priester des Amun-Tempels! Und was tust du? Du schläfst für Geld mit jedem Ziegelbrenner! Jedem Ruderknecht!
LEUKE Ich gebe mich mit Lebenden ab. Und du nur mit Toten.
KORE Deine Freier sind toter als meine Leichen. Nur dass sie unter deiner Hand noch zucken. Jedenfalls habe ich mehr Liebe für die Gestorbenen als du für deine Lebenden.
LEUKE Es sind Ägypter!
KORE Halbe Ägypter sind auch wir.
LEUKE Unseren Vater habe ich längst ausgespuckt.
KORE Spuck nicht auf mich. Ich brauche deinen Selbsthass nicht.
LEUKE Meinen Selbsthass? Genügt dir nicht dein eigener, Leichenwäscherin?
KORE Es tut mir Leid für dich; aber mein Selbsthass ist gestorben.
LEUKE Woran? An welcher Krankheit?
KORE Ich trage ein Kind in meinem Bauch.
LEUKE Und darum ist er abgehauen nach Kanobos, ans Meer, dein Sophilos? Du wirst sehen, er kommt nicht wieder.
KORE Doch. Mit seiner Karawane.
LEUKE Was sucht er in Kanobos, dein Sophilos? Von dem niemand weiß, wie er sein Geld verdient! Warum ist er nachts aufgebrochen? Im Dunkeln, mit drei Eseln, vollbepackt, an allen Wachposten vorbei? Einen Tag nach einem neuen Grabraub in der Nekropole?
KORE Mein Mann ist Händler. Kein Verbrecher.
LEUKE Du wirst sehen, wo er bleibt, dein Mann! Die Frauen von Kanobos sind berühmt: begnadete Tänzerinnen. Blauschwarzes Haar. Augen wie Topaz.
KORE Hör auf damit! Wenn ich ein Kind bekomme, müssen wir dann nicht zusammenhalten, wir Zwillingsschwestern? Wir Zwillingswaisenkinder? Die griechische Mutter tot, der Vater, ein Ägypter, unbekannt. Zu nichts und niemandem gehörig.

LEUKE Ihre Brüste duften nach Lilienöl. Die Haut leuchtet wie Alabaster. Die Ringe an ihren Fingern sind nicht aus Kupfer wie deiner, sondern blitzen von Gold.
KORE Lass mich nicht büßen, Leuke, dass du dich verkaufst. Dass du nicht gebären kannst.
LEUKE Im Gegensatz zu meiner ach so sauberen Schwester, der Leichenwäscherin in ihrer Halle! Wo sie die Leiber aufschneiden, die Eingeweide in Steinbehälter legen, den Rest salzen und einpökeln für die Ewigkeit? Und das alles für Anubis, einen Totengott!
KORE Und du? Du kennst keine Götter außer Priapus, den Götzen der Geilheit!
LEUKE Ich brauche keine; weder die vom Olymp noch die vom Nil. Heiliger Firlefanz. Die Wahrheit ist erbärmlich nackt. Ich kenne sie.
KORE Das sagst du, die noch nie ein Mann geliebt hat. Und keine Mutter. Jedes Mal, wenn du dich an einen deiner Freier wegwirfst, willst du sie treffen.
LEUKE Ich werfe mich nicht weg. Ich habe feste Preise.
KORE Sie dafür bestrafen, dass sie uns ausgesetzt hat als Neugeborene, auf einer Tempeltreppe.
LEUKE Tempel? Ein baufälliger Holzverschlag! Eine Latrine mit Schlafplatz, geschönt durch die Inschrift »Artemis«. Aber eine Inschrift kann Gestank nicht übertönen. Eher fängt sie selber an, nach Dreck zu stinken. So wie du nach Leichen. *Hält sich die Nase zu, ab.*
KORE *mit der Hand auf ihrem Bauch* Und du, Kebehsu! Hast du schon eine Nase, kleiner Mann in meinem Bauch? Mir jedenfalls hilft sie schon riechen. Den Duft der Tamarisken, kilometerweit. Die Parfums und Salböle aus allen Häusern. Alles, was grünt und aufblüht. Hab keine Angst, Kebehsu! Angst, dass ich den Hügel hinaufgehe, und oben auf den Stufen das Bündel ablege. Mitten in der Nacht, und das Bündel bist du, und dann schau, wo du bleibst! Das ist nur mir passiert. Mir und

meiner Zwillingsschwester. Du brauchst keine Artemis Eleithyia. Du wirst eine Mutter haben. Aber deinen Vater musst du suchen. Deine Seele kann noch fliegen. Besser jedenfalls als meine. Flieg zu ihm. Flieg über die Dünen und die Wadis. Flieg nach Norden, aber nicht zu weit. Nur bis du das Große Grüne riechst: das Meer. Zu Sophilos. Frag ihn nach einem Namen für dich. Einem Namen für nach deiner Geburt. Frag ihn nach seinem Segen; damit sich deine Fontanelle richtig schließt. Sag ihm, du bist ein Sohn. Sag ihm, dass der Vater die Hand auf den Kopf der Söhne legen muss, um jeden Preis, damit kein Loch bleibt, aus dem der Ach verschwindet und in das dann Schut sich eindrängt, der schwarze Schatten. Sag ihm, er soll zurückkommen. Und selbst wenn er gestorben ist, sag es ihm trotzdem. Auch als Gestorbener soll er zurückkommen, es macht mir nichts; und ruhig an mir vorbei, wenn es sein muss. Aber zu dir zurück. Ich wasche keine Totgeborenen mehr, Kebehsu. Nie wieder. Das verspreche ich dir. Mach deine Augen zu und schlaf. Und morgen früh, bevor ich in die Halle des Anubis gehe, flieg nach Norden, bis zum Großen Grünen!

4

Das letzte Mal ist es umsonst

Vor dem schäbigen Haus zwischen dem Fischmarkt und den Werkstätten der Ziegelbrenner, in dem Leuke bei einem ihrer Freier zeitweilig Unterschlupf gefunden hat, ruft Saron mehrmals leise ihren Namen, aber Leuke erscheint nicht am Fenster. Er muss mehrmals an der Tür klopfen, immer vernehmlicher, bis sie ihm endlich öffnet.

LEUKE Heute ist nicht der Tag.
SARON Morgen ist es schon zu spät.
LEUKE Ach! Ist es schon so weit?
SARON Ja. Das letzte Mal ist es umsonst. Hast du gesagt.
LEUKE Und? Ist es das letzte Mal, Novize?
SARON Aber diesmal will ich nicht das eine.
LEUKE Das letzte Mal? Ganz sicher?
SARON So ist es abgemacht.
LEUKE Abmachung? So nennst du dein Gelübde? Für wie lang eigentlich?
SARON Für immer. Sonst ist es kein Gelübde. Sondern nur eine Abmachung.
LEUKE Wenn du verkrüppelt wärst, entstellt oder todkrank, dann könnte ich es verstehen. Aber das alles bist du nicht. Du bist jung. Gesund. Siehst aus wie ein Athlet im Stadion.
SARON In Naukratis gibt es kein Stadion. Wir sind hier in Ägypten, Griechin.
LEUKE Sie beginnen im Nacken. Bis dein Schädel spiegelblank ist wie polierter Obsidian. Dann rasieren sie dir die Augenbrauen. Holen dir jedes Härchen aus der Nase und den Ohren. Nichts bleibt übrig von deinem Schamhaar. Auf dein Geschlecht malen sie dir ein rotes Isisblut, ihr magisches Zeichen. Dann führen sie dich nackt zum Teich des Amun. Stimmts? Alle Hieroglyphen für Wasser, Überschwemmung, Nilflut, Waschung haben dir die Priester beigebracht. Aber schwimmen kannst du nicht.
SARON Deswegen komme ich ja. Ich will es lernen.
LEUKE Das heißt, du hast Angst.
SARON Nein. Ich habe keine Angst.
LEUKE Doch. Angst vor der Wasserprobe.
SARON Unsere Lehrer sagen, das in dem Tempelteich, das ist nicht wirklich unser Körper, sondern nur sein Doppelgänger. Sein Ka.

LEUKE Und was dort auf dich wartet, das sind keine Krokodile, sondern nur ihr Ka?
SARON Das im Wasser, das ist Amun selbst.
LEUKE Und der Lehrer, der dir das erzählt, wer ist das? Ein Ka? Ein Ach? Ein Ba? Oder ein Mann aus Fleisch und Blut?
SARON Alles zusammen. Das verstehst du nicht.
LEUKE Warum soll ich eine Welt verstehen, in der die Statuen wichtiger sind als Menschen? Die Toten wichtiger als die Lebenden? Gute Reise, Saron! *Sie betastet ihn.* Ich will mich im Guten an dich erinnern. Du warst ein besonderer Kunde. Du hattest Mitgefühl. Überhaupt: Gefühl. Bald bist du nur noch eine Hieroglyphe auf zwei Beinen. Ein atmendes Symbol.

Auftritt Kore.

KORE So! Mit meiner Schwester redet er, der Priesterkandidat? Und so vertraut! Der heilige Novize mit der Hure!
LEUKE Lass uns in Ruhe, Schwester. Dich hat er nicht gesucht.
KORE Sondern dich! Wozu?
LEUKE Wozu wohl, Kore?
SARON Ich will schwimmen lernen.
LEUKE Bei der da?
SARON Bei wem sonst?
KORE *zu Leuke* Was willst du plötzlich bei den Fischen, Schwester? Reichen dir deine Freier nicht? Aber ich weiß, was du dort drunten suchst. Du glaubst, Hapi, der Nilgott, macht dich fruchtbar! Zu einer richtigen Frau wie mich, die einem Mann ein Kind gebären kann. Aber da kannst du lange tauchen. Eher ersäufst du, als dass der Nil die Huren sauberwäscht.
LEUKE Lieber Männerschweiß als Leichenwasser!
SARON *zu Leuke* Also sag, wann. Und wo.
KORE Saron!
SARON An der Lagune.
KORE Sie kann doch nur das eine.

LEUKE Ja. An der Lagune. Heute Abend. Und du lass uns in Ruhe, Schwester!
KORE Du lässt uns in Ruhe! Hast du nicht genug Kunden? *Zu Saron.* Sie wirft sich weg an alle und jeden. An die ganze Garnison! Egal ob Nubier, Libyer, Asiate oder griechischer Abschaum, der das eigene Vaterland verrät – für Geld!
LEUKE Die Griechen sind die Elitetruppe des Pharao!
KORE Ja, die Elite im Saufen und Huren.
LEUKE Ein Mann schöner als der andere. Jedenfalls schöner und stärker als dein Sophilos. Hör auf, mich zu beneiden, Schwester, um die vielen Liebhaber, nach denen du dir heimlich die Finger leckst. Du hast nur den einen. Der entweder tot ist oder dich betrügt!
KORE Bald ist er zurück. Gesund! Und reich! Wenn du mich bittest, darfst dann du an meinen Waschplatz.
LEUKE Ich habe Besseres zu tun. Bis heute Abend, Saron.

5

Die Wahrheit hat viele Gesichter

Leuke schlägt die Tür hinter sich zu. Saron wendet sich zum Gehen, doch da er Kores Blick im Rücken fühlt, wendet er sich noch einmal um. Kore zieht ihn in den Schatten einer Tamariske.

KORE Sag, dass es nicht dein Ernst ist.
SARON Warum hasst du sie?
KORE Warum zieht sie meinen Mann in den Dreck?
SARON Und wenn er wirklich nicht mehr lebt?
KORE Dann muss ich seinen Leichnam finden. Er darf nicht ohne Grab bleiben. Wer weiß das besser als ihr? Aber er ist nicht tot. Unmöglich.

SARON Will er zu dir zurück?
KORE Saron!
SARON Es gibt in Naukratis auch andere Männer.
KORE Dich in drei Tagen nicht mehr. Nach dem Hebsed-Fest bist du ein Priester. Im Amun-Tempel. So gut wie tot. Oder verrückt.
SARON Weder das eine noch das andere.
KORE Wer unentwegt nur auf den Tod schaut, ist der nicht verrückt?
SARON Wenn du ihn sehr genau anschaust, bleibt es nicht der Tod.
KORE Waren deine Eltern nicht Griechen? Haben sie nicht das Leben geliebt? Warum willst du unbedingt Ägypter werden? Nur weil sie dir ihre Sprache und ihre Riten beigebracht haben? Auch bei uns in der Nordstadt gibt es Tempel. Mit ganz anderen, menschlicheren Göttern.
SARON Hütten. Holzverschläge. Provisorien für einen Tag. Nicht nur ohne einen einzigen Priester, sondern auch ohne einen einzigen Gott. Oder hast du in ganz Naukratis je eine griechische Prozession gesehen? Eine Barke, die an Poseidons Festtag durch die Straßen zieht? Wo ist er abgeblieben? Beim Anblick unserer Krokodile vor dem Delta umgekehrt? Und Apollon? Ist seine Leier vor unserer schöneren Musik verstummt? Und Zeus? Ist ihm vor Amuns Sonnenglanz der Blitz entfallen?
KORE Es gibt Artemis! Und ihren Tempel aus Basalt!
SARON Aus unserem Steinbruch. Weil Amun sie hier gnädig aufgenommen hat. Sie hat die Probe bestanden.
KORE Götter prüfen? Wer nimmt sich das heraus?
SARON Amun selbst.
KORE Ein Götze prüft die Götter!
SARON Umgekehrt: der Gott die Götzen! Ich habe es mit eigenen Augen gesehen: Sein Krokodilleib schlug die Statue des Zeus in zwei Teile. Die des Poseidon verbiss er bis zur Unkenntlichkeit. Und die Apollons zerrte er auf den Grund des Tem-

pelteichs und vergrub sie im Schlamm. Nur das Standbild der Artemis brachte er behutsam ans Ufer. Neben Hathor, Sobastis und Isis darf es den großen Prozessionsweg schmücken, wenn Amun Auszug hält. Und Antwort gibt auf alle Fragen.
KORE Ich frage lieber unsere Göttin.
SARON Nach Sophilos? Wo?
KORE In ihrem Heiligtum. Im Tempel der Artemis.
SARON Der in Wahrheit nichts anderes ist als ein verkommenes Waisenhaus. Um Säuglinge zu füttern braucht man keinen Gott und keine Priesterinnen. Dazu genügen entsprungene Sklavinnen und abgehalfterte Hetären. Und die sollen dir Auskunft geben?
KORE Diese Sklavinnen haben uns immerhin großgezogen, mich und meine Schwester.
SARON Sie haben euch Findelkinder nicht verhungern lassen! Aber haben sie euch Lesen und Schreiben beigebracht? Geschweige denn Tänze und Lieder gelehrt? Dienstmägde haben sie aus euch gemacht. Frauen, die sich nichts wert sind. Schau deine Schwester an. Eure Mutter hat den falschen Platz gewählt, um ihre Neugeborenen auszusetzen.
KORE Und wo wären wir bei euch gelandet, als Schutzbefohlene des großen Amun? Im Rachen eines Krokodils?
SARON Auch Isis-Priesterinnen ziehen Kinder groß.
KORE Die Wahrheit finde ich auch ohne Isis. Ohne Amun. Und ohne deinesgleichen.
SARON Die Wahrheit hat viele Gesichter. Und manche haben einen Rachen. Pass auf, wo du die Wahrheit suchst.

6

Keramik links, rechts verderbliche Ware

Der Abendwind vom Fluss lindert die immer noch drückende Hitze. Auch auf dem Gebäude der Registratur neben dem Ankerplatz des Zollschiffs lastet sie schwer. Erschöpft von der Arbeit des Tages hebt Ustani nicht den Kopf, als die junge Frau, mit leeren Händen, den Raum betritt.

USTANI Bitte das Formular auf die Stapel.
KORE Ich habe keines.
USTANI Keramik links, rechts verderbliche Ware.
KORE Bist du Ustani?
USTANI Gold und Silber die nächste Tür.
KORE Ustani aus Milet?
USTANI Keine Zeit für alte Zeiten. Ich bin im Dienst.
KORE Bist du Ustani oder nicht?
USTANI Siehst du das hier? *Deutet nach rechts.* Einfuhr: Aufgeld, Zehnter, Stapelgeld... *Deutet nach links.* Ausfuhr: Logbücher, Zollsiegel, Prüfstempel... Alles bis heute Abend ins Große Inventar.
KORE Schau bitte nach im Großen Inventar nach einem Mann namens Sophilos, seit dreißig Tagen überfällig aus Kanobos. Ob er noch lebt, und wenn ja, wo?
USTANI Dies ist eine Registratur, kein Amt für Hellsicht.
KORE Deine Hellsicht wurde registriert. Von deinen Kolleginnen.
USTANI Ich habe keine.
KORE Denen von damals. Den Frauen im Artemis-Tempel, in der Nordstadt.
USTANI Die kenne ich nicht.
KORE Ich musste lange fragen. Aber du warst zu berühmt für deine Fähigkeiten. Sie haben sich erinnert.

USTANI Mach es kurz.
KORE Sie sagen, du hast meist geschwiegen. Aber wenn du Antwort gabst, dann traf sie immer zu.
USTANI Also: Was hast du anzumelden?
KORE Ein Findelkind.
USTANI Die falsche Tür.
KORE Ich weiß, du bist nicht unsere Mutter. Aber du kanntest sie.
USTANI Du verwechselst mich.
KORE Du bist keine verschleppte Griechin aus Milet? Niemals im Tempel der Artemis Eleithyia gewesen? Niemals ihre offizielle Stimme an den Frage-Tagen?
USTANI Ich habe Besseres zu tun.
KORE Keine Angst: ich will nichts über unsere Mutter wissen.
USTANI Was, Leuke, willst du dann von mir?
KORE Du verwechselst mich. Ich bin Kore, die Jüngere, um eine Stunde.
USTANI Wie hast du mich gefunden, Kore?
KORE Mit der Nase. Seit Kebehsu, dieses Kind, in meinem Bauch ist, rieche ich Düfte, die ich als Ungeborene geschnuppert habe. Myrrhe, Weihrauch, Sykomorenharz. Und dich, Ustani, auf dem Zollschiff.
USTANI Ich weiß von eurer Mutter wirklich nichts.
KORE Ich frage nicht nach ihr, sondern nach meinem Geliebten. Meinem Mann. Nach Sophilos.
USTANI Hier ist der Name nicht bekannt.
KORE Ich frage nicht für mich. Nicht nur. Das Kind in meinem Bauch soll einen Vater haben. Wenigstens mein Kind.
USTANI Du überfragst mich, Kore.
KORE Warst du bei den Amun-Priestern in der Schule? Oder war dein Herz schon immer aus Stein?
USTANI Selbst wenn ich wollte, ich kann dir nicht helfen.
KORE Willst du Geld?
USTANI Du hast keins.

KORE Ich kann es beschaffen. Es gibt Mittel und Wege.
USTANI Benutze sie nicht.
KORE Was dann, Ustani? Wenn nur Geld mir weiterhilft.
USTANI Ich kenne jemanden, der kann das vielleicht auch ohne Geld.
KORE Wer ist das?
USTANI Duamutef. Der Eselshirte. An der Straße nach Fayum.
KORE Ich brauche keine ägyptischen Esel als Propheten.
USTANI Er kommt aus Griechenland, wie deine Mutter. Geh zu ihm, Kore. Er weidet nicht nur Esel, sondern auch Schildkröten. Vielleicht haben sie ein Herz für dich. Sag Duamutef, ich, Ustani, habe dich geschickt.

7

Ein Klumpen dreckiger Schnee, der sich im Nilschlamm
langsam auflöst

Auf der Suche nach einem Hirten ist Kore zunächst auf der Eselskoppel zwischen den Tieren umhergeirrt. Dann hat sie in einer Mulde hinter dem Buschwerk den Schildkrötenteich entdeckt. Aber das Zelt, auf der anderen Seite der Straße durch einen Steinwall halb verborgen, hat sie erst ganz zuletzt erspäht. Da es ihr nicht gelang, sich mit Rufen bemerkbar zu machen, hat sie irgendwann das dämmerige Innere betreten und sich darin immer weiter vorgewagt, bis eine Stimme hinter ihrem Rücken sie zusammenfahren lässt.

KORE Bin ich hier richtig?
DUAMUTEF Das kommt darauf an, was du suchst.
KORE Ein Zelt bei der Herde an der Straße nach Fayum. Bei den Eseln, die besonders grässlich schreien. Ustani hat gesagt: Nicht

nach Wasser oder Gras, sondern weil sie die Trauer ihres Hirten spüren. Seine Trauer um all die mühsam erlernten Schriftzeichen, die jeden Tag ein Stück weiter in ihm verblassen.

DUAMUTEF Was für Märchen hat dir Ustani sonst noch erzählt?

KORE Schläfst du nachts wirklich zwischen zwei Eseln, mit den Händen auf ihren Ohren und mit dem Kopf auf einem Schildkrötenpanzer? Bist du Duamutef?

DUAMUTEF Und wer bist du, der Ustani das alles gesagt hat? Bist du Ägypterin? Trotz deiner blauen Augen?

KORE Ich bin Kore. Leukes Schwester. Vielleicht kennst du sie?

DUAMUTEF Und deine Eltern?

KORE Sind mir nicht bekannt.

DUAMUTEF Was tust du mit so blauen Augen in Naukratis?

KORE Ich arbeite in der Südstadt, in der Halle des Anubis. Ich wasche die Toten vor der Balsamierung.

DUAMUTEF In der Südstadt war ich auch oft, früher.

KORE Warst du dort Schüler in der Tempelschule? So wie Saron?

DUAMUTEF Ja. Lange vor meinem kleinen Bruder. Aber ich bin es nicht geblieben. Schon damals habe ich die Ufer nach Schildkröten abgesucht und die Tiere hierher in Sicherheit gebracht. Das war mühsam. Sie sträubten sich in ihren Körben, als ginge es in den Tod. Jetzt haben sie gelernt: Duamutefs Körbe sind der beste Schutz vor ihren Verfolgern.

KORE Wer verfolgt sie?

DUAMUTEF Amuns Diener.

KORE Und warum?

DUAMUTEF Das weißt du nicht? Du arbeitest in der Balsamierungshalle und kennst nicht das Osirisfest?

KORE Was hat ihr Fest mit deinen Schildkröten zu tun?

DUAMUTEF An diesem Fest gehört im Tempelteich die Hälfte links vom Gitter den Schildkröten, die rechte den jungen Krokodilen. Wenn das Gitter gehoben wird, beginnt das große Gemetzel. Die Krokodile sind danach nicht wirklich satt, aber die Schildkröten sind alle tot.

KORE Warum tun sie das?
DUAMUTEF Sie glauben, durch die Wirbelsäule des Osiris fließt die Zeit, im ewigen Kreislauf von Leben und Tod. Damit dieser Kreislauf nicht unterbrochen wird, muss immer wieder etwas Lebendiges zerstückelt werden, so wie Seth einst Osiris zerstückelt hat.
KORE Bist du deswegen aus ihrer Tempelschule geflohen?
DUAMUTEF Nein. Das war nach dem Mord an Apries, dem alten Pharao. Als in Ägypten Amasis an die Macht kam, der hergelaufene Soldat und Königsmörder, und hier in Naukratis sein Statthalter Scheschonk. Er war nicht bloß Wachhund des Amasis. Er war und ist sein Fleisch gewordenes Misstrauen gegen alles und jeden. Wir mussten unsere griechischen Fibeln verbrennen, die Schrifttafeln zerbrechen, unsere Kinderlieder vergessen und jede Unterrichtsstunde mit einem Fußfall vor Thot, dem Schreibergott, beginnen. Und in jeder zweiten Woche hatten wir Zwangsarbeit zu leisten an der Pyramide des Apries. Selbst wir Halbwüchsigen wussten, dass sie nur eine Fassade war, die Beschönigung eines Mordes durch den Mörder. »Griechenfreund« ließ er sich nennen, und war doch Griechenhasser. Da wurde ich lieber Bettler und dann Eselshirte. Jede Hieroglyphe, die sie uns eingetrichtert haben, habe ich wieder ausgespuckt. Ich schreibe, spreche, denke griechisch. Und wenn ich träume, dann nicht von Palmen und Oasen, sondern vom thrakischen Schnee und dem thessalischen Frost.
KORE Wenn du Schnee und Eis so vermisst, warum bist du dann nicht längst wieder in Griechenland?
DUAMUTEF Siehst du dort drüben die Schildkröten? Sie sind heiliger als alle steinernen Götzen der Ägypter. Weil sie lebendig sind. Leibhaftige, atmende Wesen. Und die Zeichen auf ihrem Bauch, die habe ich zu lesen gelernt. Und immer wieder sagen sie mir: »Duamutef, gib deinen Bruder Saron nicht verloren.«
KORE Und dieser Saron sagt, wir Griechen haben kein Orakel

mehr. Ich soll zu Amun, wenn ich wissen will, ob Sophilos noch lebt.
DUAMUTEF Wer ist Sophilos?
KORE Der Vater meines ungeborenen Kindes.
DUAMUTEF Geh nicht zu Amun. Alle ägyptischen Orakel lügen. Das gehörte schon immer zu ihrem Amt. Aber seit Scheschonk hier regiert, ist es ihr einziges.
KORE Regiert er auch über die Götter?
DUAMUTEF Was die Götter in der innersten Kapelle sagen, ist eines. Und was die Priester in der Großen Halle verkünden, etwas ganz anderes. Frag Ustani!
KORE Ustani sagt nichts, weiß nichts, hat mit nichts etwas zu tun.
DUAMUTEF Sie war einmal Amuns Stimme.
KORE Ich dachte, die der Artemis?
DUAMUTEF Später. Erst nahmen die Ägypter ihre Begabung in Beschlag. Sie gab im Amun-Tempel Auskunft. Rein und unverfälscht, wenn es um verlorene Ringe ging, um gute Reisetage oder entlaufene Katzen! Die kleine Wahrheit der kleinen Leute war der Köder, den die große Lüge auswarf, um Vertrauen zu fischen. Diesen Missbrauch hat sie nicht ertragen. Darum ist sie aus dem Tempel des Amun in den Holzverschlag der Artemis. Aber auch dort hat Scheschonk seine Wächter. Schließlich ist sie das geworden, was du gesehen hast: Lieber Zöllnerin für Erbsen und Brennholz als Lügnerin des Pharao.
KORE Jedenfalls haben sie mich im Tempel der Artemis zu ihr geschickt. Und Ustani schickt mich zu dir.
DUAMUTEF Ich kann dir keine Antwort geben. Aber die Schildkröten können. Wenn du auf ihrer Seite stehst.
KORE Auf ihrer Seite? Gegen wen?
DUAMUTEF Die Amun-Diener bringen nicht nur Schildkröten um. Sie schänden unsere Götter. Werfen ihre Statuen Krokodilen in den Rachen. Und kein einziger Grieche in Naukratis hat den Mut, sich aufzulehnen.

KORE Und von mir verlangst du ihn?
DUAMUTEF Du bist eine Frau. Du musst nicht kämpfen.
KORE Sondern?
DUAMUTEF Jetzt ist eine besondere Gelegenheit. Am Hebsed-Fest ist das Schatzhaus des Pharao so gut wie unbewacht. Du bist doch Leukes Schwester! Wenn ihr die ein, zwei Wächter ablenkt, haben wir freie Hand.
KORE Um was zu tun?
DUAMUTEF Um die Kriegskasse des Pharao zu leeren.
KORE Wer bist du, Duamutef? Ein Eselshirte? Ein Rebell? Oder ein ganz gewöhnlicher Dieb?
DUAMUTEF Ich bin Kryon. So haben meine Eltern mich genannt.
KORE »Der Eisige«. Mich friert schon jetzt.
DUAMUTEF Ein Land ohne Schnee hat auch keine Seele. Ein einziger Schneekristall vom Olymp weiß von den Sternen mehr als alle Pyramiden. Auch wenn es tausend Jahre dauert, irgendwann wird es auch in Ägypten Winter. Dann lässt der Frost all seine Bauwerke zerspringen. Dann gefriert der Nilschlamm zu schwarzem Eis.
KORE Er hat schon auf dich abgefärbt, Kryon Duamutef. Du hältst dich für einen klaren Eiskristall, der in der Sonne funkelt. Aber du bist nur ein Klumpen dreckiger Schnee, der sich im Nilschlamm langsam auflöst.

8

Der überschriebene Horusname

Die Bottiche sind ausgeleert, die noch feuchten Wäschestücke und Stoffbahnen an den Leinen befestigt und die trockenen in Körben gestapelt. Unter Aufsicht der Vorarbeiterin haben die meisten Frauen ihren

Arbeitsplatz schon verlassen. Als eine der letzten tritt Kore aus dem Waschhaus auf die Straße, die zum Fischmarkt führt. Sie geht an dem wartenden Saron vorbei, weil sie ihn nicht erkennt. Mit schnellen Schritten holt er sie ein und vertritt ihr den Weg.

SARON Du hast mich nicht erwartet.
KORE Die Stimme kenne ich.
SARON Natürlich. Ich war Saron.
KORE Die Stimme, aber nicht den Geruch.
SARON Saron. Bis zum Hebsed-Fest.
KORE Warte. Sag es nicht. *Sie schnuppert.* Du duftest nach... Myrrhe. Und nach... Warte. Sag es nicht. *Sie schnuppert.* Es ist ein Wald von Düften. Labdanum?
SARON Ich kenne nicht die Namen.
KORE Kassia? Und Narde! Sehr viel Narde.
SARON Da weißt du mehr als ich.
KORE Warte! *Sie schnuppert.* Mastix. Und noch vieles andere. Wo bist du gewesen, Saron?
SARON Im Tempelteich.
KORE Du! Der Nichtschwimmer!
SARON Ich bin nicht ertrunken, wie du siehst. Ich wurde nur gewaschen, eingesalbt und neu getauft.
KORE Auf welchen Namen?
SARON Nenn mich Heseschkaf.
KORE Was heißt das? Kräutergarten? Salbentopf? Duftende Mumie?
SARON Der den Mund der Statuen öffnet. Das heißt es. Nenn mich in Zukunft so.
KORE Ich nenne dich gar nicht. Ich will nichts von dir.
SARON Wir brauchen dich, Kore.
KORE Leichenwäscherin bin ich die längste Zeit gewesen.
SARON Du sollst uns helfen, Naukratis zu retten.
KORE Vor welcher Gefahr? Bleibt die Nilschwemme aus? Droht eine Hungersnot? Ist die Wüste im Vormarsch?

SARON Nicht die Wüste bedroht uns, sondern der Krieg.
KORE Wer soll ihn führen?
SARON Ägyptische Soldaten gegen griechische Söldner. Oder die Griechen gegen die Asiaten. Oder die Asiaten gegen die Nubier. Oder alle gegeneinander.
KORE Hier in Naukratis herrscht lang schon Frieden!
SARON Weil der Pharao ihn garantiert.
KORE Amasis residiert in Buto.
SARON Aber sein Statthalter ist hier. Dank Scheschonk ist Naukratis ein buntes Mosaik aus Rot und Braun und Gelb. Und nur er kann verhindern, dass es sich in ein schwarzes Trümmerfeld verwandelt.
KORE Was ist so Schreckliches geschehen?
SARON Das Schatzhaus des Pharao wurde aufgebrochen und geplündert! In der Nacht des Krönungsfests!
KORE Und eine Räuberbande stürzt die ganze Stadt ins Chaos?
SARON Es geht nicht nur um Raub. Auf den Siegeln wurde der Horusname des Amasis überschrieben mit dem des Apries. Jemand will die Anhänger des alten Herrschers aufhetzen gegen den neuen. Aufruhr stiften, Rebellion und Bürgerkrieg.
KORE Und wer ist dieser Jemand?
SARON Vermutlich dieselben Verbrecher, die auch in der Nekropole ihr Unwesen treiben. Auch ihnen geht es nicht nur um Gold. Sonst würden sie nicht alle Götterstatuen und Reliefs zerstören.
KORE Vielleicht um ihren Raubzug zu kaschieren?
SARON Ich fürchte, es sind Fanatiker. Männer wie mein Bruder Duamutef.
KORE Ein Eselshirte bedroht die Macht des Pharao!
SARON Der Eselshirte streut Gerüchte. Hanebüchene Gräuelmärchen über grausame Rituale in unseren Tempeln. Theorien über ägyptische Angriffspläne gegen Griechenland. Erst mit Magie und dann mit Waffen. Es gibt doch sicher Ahnungslose, die ihm glauben?

KORE Woher soll ich das wissen, Heseschkaf?
SARON Du hast mit ihm gesprochen.
KORE Wie hast du das erfahren?
SARON Amun hat tausend Augen.
KORE Ich suche keinen Krieg mit eurem Pharao. Ich suche nur den Vater meines Kindes.
SARON Und dabei sollte dir mein Bruder helfen?
KORE Angeblich kann er es.
SARON Welchen Preis hat Duamutef verlangt?
KORE Sein Privatkrieg gegen Amun interessiert mich nicht.
SARON Das heißt, er führt ihn! Und er wollte dich hineinziehen. Wen noch? In wessen Auftrag?
KORE Wie entlohnt ihr eure Spione?
SARON Dich? Mit Auskunft über Sophilos. Im Amun-Tempel. Mit wem steckt Duamutef im Bunde?
KORE Nur mit sich selbst. Und der eigenen Narrheit.
SARON Er ist nicht Teil einer Verschwörung? Eines Komplotts griechischer Söldner, die damals für Apries gekämpft haben und nur darauf warten, die anderen Truppen der Garnison, die Libyer, Nubier und Asiaten, auf ihre Seite zu ziehen gegen Amasis, den Usurpator? Den angeblichen Königsmörder?
KORE Nicht dass ich wüsste.
SARON Oder Mitglied einer Bande, die seit Jahren die Gräber in den Nekropolen ausraubt?
KORE Eine solche Bande kenne ich nicht.
SARON Ist das die ganze Auskunft, die du geben kannst?
KORE Es ist die Wahrheit. Verdient die keinen Lohn?
SARON Morgen, Kore. Am Amun-Tempel. Vor Sonnenaufgang.
KORE Ich werde kommen.

9

Eines ist der Geruch der Toten und ein anderes der Duft der Ewigkeit

Farbige Wimpel flattern im Wind, der immer wieder in Böen zwischen den Zinnen hindurchfegt. Auf dem Wachturm vor dem Amun-Tempel mischt sich das erste fahle Licht der Morgendämmerung mit dem unruhigen Schein zweier Fackeln. Chepri hält den Blick an der Mauerbrüstung unverwandt gen Süden gerichtet, als von der zum Dach heraufführenden Treppe das Geräusch zweier unterschiedlicher Schritte hörbar wird. Vor dem Mauervorsprung erscheint ein weiß gekleideter Wächter, der Kore an der Hand führt. Mit einer kurzen Geste bedeutet Chepri dem Mann, sich zurückzuziehen, bevor er auf Kore zugeht.

CHEPRI Gestern sind die Falken zurückgekehrt und umfliegen wieder den Wachturm. Als hätten sie deine Ankunft gespürt. Willkommen, Kore.

KORE Du also bist Chepri. Der oberste Orakelpriester in der innersten Halle des Amun.

CHEPRI Ja, der bin ich.

KORE Sie sagen, du verlässt nie den heiligen Bezirk. Du zeigst dich keinem Fremden.

CHEPRI Auf diesem Dach war vor dir weder eine Frau noch ein Grieche.

KORE Aber mich empfängst du. Wie komme ich zu dieser Ehre?

CHEPRI Ich möchte dir die Stadt von oben zeigen, das Fruchtland, die Sümpfe, den Blick bis nach Saïs im Osten und Buto im Norden.

KORE Heseschkaf hat mir etwas anderes versprochen.

CHEPRI Und den Sonnenaufgang. Auch den will ich dir zeigen.

KORE Er versprach mir Antwort auf meine Frage.

CHEPRI Eine einzige Antwort! Auf eine einzige Frage! Warum so bescheiden, Kore? Warum suchst du nicht die Quelle aller Antworten auf alle Fragen?
KORE Weil mich nur meine etwas angeht.
CHEPRI Bist du dir sicher, Kore? Sicher, wie deine Frage lautet? Sicher, wer du bist?
KORE Weißt du es besser als ich selbst?
CHEPRI Wir haben dich lange genug geprüft.
KORE Ihr? Mich geprüft?
CHEPRI Sie haben dich aufmerksam angeschaut, die Augen unserer Toten. Sie haben uns gesagt: »Ja, ihr habt recht. Das ist sie: Kore, das Artemis-Kind. Die Isis-Tochter.« Jedes Mal, wenn du sie gewaschen hast, hast du dich selbst gewaschen. Das war deine erste Wasserprobe. Jetzt bist du rein genug.
KORE Rein genug wozu?
CHEPRI Für die zweite. Und für den Sonnenaufgang, den ich dir zeigen will.
KORE Ich bin nicht blind.
CHEPRI Diesen Sonnenaufgang siehst du zum ersten Mal. Er wird dich verwandeln.
KORE Das Kind in meinem Bauch verwandelt mich genug. Mehr Verwandlung brauche ich nicht. Aber Antwort. Antwort auf meine eine Frage.
CHEPRI Die heißt: »Wer bin ich?«
KORE Und wer bist du, der das so sicher weiß?
CHEPRI Willst du das wirklich hören?
KORE Dann habe ich wenigstens etwas erfahren, bevor ich diesen Turm wieder verlasse.
CHEPRI Sie nennen mich Chepri, den Werdenden. Aber ich habe mich anfangs gegen das Werden gesträubt. So sehr, dass meine Mutter sterben musste, damit ich ans Licht kam, an dem Tag, an dem Sirius aufgeht. Also war ich mutterlos von Anfang an; so mutterlos wie du. Aber ich fiel in freundlichere Hände: die der Isis-Priesterinnen. Wegen des besonderen Tages salbten sie

mich mit einem besonderen geheimen Öl. Später erfuhr ich: Es war eine Mischung aus zweiunddreißig Substanzen, mit der niemals ein Mann gesalbt wird. Aber sie salbten in mir, durch mich hindurch, meine verstorbene Mutter, deren Ka noch immer in mir war. Ich war ihre lebendige Statue; ihr lebendes Grabmal. Man hat ihr nie ein anderes errichtet als diesen Körper – mich, mit Namen Chepri. Mit diesem Öl salbten sie mich Tag für Tag sechs Jahre lang. In diesen sechs Jahren wurde meine Haut allmählich sehend; empfänglich für die fernsten Dinge. Hier auf der Brust spürte ich alle Planeten, und die Fixsterne in meinem Rücken. Ich hatte den Geschmack von Sirius auf der Zunge, und in der Nase den metallischen Geruch der Plejaden. An den Festtagen setzten sie mich auf einen Schemel zu Isis' Füßen; und auch wenn ich sie noch nicht verstand – ich, der Knabe, gab Antwort auf Fragen, die Greise mir stellten.

KORE Dann antworte auf die Frage, die ich dir stelle: Wo ist Sophilos, der Vater meines Kindes?

CHEPRI Das kann ich dir nicht sagen.

KORE Du, der oberste Orakelpriester?

CHEPRI Ich bin nur sein Verwalter, nicht sein Stimme.

KORE Hast du nicht gesagt, du siehst die fernsten Dinge?

CHEPRI Ich sah sie. Bis ich von Isis zu Amun ging. Es war ein stolzer Aufstieg in ein höheres Amt. Er hatte seinen Preis. Nach einem Jahr wurde meine Haut allmählich wund. Dann übersät von kreisrunden Ekzemen, als hätte der Himmel über meinen ganzen Körper seine Sterne ausgesät. Sie blieben keine gezackten Kreise, sondern verbanden sich zu einem Schorf, der mich, wie Rinde einen Baumstamm, vom Kopf bis zu den Zehen überwucherte. Aber bevor die Sterne darin untergingen, verwandelten ihre Strahlen sich in Nadeln und trieben den Ka meiner Mutter aus mir heraus. Als blutiger Schweiß tropfte er aus meinen Narben hervor. In der darauffolgenden Nacht standen die Gestirne immer noch an ihren Plätzen am

Himmel, aber ich habe sie nicht mehr gespürt. Nicht die Planeten, nicht den Sirius, nicht die Plejaden. Meine Haut war wieder heil, aber erblindet. Und durch Blinde redet Amun nicht.
KORE Du bist noch immer sein Orakelpriester!
CHEPRI Ich erlernte eine andere Kunst: die Menschen zu entdecken, durch die Amun spricht. Es war nicht einfach. In Saïs gab es ägyptische Kandidatinnen genug. Diese Frauen waren ohne einen Tropfen barbarisches Blut in den Adern. Sie hatten die Wasserprobe hinter sich, waren geweiht und unberührt; aber was auch immer durch sie sprach, es war nicht Amun. Das Orakel verwaiste. Selbst die Menschen aus den Oasen blieben aus. Amun schwieg für lange Zeit. Bis zu einem Frühlingsfest vor über zwanzig Jahren. Eine Griechin, fast noch ein Mädchen, jünger als du jetzt, elternlos gestrandet, fragte nach ihrem Schicksal. Und gab sich selbst die Antwort. Und dann den anderen heimatlosen Frauen um sie her. Ich erkannte an ihr die Zeichen der Isis, auch wenn ihr Griechen sie Artemis nennt. Dieses Artemis-Kind sprach die Sprache der Götter reiner und klarer, als ich es jemals konnte. So wurde sie die Stimme des Orakels, für Ägypter und für Griechen. Deswegen kam ich von Saïs nach Naukratis, wo die Griechen sind.
KORE Und Griechinnen.
CHEPRI Ja. Und darunter vielleicht, höchst selten, höchst kostbar, ein Artemis-Kind wie du.
KORE Du verwechselst mich.
CHEPRI Siehst du diese Phiole? Sie wird es beweisen.
KORE Wie kann sie das?
CHEPRI Jedes Mal kehrt der Ka meiner Mutter in meinen Körper zurück, wenn ich sie in Gegenwart von euresgleichen öffne. Nur dann! Und auch dann nur in meine Hände, nicht weiter.
KORE Lass deine Phiole verschlossen. Ich habe mehr als genug vom Geruch eurer Toten.

CHEPRI Eines ist der Geruch der Toten und ein anderes der Duft der Ewigkeit. *Er salbt sich die Hände mit dem Inhalt der Phiole. Sie beginnen, in gelbem Licht zu leuchten.* Denk daran: Wenn du jetzt die Kleider ablegst, damit du gesalbt wirst, dann ist es eine Frau, die dich berührt.
KORE Fass mich nicht an!
CHEPRI Keine Sorge. Das tue ich nicht.

Er hält ihr die rechte Hand vor die Augen. Kore beginnt wie in Trance, sich langsam zu entkleiden. Chepri salbt sie mit seinen leuchtenden Händen und hüllt sie dann in ein hellrotes Gewand, das sie ab jetzt immer trägt. Als der Glanz seiner Hände erlischt, breitet sich die Morgendämmerung aus.

CHEPRI Siehst du im Osten die Pyramide des Apries?
KORE Ja. Die sehe ich.
CHEPRI Siehst du ihre goldene Spitze?
KORE Es ist noch zu dunkel.
CHEPRI Jetzt geht die Sonne auf. Was siehst du, Kore?
KORE Es kann nicht sein.
CHEPRI Was siehst du, das nicht sein kann?
KORE Die goldene Pyramidenspitze. Aber darüber schwebt eine zweite in der Luft. Die Spitze einer umgekehrten Pyramide. Und...
CHEPRI Sag, was du siehst.
KORE Sie dreht sich um die eigene Achse. Immer schneller, je höher die Sonne steigt. Und... Es kann nicht sein.
CHEPRI Sag es trotzdem.
KORE Hier auf der Brust spüre ich alle Planeten, und die Fixsterne in meinem Rücken. Ich habe den Geschmack von Sirius auf der Zunge, und in der Nase den metallischen Geruch der Plejaden.
CHEPRI Du hattest eine Frage.
KORE Wo ist der Vater meines Kindes?

CHEPRI Schau durch die Haut.

Kore schlägt die Hände vors Gesicht und wendet sich von der Sonne ab.

CHEPRI Jetzt weißt du, wo er ist, dein Sophilos.
KORE Das wollte ich nicht wissen.
CHEPRI Jetzt weißt du es, und so viel mehr, Kore.
KORE Kore? Bin ich die?
CHEPRI Amun selber sagt dir deinen neuen Namen.
KORE Noch bin ich Kore. Lass mich gehen.
CHEPRI Es ist eine Sonne in dir aufgegangen. Lass sie strahlen. Sonst wird sie dich verbrennen.
KORE Wie kann sie strahlen?
CHEPRI Indem du Antwort gibst. In der innersten Kammer dieses Tempels Antwort auf unsere Frage.
KORE Was willst du wissen?
CHEPRI Wer hat das Schatzhaus des Pharao geplündert? Wer hat den Namen des Amasis ausgelöscht und den des Apries an seine Stelle gesetzt?

10

Ein Götterzoo voll Missgeburten

Durch die Staubwolken über der Straße nach Fayum sieht Leuke schon von weitem Duamutef, der sich mit nacktem Oberkörper zwischen seinen Eseln bewegt, denen er gerade Wasser bringt. Als sie den Rand der Koppel erreicht hat, macht sie sich durch Winken bemerkbar. Auf sein Zeichen begibt sie sich in den Schatten des Zelts, um auf ihn zu warten. Als er schließlich erscheint, bietet er ihr als erstes zu trinken an.

LEUKE Danke. Ich bin nicht durstig.
DUAMUTEF Was kann ich für dich tun?
LEUKE Kore ist aus dem Amun-Tempel nicht zurückgekehrt.
DUAMUTEF Ich habe sie nicht hingeschickt. Im Gegenteil. Ich habe sie gewarnt.
LEUKE Vier Tage dauert kein Orakelspruch. Sie halten sie gefangen.
DUAMUTEF Wenn sie sie halten wollen, brauchen sie keine Ketten.
LEUKE Kore lässt sich nicht ködern.
DUAMUTEF Du kennst Chepri nicht.
LEUKE Was kann er von ihr wollen?
DUAMUTEF Bei jedem Griechenmädchen, das hier in Naukratis eintrifft, hält er Ausschau nach einem Artemis-Kind. Amun, heisst es, verlangt es für den Dienst in der Innersten Halle. Wenn es die Wasserprobe besteht. Der Körper ist auf ein Floß gefesselt, in Binden eingeschnürt, vermeintlich geschützt durch Zaubersprüche. In Wahrheit den Launen einer Bestie ausgeliefert.
LEUKE Sie sagen, die Bestie greift niemals an. Das Krokodil sei satt, oder zu alt, oder kein Tier aus Fleisch und Blut.
DUAMUTEF Sie lügen.
LEUKE Du glaubst wirklich, sie wären imstande, meine Schwester zu opfern? Mit einem Kind im Leib?
DUAMUTEF Dazu und zu noch ganz anderem. Hauptsache, es fördert ihre Pläne.
LEUKE Und die wären?
DUAMUTEF Macht über Griechenland. Zypern hat Amasis schon still und heimlich erobert. Als Sprungbrett nach Kleinasien und von dort ins Ägäische Meer. Aber den entscheidenden Angriff auf Hellas führt er mit anderen Mitteln.
LEUKE Ich weiß von keinem Krieg.
DUAMUTEF Das überrascht mich nicht. Niemand in Naukratis glaubt mir. Ich als einziger beobachte, schon jahrelang, diese

Verschwörung. Es beginnt harmlos auf dem Marktplatz. Für attische Amphoren lässt man anstatt mit Gold und Silber mit Amuletten zahlen. Für Weizen erst mit Tiermumien und dann mit echten Ibissen, Schakalen, Krokodilen. Jungtiere in unscheinbaren Kisten kommen so auf unsere Inseln. Bald sind es ausgewachsene Bestien. Und verlangen Gastrecht! Wo? In unseren heiligen Hainen. In unseren Tempeln, bei Hera, Zeus und Artemis!

LEUKE Mit welchem Anspruch?

DUAMUTEF In jedem dieser Tiere kann Amun wohnen. Oder Osiris, Sobek, Ptah und Isis!

LEUKE Trotzdem sind es nur Tiere.

DUAMUTEF Tiere nach Ägypterart. Mit einer Form im Sichtbaren und vielen anderen im Jenseits. Wesen, die sich in alles verwandeln – grenzenlos und damit grenzenlos gefährlich. Wenn man sie ahnungslos in unsere heiligen Bezirke lässt, dann kreuzt sich dort mit Zeus ein Pavian, ein Geier mit Athene und mit Apoll ein Krokodil. Unser Pantheon verwandelt sich in einen Götterzoo voll Missgeburten. Wer diese Unterwanderung aufhält, rettet Griechenland.

LEUKE Ich will nur meine Schwester retten.

DUAMUTEF Aus dem Rachen des Krokodils holst du sie nicht zurück. Doch vielleicht aus dem von Chepri.

LEUKE Wie kann ich das? Sie lassen mich noch nicht einmal das erste Tor passieren.

DUAMUTEF Versuch es nicht im Tempel, sondern in seiner Grabkammer.

LEUKE Er ist doch noch am Leben.

DUAMUTEF Ein Mächtiger wie er errichtet sich sein Denkmal jetzt. In seiner blühendsten Gestalt will er hineingehen in die Ewigkeit. Triffst du diese Statue, dann triffst du ihn.

LEUKE Wie geht das? Eine Statue treffen?

DUAMUTEF Nimm ihr die Osiriskette, die sie um den Hals trägt. Und die smaragdenen Augen. Bring sie mir!

LEUKE Wozu?
DUAMUTEF Du willst doch deine Schwester lebend wiedersehen? Der Grabschmuck von Chepri ist das Lösegeld.

11

Salz ist gut für die Geburt

Der hohe Baderaum ist vom Gurgeln und Plätschern heißen Wassers erfüllt. In den dichten Dampfschwaden ist Kores Körper zunächst nur schwer zu erkennen. Als der Wasserdampf sich allmählich verzieht, wird sichtbar, wie sie sich müht, an einem Becken das rote Linienmuster abzuwaschen, das sie auf dem Bauch trägt.

KORE Was riechst du jetzt, Kebehsu? Das rote Amulett auf meinem Bauch: das Isisblut, das sich im Wasser auflöst? Es macht dir Angst. Aber ich habe es gebraucht, als ich auf dem schaukelnden Floß lag, Stunde um Stunde, in Binden eingeschnürt. Glaubst du, ich habe nicht gezittert? Erst in der Dunkelheit kam er angeschwommen, lautlos wie eine große Welle. Das Schaukeln hat aufgehört. Kiefer packten mich, aber die Zähne drangen nicht durch all die vielen Schichten weißen Stoffs. Und auf meinem Bauch war ja mein Schutz, das Isisblut, das dir so Angst macht. Aber das Isis-Lied hat dich beruhigt. Woher kam es? Aus welcher Kehle hinter diesem Raubtierrachen? Sein Klang hat dich beruhigt wie ein Wiegenlied. Behalt es gut im Ohr, dein Leben lang. Ich werde dir keins singen. Und auch dein Vater nicht. Du wirst ihm nie begegnen. Mein neues Auge sieht, wie er mit seiner Kebse tuschelt, in seinem frisch erworbenen Reichtum. Für seine drei Esel hat er jeweils einen Namen und für seine Kebse drei, aber für dich keinen einzigen, Kebehsu. Er hat deine Bitte nicht gehört. Dich nicht einmal gerochen, als du ihn umschwebt hast. Merk dir das Wiegenlied der Isis. Sie ist eine bessere Mutter als ich. Ich muss jetzt meinem neuen Auge dienen. Es hat kein Lid und ist nicht blau. Dafür sieht es weiter als sonst Menschenaugen. Es sieht auch, dass du weinst. Du hast Recht, Kebehsu, weine. Salz ist gut für die Geburt.

12

Mein altes Leben schütte ich in den Nil wie saure Schafsmilch

Eine nach der anderen entzündet Leuke die Fackeln in ihren Halterungen an der Wand. Sie erhellen die Malereien und Schriftfelder an den Wänden, die Scheintür im Hintergrund, das gesamte Innere von Chepris Grabkammer in der Nekropole der Südstadt. Das Standbild des Grabherrn ist mit der Statue im Museumsraum identisch. Leuke betastet sie erst furchtsam, dann immer zupackender. Bei der Augenpartie zuckt sie plötzlich zurück.

LEUKE Ich spüre es genau: Du Steinmann schaust mich an. Habt ihr Ägypter selbst als Statue noch ein Auge mehr als wir? Ein Südstadtauge, das euch eure Priester in den Schädel bohren? Hör auf, mich anzuschauen. Ich brauche nicht dein Auge, sondern nur die Kette. *Sie nimmt die Halskette der Statue an sich.* Und deine Pupillen. *Sie löst die smaragdenen Augen aus ihren Höhlen. Auftritt Kore.*
KORE Hast du das Geschäft gewechselt, Leuke? Seit wann bist du Grabräuberin?
LEUKE Kore! Du lebst?
KORE Die Smaragde! Los! Leg sie zurück an ihren Platz!

LEUKE Bist du es wirklich? Unversehrt? Gesund?
KORE Und auch den Rest. Wird's bald!
LEUKE Ich habe dich überall gesucht.
KORE Und ich, ich finde dich hier. Als Diebin.
LEUKE Vier Tage und Nächte lang warst du verschwunden. Ich dachte, die Priester haben dich ihren Bestien vorgeworfen.
KORE In unserem Tempel gibt es keine Bestien.
LEUKE In eurem Tempel?
KORE Was steckt unter deinem Kleid? Zeig her!
LEUKE Du bist nicht Kore.
KORE Nicht mehr die Kore, die du kennst.
LEUKE Und du hast andere Augen. Wo ist es hin, das schöne Blau?
KORE Dafür sehe ich endlich klar.
LEUKE Hoffentlich auch deinen Sophilos.
KORE So deutlich wie du vor mir stehst. Er liegt fett und feist zu Tisch mit seiner neuen Konkubine, bei Maisgebäck und Bier, wie alle Leute an der Küste. Sie klimpert mit den Wimpern, so falsch wie ihr gewelltes Haar; und er, er springt im Takt dazu, der Weiberknecht.
LEUKE Dein Mann! Der Vater deines Kindes!
KORE Mein Kind braucht weder ihn noch mich.
LEUKE Was hast du vor?
KORE Ich habe meinen Dienst zu tun. Für das Griechenkind sorgt Artemis.
LEUKE Tu das nicht!
KORE Schau uns an! Hat dieses Waisenhaus sich nicht bewährt?
LEUKE Gib mir das Kind in deinem Schoß. Ich ziehe es groß für dich.
KORE Bleib du bei deinen Freiern.
LEUKE Die kenne ich nicht mehr. Mein altes Schicksal schütte ich in den Nil, wie saure Schafsmilch. Gib mir das Kind.
KORE Es hat Besseres verdient als eine betrunkene Hurenmutter.
LEUKE Besseres als eine Mutter, die es wegwirft.

KORE Die ihm sein Schicksal schenkt. Ein ganz besonderes.
LEUKE Bei mir. Ich habe Tag und Nacht auf dieses Kind gewartet, all die Jahre. Kein Mann hat mich jemals wirklich berührt, weil ich von diesem Wunsch erfüllt war. Hörst du, Kore? Gib mir zurück, was mir gehört.
KORE Hast du dir wieder zu viel Palmwein eingeflößt? Gar nichts gehört dir. Schon gar nicht das Kind in meinem Bauch. Und ein eigenes, das sage ich dir jetzt, wirst du niemals gebären! Nie!
LEUKE Du lügst!
KORE Die Halskette unter deinem Kleid! Die Kette des Osiris! Her damit!
LEUKE Die Kette brauche ich.

Leukes abrupter Aufbruch ähnelt einer Flucht. Kore nimmt die Verfolgung auf.

13.

Der tiefe Grund, auf dem der Zweck die Mittel heiligt

Die Wände des Archiv-Raums sind mit Gestellen umgeben, in denen Schriftrollen lagern. In der Haltung ägyptischer Schreiber sitzen Kore und Chepri einander auf dem Boden gegenüber. Die Getränke und Schüsseln mit Speisen sind unberührt geblieben. Chepri erhebt sich und verriegelt von innen die Tür. Als er danach einen Becher zum Mund führt, folgt Kore seinem Beispiel.

CHEPRI Du wolltest mich sprechen.
KORE Ja. Ich möchte verstehen.
CHEPRI Was? Was möchtest du verstehen?

KORE Meine Lippen bewegen sich, mein Kehlkopf vibriert, der ganze Körper zittert. Sind es Wörter? Sind es Schreie? Ist es ein Lied?
CHEPRI Es ist alles zusammen. Am Anfang Stöhnen und Schreien, dann unverständliche Worte, und schließlich, am Ende, Gesang.
KORE Ich kann nicht unterscheiden, was durch mich hindurchströmt. Aber du, Chepri, du hast es laut und deutlich gehört.
CHEPRI Der Oberpriester ist stets anwesend, wenn Amun spricht.
KORE Gehört und verstanden?
CHEPRI Gehört und verstanden, ja. Und nicht als einziger.
KORE Und es war wirklich, wie verzerrt sie auch war, meine Stimme, die es gesagt hat? Im Namen Amuns, unter seinem Standbild?
CHEPRI Deine Stimme.
KORE Und es ist wahr? Ich habe gesagt...
CHEPRI Du hast gesagt, in Amuns Auftrag und Namen, auf die Frage nach den Männern, die in der Nacht des Hebsed-Fests das Schatzhaus des Pharao geplündert haben: »Wozu fragt ihr nach dem Namen der Hand? Fragt nach dem Namen des Kopfes!« Und das haben wir getan. Wir haben nach dem Namen des Kopfes gefragt.
KORE Und der Name des Kopfes ist...
CHEPRI Chepri.
KORE Du siehst, ich bin dieses Amtes nicht würdig.
CHEPRI Warum glaubst du das?
KORE Wenn das Orakel lügt.
CHEPRI Es lügt niemals. Nicht durch eine Stimme wie deine.
KORE Chepri ein Feind des Pharao? Ist das die Wahrheit?
CHEPRI Ihre Oberfläche. Nicht ihr Grund. Der tiefe Grund, auf dem der Zweck die Mittel heiligt.
KORE Ich bin noch ein Niemand. Du kannst meine Stimme ersticken. Als hätte ich nie gesprochen.

CHEPRI Mein Name ist laut in der Kammer erklungen. Er hat sich tief in die Wände gebohrt und noch tiefer in die Ohren der Schreiber. Keine Silbe der Aussage ist ihnen entgangen. Jede einzelne wird morgen in der Großen Halle verlesen.
KORE Chepri, Amuns Diener, ein Hochverräter und ein Dieb!
CHEPRI Kein Dieb; aber einer, der Diebstahl und Grabraub geduldet hat.
KORE Warum? Wie kamst du dazu?
CHEPRI Damit dieses Land eine Zukunft hat.
KORE Durch die Verletzung seiner Heiligtümer?
CHEPRI Ägypten ist verknöchert und erstarrt. Wie die verkrümmte Wirbelsäule einer Greisin. Selbst unsere Ewigkeit ist alt geworden. Sie darf nicht mit Ägypten sterben, wenn morgen das Reich des Amasis zerfällt. Und das Reich des Königsmörders muss zerfallen. Aber Ägyptens Götter dürfen das Schicksal seiner Herrscher nicht teilen. Ihr Artemis-Kinder habt es mich gelehrt: ihre Zukunft liegt in Griechenland. Sie werden das Meer durchqueren und auf euren Inseln wiedergeboren, in anderer Gestalt und unter anderem Namen.
KORE Dem unserer Götter?
CHEPRI Ja.
KORE Warum lässt du dann ihre Statuen schänden?
CHEPRI Das war ein Schauspiel für die Augen von Scheschonk. Ein Teil meiner Tarnung.
KORE Es gab also Verdacht?
CHEPRI Ich konnte ihn entkräften. Und meine Arbeit weitertun. Jeder geweihte Gegenstand aus unseren Nekropolen, der in eure Städte gelangt, bildet einen Brückenkopf für unser Erbe: jedes Amulett, jedes goldene Sichelschwert und jedes Isisblut. Seine Unvergänglichkeit kann keinen besseren Überbringer finden als dieses Diebesgut. Darum habe ich ihm den Weg nach Norden geebnet, soweit es in meiner Macht stand. Und es stand in meiner Macht. Dank der richtigen Menschen an der richtigen Stelle, auf den Zollstationen, auf den Wüs-

tenwegen und in Kanobos. Aber einen Anschlag auf den Pharao, auf sein Schatzhaus, auf seinen Horusnamen, das habe ich nicht gewollt. Niemals!
KORE Er kostet dich alles.
CHEPRI Wenn er nur Naukratis nicht den Frieden kostet. Und, Kore, Amun nicht seine neue Stimme!
KORE Ich kann nichts versprechen, was nicht in meiner Macht steht.
CHEPRI Scheschonk wird verlangen, dass du ihm jeden Spruch des Gottes vorlegst, bevor er verkündet wird. Wenn er das tut, dann sage ja. Aber sag ihm auch: Wenn er Amuns Wort verfälscht, wird Amun ihn vernichten. Ihn, Scheschonk, und den Pharao, und schließlich ganz Ägypten, vom Delta bis zum großen Katarakt.
KORE Alles, was ich kann, ist dir zu sagen, was ich sehe: Was aus meinem Mund kam, ist längst in Scheschonks Ohr. Ich sehe, wie sich sein Mund verzieht. Er öffnet sich. Er schreit Befehle. Lauf, Chepri. Lauf um dein Leben.

14

Wie man mit den Schneidezähnen einen Knoten schlingt

Obwohl das Schiff nur ganz sachte schlingert und das geländerlose Dach unmerklich von einer Seite auf die andere schwankt, hat Leuke Mühe, das Gleichgewicht zu halten, weil der Weinschlauch, den sie immer wieder zum Mund führt, bereits zu einem beträchtlichen Teil geleert ist. Nachdem sie ihn abgesetzt hat, schüttet sie den Rest über Bord und versucht, mit den Zähnen ihre Hände vor der Brust zu fesseln. Die Tatsache, dass es sich bei der Fessel statt um einen geschmeidigen Strick um die Osiriskette handelt, verzögert den schwierigen Vorgang zusätzlich.

Irgendwann geht sie am Rand des Daches auf die Knie, um gegen die aufsteigende Übelkeit anzukämpfen.

LEUKE Gib dir keine Mühe, Nordwind. Meine Haare sind ein schlechtes Segel. Sie wollen fliegen, aber mein Körper fällt. Mein Abschiedslied: die Schreie der nubischen Esel, die sich paaren. Und aus den Kaschemmen die der Männer, die mich kannten. Sie haben mich bezahlt. Und jetzt ist keiner da, der mir die Hände vor der Brust zusammenbindet. Rabenmutter, wer immer du warst! Ich wollte keine Muttermilch, keine Umarmung und kein Wiegenlied. Aber wenigstens erfahren, wie man mit den Schneidezähnen einen Knoten schlingt! Oder sich mit den Ellbogen die Ohren zuhält, damit ich diesen Abgesang nicht höre, diesen Eselschor aus Schmerz und Geilheit.

Hinter Leukes Rücken erklimmt Ustani das Dach des Zollschiffs.

USTANI Was suchst du hier auf unserem Zollschiff, Leuke?
LEUKE *dreht sich zu ihr um und erhebt sich schwankend* Woher kennst du meinen Namen?
USTANI Schon immer. Was willst du hier?
LEUKE Ich schütte saure Schafsmilch in den Nil.
USTANI Und du bist nur deswegen da? Wolltest du mich nicht etwas fragen?
LEUKE Doch. Hilf mir mit dem Knoten. Ich bin zu betrunken.
USTANI *hilft ihr* Wozu brauchst du eine so teure Fessel? Aus Gold und Edelsteinen?
LEUKE Sie hilft beim Nichtschwimmen.
USTANI Drüben, in der Strömung, ist das Wasser klar. Willst du wirklich da hinunter? In diese dunkle Brühe um die Mole?
LEUKE Hier ist die Grenze. Das Niemandsland. Da gehöre ich hin.
USTANI Fertig, dein Knoten! Aber willst du nicht erst deinen Rausch ausschlafen?

LEUKE Ja. Im Wasser.
USTANI Schau, wo du hinspringst.
LEUKE Was sind das? Diese Buckel?
USTANI Spring. Dann merkst du es.
LEUKE Ein ganzer Buckelteppich!
USTANI Das ist ein Schmugglerzug.
LEUKE Ich sehe nur Schildkröten. Eine an der andern.
USTANI Duamutefs Lasttiere schwimmen diesmal unbeladen zurück.
LEUKE Duamutefs Lasttiere?
USTANI Ja. Er hat sie dressiert. Bei Bedarf können sie schwer beladene Reusen ziehen.
LEUKE Beladen womit?
USTANI Mit dem, was ein vornehmes Grab so hergibt. Die zweite Etappe übernehmen dann die Esel, bis zum Meer. Dort warten die Schiffe nach Aigina.
LEUKE Duamutef? Der Eiferer?
USTANI Der Eifer ist ein frommer Mantel für die sauberen Geschäfte. Die Liebe zu Hellas und Apoll ein edleres Mittel, Kumpane anzuwerben als die schiere Goldgier. Wie du selbst beweist.
LEUKE Ich bin weder Grabschänderin noch Diebin.
USTANI Woher hast du die Halskette, mit der du dich ertränken willst? Jetzt könntest du. Die Schildkröten sind fort. Der Weg ins Dreckwasser ist wieder frei. Aber statt da hinunter kannst du in ein neues Leben. Als reiche Frau.
LEUKE Und wie?
USTANI Duamutefs Zelt steht leer.
LEUKE Wo ist er?
USTANI Hals über Kopf geflüchtet, ohne sein Beutegut. Naukratis steht Kopf. Amuns Orakelpiester ist als Hochverräter angeklagt. Scheschonk nutzt die Gelegenheit zur großen Säuberung.
LEUKE Was geht mich das an? Wenn nur mein Knoten hält!

USTANI Erst schau in Duamutefs Zelt. Und dann schlaf deinen Rausch aus. Wenn du danach noch immer springen willst, knüpf ich dir selber deinen Knoten neu.
LEUKE Schwörst du?
USTANI Bei meinem Namen.
LEUKE Und der ist?
USTANI Ustani.

Leuke lässt sich von Ustani die Hände befreien und klettert vom Dach des Zollschiffs hinunter. Ustani begutachtet die Halskette ausführlich und steckt sie dann in eine Tasche ihres Gewandes.

15

Gold, das zum Geleit der Toten bestimmt war

Die Bespannung von Duamutefs Zelt ist an einer Seite zerrissen, ebenso wie die Trennwand im Innern. Grelles Tageslicht fällt auf ein Gewirr von Kisten, Säcken und umgestürzten Holzgestellen. Leuke hat die Teppiche, die den Boden bedecken, zur Seite geschoben, die darunter befindlichen Planken aufgerissen und wühlt in den Kisten, die dadurch zum Vorschein gekommen sind. Blut klebt an ihren Händen und in kleineren Spuren auch in ihrem Gesicht. Sie ist so in ihr Tun vertieft, dass sie Sarons Erscheinen erst registriert, als der Schatten seines Körpers auf ihre Hände fällt.

SARON Was ist das für Blut an deinen Händen?
LEUKE Keine Angst, Heseschkaf: nicht das deines Bruders.
SARON Wo ist er?
LEUKE Geflüchtet.
SARON Woher willst du das wissen?

LEUKE Schau dich um. Wahrscheinlich ist er unterwegs Richtung Meer.
SARON Er wird nicht weit kommen. Alle Straßen sind abgeriegelt. Überall marschieren Scheschonks Asiaten. Sie entwaffnen die griechischen Söldner.
LEUKE Und die lassen es zu?
SARON Die Hauptmacht hat sich im Lager verschanzt. Also sag schon: wessen Blut?
LEUKE Die Schildkröten haben geschnaubt, als ich herkam. Ich sah: sie hatten Haken tief in ihren Panzern stecken. Ich wollte sie davon befreien. Bei einer habe ich es auch versucht. Ich ahnte nicht, was dann passieren würde.
SARON Nämlich?
LEUKE Erst floss weißer Eiter aus der Wunde, und dann dunkelrotes Blut. Ich habe versucht, es ihr abzuwaschen, aber es floss immer weiter. Es hörte einfach nicht auf. Bis das Tier verendet war.
SARON Duamutef hat seine Schildkröten als Kuriere benutzt. Als Unterwasserstraße für sein Diebesgut. Bist du deswegen hier? Suchst du nach Bröseln, die vom Tisch gefallen sind?
LEUKE Es sind mehr als Brösel. Es ist die ganze reich gedeckte Tafel. Ja, deswegen bin ich hier. Und du, Heseschkaf? Ist Duamutef alias Kryon nicht dein Feind?
SARON Er war einmal mein großer Bruder, der schützend die Hand über mich hielt. Als kleiner Junge konnte ich nicht verstehen, warum er mich plötzlich im Stich ließ – von einem auf den andern Tag spurlos untergetaucht. Aber selbst als Ägyptenhasser bleibt er mein Bruder. Selbst als Dieb und Räuber. Oder fanatischer Narr.
LEUKE Du wolltest ihn warnen?
SARON Ja. Das wollte ich.
LEUKE Du siehst, seine Komplizen waren schneller.
SARON Auch Scheschonks Männer sind schnell. Beeil dich, Leuke. Greif zu. Pack dir ein Schleppnetz voll mit Gold. Ich

werde dich nicht hindern. Aber vergiss nicht: die Toten, zu deren Geleit es bestimmt war, die werden danach suchen. Dafür, dass du es ihnen wegnimmst, zahlst du einen Preis.
LEUKE Du bist doch Priester, Heseschkaf. Gibt es unter all diesen Schätzen nicht ein Amulett, das genau davor schützt?
SARON Ja. Das gibt es.
LEUKE Dann zeig es mir. Ich will nur das. Das eine Amulett und ein paar Edelsteine.
SARON Was gibst du mir dafür?
LEUKE Was braucht ein Priester, was ich geben könnte?
SARON Ich träume immer noch von deinen Brüsten. Von deinem Haar und deinem Schoß. Aber ich will nur einen Kuss. Einen Abschiedskuss von deinen Lippen.
LEUKE Du weißt doch, Saron: Ein Ägypter küsst eine Griechin niemals auf den Mund.

Saron erzwingt sich den Kuss und stößt Leuke dann so heftig von sich, dass sie zu Boden fällt. Als sie sich nach einiger Zeit erhebt, rafft sie eilig alle Schätze in eine Reuse, die sie sich schwer beladen auf den Rücken lädt. Als die das Zelt verlassen will, erscheint in dessen Eingang Ustani.

USTANI Kind, ist dir das nicht zu schwer?
LEUKE Es ist nicht schwer. Und ich bin kein Kind.
USTANI Damit kommst du nicht weit. Es ist zu schwer.
LEUKE Das trage ich allein. Und weit genug.
USTANI Wozu sind Esel da? Und wozu Mütter?
LEUKE Verschwinde.
USTANI Hör mir zu.

Ustani ergreift Leukes Arm und zieht sie ins Innere des Zeltes zurück.

16

Sprich, kleiner Amun, wenn du kannst

In der inneren Halle des Amuntempels füllt Kore eine Reihe von sieben Kupferschalen mit Safranwasser und summt dazu immer dieselbe Melodie. Dass der Gong vor der Schwelle einen Besucher ankündigt, stört sie nicht in ihrem Tun. Leuke, von einem Diener hereingeleitet, sieht ihr von weitem eine Weile zu, das Gesicht mit einem Kopftuch verdeckt. Als Kore sich dem Räucherwerk zuwenden will, ertönt der Gong ein zweites Mal. Kore schaut auf und gibt der Gestalt an der Tür ein Zeichen, sich zu nähern. Erst als Leuke vor ihr steht, enthüllt sie ihr Gesicht.

KORE Du, Leuke? Wieso haben sie dich hereingelassen?
LEUKE Ganz einfach. Ich habe eine Frage an das Orakel des Amun.
KORE *deutet auf die Reuse auf Leukes Rücken* Und was ist das da? Hat dich die Kundschaft mit dem letzten Fang bezahlt?
LEUKE Das ist kostbarer als Karpfen aus dem Nil.
KORE Zum Beispiel meine Osiriskette? Gib her!
LEUKE Ich habe sie nicht mehr.
KORE Wer hat sie dann?
LEUKE Unsere Mutter.
KORE Unsere wer?
LEUKE Ustani.
KORE Sie unsere Mutter? Welcher Verrückte hat dir das erzählt?
LEUKE Sie selber. Sie durfte nicht sprechen – bis jetzt.
KORE Wer hat es ihr verboten?
LEUKE Unser Erzeuger. Jedenfalls hat Ustani jetzt die Kette. Ich habe sie eingetauscht. Was sagst du zu dem Geschäft? *Sie schüttet den Inhalt der Reuse, Gold und Edelsteine, vor Kore auf den Boden.*
KORE Deine Geschäfte interessieren mich nicht.

LEUKE Das reicht für ein neues Leben in Kanobos. Mit oder ohne deinen Sophilos.
KORE Er interessiert mich nicht.
LEUKE Ohne Sophilos, aber vielleicht mit unserer Mutter?
KORE Dass ich nicht lache.
LEUKE Auch Ustani werden sie verfolgen. Für sie ist jetzt kein Platz mehr in Naukratis.
KORE Die Ratten werden immer überleben.
LEUKE Warum so maßlos stolz, du Rattenkind? Macht das das schöne rote Kleid? Gut, du kannst plötzlich hellsehen. Warum unbedingt in einem Tempel? Warum nicht auf dem Marktplatz, für einen guten Preis? Für diese Ware findest du immer Kunden. Die Frauen reicher Männer. Du wirst selber reich damit, in Kanobos oder in Griechenland. Komm mit.
KORE Ich habe andere Pläne.
LEUKE Also keine Gemeinschaft, Schwester? Dann wenigstens Frieden. Wenigstens Frieden zwischen dir und mir.
KORE Den gibt es nicht. Nur Abstand. Denn du wirst nie aufhören, mich zu beneiden. Erst um den Mann; dann um das Kind. Jetzt um mein neues Auge.
LEUKE Auch dieser Rausch vergeht. Der Reiz wird schal. Frag Ustani.
KORE Ich bin nicht die, die fragt. Ich gebe Antwort. Und dir sage ich als Antwort: nein. *Ab.*
LEUKE *allein* Ich habe schon verstanden, Kore! Alles gehört dir: dein Kind, dein Bauch, dein Schicksal. Und jetzt auch noch ein Gott, mit Stimme, Haut und Haar und seinem allsehenden Auge. Dir ganz allein, unter allen Griechinnen, Ägypterinnen, Nubierinnen, Libyerinnen in Naukratis! *Sie wendet sich dem Standbild zu und beginnt, die auf dem Boden ausgestreuten Kostbarkeiten vor ihm aufzubauen.* Amun, hörst du? Ist es wahr? Ist dir dieses kleine Mädchen lieber als ein Weib? Ich bin keine zarte Knospe, keine zirpende Zikade. Siehst du diese Brüste? An ihnen haben mehr Männer gesaugt als an denen der Isis.

Und dieser Schoß hat sie alle besessen. Auf die Liebe meiner Schwester spucke ich. Ich spucke sogar auf die Liebe zu dem Kind in ihrem Bauch. Ich spucke auf die Liebe meiner Mutter und auf alle Liebe dieser Welt. Gesalbt durch meine eigene Spucke stehe ich vor dir, Amun, als die bessere Orakelpriesterin. Die unbestechlichere Stimme; die wahrere Botschaft. Dring in mich ein. Du siehst, ich öffne mich für dich. *Sie entledigt sich ihres Gewandes und drapiert die Reuse wie ein Kleid um sich.* Und schmücke mich für dich. *Sie behängt die Maschen der Reuse mit kostbarem Grabschmuck und setzt sich zuletzt eine goldene Totenmaske auf.* Jetzt sprich, kleiner Amun, wenn du kannst. Nicht durch ein kleines Mädchen. Nicht durch kastrierte Priester und bartlose Eunuchen. Sprich durch eine richtige Frau. Ich, Leuke, bin deine gehorsame Stimme. Und ganz Naukratis hört. Amun, sprich!

Ihr Körper erstarrt. Aus der Kehle dringt leises Knurren und Fauchen, das allmählich lauter wird. Verzweifelt wehrt sie sich in stummem Kampf gegen die Macht, die von ihr Besitz ergreift. Irgendwann stürzt sie reglos zu Boden. Als sie sich wieder aufrichtet, hat ihr Kopf sich in den eines Krokodils verwandelt. Der Rachen öffnet sich und zeigt goldene Zähne. Der Körper gleitet zu Boden, wo er sich weiter, in Torso und Gliedmaßen, in ein Reptil verwandelt.

17

Siehst du, ich war ein Lebender auf der Erde

In Chepris Grabkammer verbreitet diesmal nur eine einzige Fackel spärliches Licht, doch genug, um die Risse in Chepris Gewand und die Schürfwunden auf seiner Haut zu erhellen. Er kauert reglos unter seiner eigenen Statue und reagiert zunächst nicht, als Ustani ihn mehrmals leise, aber eindringlich mit Namen ruft. Erst als sie sich ihm langsam nähert, hebt er den Kopf.

CHEPRI Du solltest mich nie wiedersehen.
USTANI Genauso wenig wie unsere Töchter.
CHEPRI Du hattest es geschworen.
USTANI Jetzt herrschen in Naukratis andere Gesetze.
CHEPRI In der Tat. Scheschonks Männer haben die Schranken des Tempels gesprengt, als wäre es der Zaun um einen Schweinestall. Nur ihr Gebrüll gab mir die Zeit für die drei Schritte bis zur Falltür.
USTANI Sie werden deinen Fluchtweg entdecken.
CHEPRI Ich weiß.
USTANI Du musst dich stellen.
CHEPRI Wem? Scheschonk? Der mich für einen Hochverräter hält?
USTANI Hat er damit Unrecht? Verrätst du nicht sogar den Gott, dessen Priester du warst?
CHEPRI Ich diene ihm auf meine Weise.
USTANI Ein ganz besonderer Dienst! Hat Amun ihn je verlangt? Die Prüfung der griechischen Götter? Die der griechischen Mädchen für den Orakeldienst? Die Förderung von Grabraub, Schmuggel, Hehlerei?
CHEPRI Ich wollte das Beste.
USTANI Etwas Besseres als das Leben?
CHEPRI Etwas über das Leben hinaus.
USTANI Als ob es das gäbe.
CHEPRI Den Dienst am Unsichtbaren.
USTANI Und dafür opferst du die eigenen Kinder?
CHEPRI Amun verlangt Propheten, die nicht wissen, wer sie sind und woher sie kommen. Ohne Schicksal und darum für jedes Schicksal offen. Findlinge, die der Gott aus der Gosse aufliest, verwandelt und zu seinem Sprachrohr macht.

USTANI Du gönnst niemandem Heimat, niemandem Geborgenheit, niemandem eine Mutter, weil du all das nicht kennst. Nicht einmal deinen eigenen Töchtern gönnst du es. Darum hast du mich gezwungen, sie auszusetzen. Du hattest die Macht dazu. Aber Kore werde ich warnen. Sie darf ihr Kind nicht verstoßen.
CHEPRI Du hast geschworen.
USTANI Die alten Schwüre gelten nicht mehr.
CHEPRI Sie wird nicht auf dich hören. Sie hat Wichtigeres zu tun.
USTANI Du bist kein Mensch.
CHEPRI Auch ich, Ustani, habe Wichtigeres zu tun.
USTANI Was? Was hast du, Chepri, noch zu tun außer zu sterben? Siehst du die Osiriskette?
CHEPRI Die an meiner Statue fehlt? Leg sie zurück. Ich brauche sie.
USTANI Und zwar sehr bald. Der Totenrichter wird dich danach fragen.
CHEPRI Gib sie mir.
USTANI Erst wenn er die Zeugen ruft. Dann werde ich, Ustani, auftreten und sagen: »Dieser Mann hat nicht die Waisen beschützt. Er hat den Witwen nicht Recht verschafft. Er hat nicht die Nackten gekleidet. Die ohne Boot waren, die hat er nicht übergesetzt.« Du wirst nicht gerechtfertigt unter den Toten. Osiris stößt dich zurück in das, was du getan hast, anstatt dich zu verklären.
CHEPRI Wenn mich Osiris nicht verklärt, dann tut es sein Bruder. Dann tut es Seth.
USTANI Seth kann nur zerstückeln, nicht verklären.
CHEPRI Sind zerstückeln und verklären nicht ein und dasselbe?
USTANI Seth liebt niemanden, auch dich nicht, Chepri. Auch die ihm dienen, die zerstört er.
CHEPRI In dreitausend Jahren werden wir es wissen.
USTANI Aber zerstören wird er dich jetzt. Hörst du das Geklirr?

CHEPRI In dreitausend Jahren, wenn wir gemeinsam vor meiner Statue stehen und mühsam die Inschrift entziffern...
USTANI Scheschonks Büttel! Sie werden dich fassen.
CHEPRI »O ihr Lebenden auf der Erde, die vorbeigehen werden an diesem Grab, die ihr das Leben liebt und den Tod hasst...«
USTANI Jetzt kommen sie!
CHEPRI Siehst du? Ich war ein Lebender auf der Erde. Und ich hasse ihn nicht, den Tod.
USTANI Ob du ihn hasst oder nicht, jetzt ist er da.

Die Fackel flammt noch ein paar Mal auf, bevor sie endgültig erlischt.

APELLES UND KAMPASPE
Das Vexierbild

frei nach Motiven von John Lyly

KAMPASPE, kriegsgefangene Thebanerin
TIMOKLEA, kriegsgefangene Thebanerin
ALEXANDER, König der Makedonen
HEPHAISTION, Feldherr Alexanders
KLYTUS, Feldherr Alexanders
APELLES, Maler
DIOGENES, Kyniker
ARISTANDROS, Philosoph und Priester des Zeus
MANES, Diener des Diogenes
PSYLLA, Schülerin des Apelles
DAIMONAX, Musikant

Athen zur Zeit Alexanders des Großen.

1

Nach der Zerstörung Thebens im Jahre 335 v.u. Z. hat Alexander der Große einen Teil seiner Beute an Schätzen und Kriegsgefangenen nach Athen führen lassen, das dem Eroberer keinen Widerstand entgegensetzt. In der geistigen Hauptstadt Griechenlands will er seine militärischen Triumphe durch die Koryphäen von Kunst und Wissenschaft feiern und verewigen lassen. Aus dem Zug der Gefangenen, die an makedonischen Offizieren vorübergeführt werden, treten zwei junge Thebanerinnen heraus.

KAMPASPE Scheint das Schicksal nicht über Theben zu spotten, Timoklea? Seine Mauern wurden zu den Klängen der Harfe erbaut, und das Gedröhn der Trompeten brachte sie zum Einsturz!

TIMOKLEA Einen weisen Menschen hat das Schicksal noch nie betrogen, denn ein Weiser hat ihm noch nie vertraut. Lass den Mut nicht sinken, Kampaspe. Vielleicht lässt es auch Theben wiederauferstehen.

KAMPASPE Alexander hätte seine Wälle nicht betreten, und in seinen Straßen tummelten sich noch fröhlich seine Bewohner, hätte ein Mann wie dein Bruder es beschützt.

TIMOKLEA Theagenes ist gefallen, und wir sind gefangen; den Nacken im Joch der Gewalt, aber im Herzen ungebeugt.

HEPHAISTION Ihr Frauen, seid nicht in Angst: Euer Eroberer ist Alexander.

TIMOKLEA Alexander hat Theben erobert, aber nicht uns.

HEPHAISTION Sich alles unterwerfen, heißt alles erobern.

TIMOKLEA Das Göttliche kann er sich nicht unterwerfen.

HEPHAISTION Theben war es nicht.
TIMOKLEA Thebens Seele ist es.
HEPHAISTION Wenn dem so ist, dann wird Alexander sie achten. Das ist Teil seiner Größe: Im Kampf so unerbittlich wie ein Feldherr, im Sieg so gnädig wie ein Gott.
KAMPASPE Wenn es etwas so Großes ist, Alexander zu sein, dann ist es hoffentlich nichts allzu Geringes, eine einfache junge Frau zu sein.
HEPHAISTION Eure Ehre, Leib und Leben, alles ist bei ihm in bester Hut.
TIMOKLEA Einen Teil meines Lebens haben mir seine Soldaten schon entrissen: meine Kythara.
KLYTUS Wenn Ihr erlaubt, werde ich Euch Euer kostbares Instrument ersetzen.
TIMOKLEA Zu viel der Ehre für die Kriegsgefangene!
KLYTUS Ich biete Euch anstatt Gefangenschaft Asyl. In meinem Gartenhaus werdet Ihr sicherer sein als im Tempel der Athene.
TIMOKLEA Wer verbürgt mir diese Sicherheit?
KLYTUS *neigt den Kopf, weil er Alexander erscheinen sieht* Der Eid des Klytus!
ALEXANDER Hephaistion, woher sind diese Gefangenen?
HEPHAISTION Eure Hoheit, es sind Thebanerinnen.
ALEXANDER Welchen Standes?
HEPHAISTION Durchaus hohen, wie mir scheint.
ALEXANDER *zu Timoklea* Meine Dame, woher Ihr seid, weiß ich wohl, doch wer, das sagt mir bitte selbst.
TIMOKLEA Ich, Timoklea, bin die Schwester des Theagenes, der bei Chaironea gegen Euren Vater Philipp eine Schlacht schlug, in der er – auf tapfere Weise, wie alle sagen – den Tod fand.
ALEXANDER Aus Euren Worten, Timoklea, sprühen noch Funken von Eures Bruders Taten, auch wenn ein bittereres Los Euch traf. *Zu Kampaspe* Und wer seid Ihr, schöne Dame? Eine zweite Schwester des Theagenes?

KAMPASPE Ich, Kampaspe, bin Alexanders gehorsame Dienerin und Urenkelin des Sängers Pindar.
ALEXANDER Welche Ehre wäre es für Alexander, wenn seine Taten einen Sänger wie Euren Ahnherrn fänden! Wir werden Euch so behandeln, wie es diesem Namen entspricht. Athen wird Euer Theben sein, und statt Vertriebene des Krieges werdet Ihr Schutzbefohlene des Königs. Klytus, führ die Damen in die Stadt und schaff ihnen angemessenes Quartier. Sieh zu, dass niemand ihnen zu nahe tritt, und lass sie mit allem Nötigen reichlich versorgt sein.

Klytus führt die beiden Gefangenen ab.

ALEXANDER Hephaistion, jetzt, wo die Waffen ruhen, sollen die Künste blühen, die Musen regieren und die Weisheit sprechen. Wir wollen die Kraft des Geistes mit der des Schwertes verbinden und ebenso gute Philosophen wie Soldaten sein.
HEPHAISTION Welcher Staat ist glücklicher als der, dessen Verwalter sowohl Feldherren als auch Philosophen sind? Goldene Zeiten für Athen! Für Griechenland! Die Welt!
ALEXANDER Geduld, Hephaistion, Geduld!

2

DAIMONAX Manes, wo hast du die ganze Zeit gesteckt?
MANES Ich war für ein paar Tage in Klausur.
PSYLLA Du meinst: hinter Schloss und Riegel!
MANES Ich habe sie prompt transzendiert. Wozu bin ich Schüler des Diogenes?
PSYLLA Das heißt, du hast die Haftanstalt gewechselt.
MANES Wie meinst du das, Psylla?

PSYLLA Steckst du nicht im Körper, dem Gefängnis der Seele?
MANES Von der man nicht sicher weiß, ob sie unsterblich ist. Im Gegensatz zu meinen Schulden.
PSYLLA Dann sei froh, dass du kein Geld hast.
MANES Wieso?
PSYLLA Dann wäre deine Unsterblichkeit in Gefahr.
MANES Haha. Das war ein Sparwitz.
DAIMONAX Damit dein verhungerter Grips hinterherkommt.
MANES Bei deinem Brotgeber kennst du keine Hungersnöte, Daimonax; die Musik nährt ihren Mann. *Zu Psylla.* Und auch die Maler wissen zu tafeln.
PSYLLA Glaubst du, Apelles verköstigt mich besser als Diogenes dich? Der eine predigt zum Mittagessen den Nährwert der Abstinenz und der andere den der Ästhetik.
MANES Der schöne Schein macht manchen fett.
PSYLLA Wenn dir der Sinn nach einem echten Lammrücken steht, was nutzt dir dann ein gemalter? Löscht dir ein voller Pokal auf der Leinwand den Durst in der Kehle?
DAIMONAX An deinem Rock gemessen ist dein Lehrer kein Knauser.
PSYLLA An der Fourrage spart er so, dass mir bei der Arbeit die Spucke in die Farbe tropft.
MANES Und ich kaue auf dürren Sentenzen herum wie »Der Bauch ist des Kopfes Grab.«
DAIMONAX Wovon lebst du dann?
MANES Von langen Fingern und von Fersengeld.
PSYLLA Also von der Quintessenz der kynischen Weisheit.
DAIMONAX Wenn ihr wollt, verkosten wir heute Abend die Quintessenz der attischen Trauben. Ihr müsst nur ein paar Takte meines Meisters mit mir einstudieren.
PSYLLA / MANES *gleichzeitig* Ich kann nicht singen!
DAIMONAX Es geht um eine Volkshymne für den großen Alexander, die in Zukunft jedem Athener beim Anblick eines Makedonen spontan über die Lippen kommt.

PSYLLA War das eine spontane Idee von Hippikos?
DAIMONAX Auf nachdrücklichen Wunsch des neuen Stadtkommandanten, General Klytus. Er verlangt eine so simple Weise, dass jeder Trottel sie singen kann.
MANES Und was hat jeder Trottel davon?
DAIMONAX Ihr beiden Trottel: bei Hippikos' Symposien einen Platz am Katzentisch.
PSYLLA *zeigt auf Manes* Der Katzentisch für einen Hundesohn, das gibt Gekläff.

3

KLYTUS Dass ein Diogenes die Einladung eines Alexander ausschlägt, das ist er seinem Wahnwitz schuldig. Aber Krates! Hat etwa auch er dem Menschsein abgeschworen und sich fürs Hundsein entschieden? Steht da wie eine Salzsäule mit einer Buchrolle in der Hand, starrt in den Himmel und verzieht auf meinen Gruß keine Miene.
ALEXANDER Welch hoher Grad kontemplativer Entrückung!
KLYTUS Lasst mich die athenische Philosophenschaft das nächste Mal auf meine Weise laden. Meine Männer bringen sie zu zehnt auf einem Eselskarren, an einen langen Strick gebunden, der sie über Verbindlichkeit belehrt.
ALEXANDER Noch, Klytus, haben wir sanftere Mittel der Überredung. Wenn die nicht fruchten, lassen wir die strengen walten.
KLYTUS Mir scheint, in solchen wie Krates, Chrysipp und Aristarch kommt der Geist der ganzen Stadt zum Ausdruck. Hier in Athen sind Zucht und Ordnung so sehr zerfressen von Demokratie und Sophisterei, dass selbst die Philosophen nicht mehr wissen, was ein König ist.

ALEXANDER Sie werden es wieder lernen.
KLYTUS Wo? Es gibt hier keine Aufsicht über die Akademien und Schulen. Überall herrscht Laxheit! Härte, Disziplin, Soldatentum – das alles überlässt man Sparta.
ALEXANDER Der Missstand lässt sich ändern, Klytus. Jetzt bring ihn herein, den Alleinvertreter der Athener Philosophenschaft.

Nachdem Klytus Aristandros hereingeführt hat, geht er auf ein Zeichen Alexanders ab.

ALEXANDER Meine Einladung an die Weltweisen Athens war nachdrücklicher gemeint, als Euer einsames Erscheinen, Aristandros, es bekundet.
ARISTANDROS Selbst Philosophen, Eure Hoheit, haben manchmal dringende Geschäfte.
ALEXANDER Was ist dringlicher als eines Königs Ruf?
ARISTANDROS Für mich nur der der Götter. Doch Männer wie Euer einstiger Lehrer Aristoteles besitzen ihre eigene Sicht.
ALEXANDER Sie werden lernen, dass auch ein Philosoph den Königen Gehorsam schuldet.
ARISTANDROS Nur ein Narr wird ihn verweigern.
ALEXANDER In Athen gibt es offenbar Narren genug.
ARISTANDROS Ihr meint Diogenes und seinesgleichen?
ALEXANDER Seinesgleichen scheinen zahlreich zu sein. Kann es sein, Aristandros, dass ein König seine Philosophen zur Vernunft bringen muss?
ARISTANDROS Durchaus, wenn sie noch nicht dort sind.
ALEXANDER Was glaubt Ihr: Ist ein Philosoph, der die Peitsche spürt, noch Philosoph?
ARISTANDROS Es ist sein Recht, sie zu spüren; aber sich ihr zu beugen macht ihn vom Philosophen zum Schwätzer.
ALEXANDER Das Schwätzen mag hingehen, aber das Murren verdrießt.

ARISTANDROS Welches athenische Murren kam Euch zu Ohren, Herr?
ALEXANDER Hinter vorgehaltener Hand geäußerter Unwillen, dass Alexander göttliche Abkunft für sich beansprucht.
ARISTANDROS In Athen gilt dieser Anspruch als Privileg der Heroen, Unsterbliche erst nach ihrem Tod.
ALEXANDER Und Ihr, Aristandros, teilt Ihr die Meinung Athens?
ARISTANDROS Eher die des großen Pindar, als er dem Olympiasieger Psaumis den Rat gab: »Genießt da einer Gesundheit und Glück, ist mit Gütern gesegnet und fügt Ruhm dem allem hinzu, dann erstrebe er nicht noch das Gottsein!«
ALEXANDER Gilt das Dichterwort gleichermaßen für Könige und für Athleten?
ARISTANDROS Teilen sie nicht ein und dieselbe Sterblichkeit?
ALEXANDER Teilt Ihr, Aristandros, nicht die Meinung meines einstigen Lehrers, Gott sei der erste Beweger?
ARISTANDROS Die teile ich sehr wohl.
ALEXANDER Bin ich als König nicht der erste Beweger meines Reiches?
ARISTANDROS Ja, insofern Euer Wille darin alles Menschliche bewegt. Und nein, insofern Ihr es nicht erschaffen habt.
ALEXANDER Wenn ich ein Weltreich erschaffen werde, bin ich dann nicht sein Schöpfer?
ARISTANDROS Ihr ordnet menschliche Verhältnisse neu, aber Ihr erschafft sie nicht.
ALEXANDER Gehört das Licht, das die Welt erhellt, noch zu ihrem ersten Beweger oder bereits zum Bewegten?
ARISTANDROS Es scheint mir zwischen beiden der unstoffliche Mittler.
ALEXANDER Ist, wer die Welt beherrscht, nicht auch ein Mittler dieser Art?
ARISTANDROS Uns Athenern schien das Amt, von dem Ihr sprecht, bislang den Priestern vorbehalten.

ALEXANDER Zum Beispiel einem Zeuspriester wie Euch, Aristandros. Aber ich frage nicht den Priester, sondern den Philosophen: Ist es nicht eine Gnade für die Untertanen, in ihrem Herrscher ungeachtet seiner irdischen Abkunft einen Gott zu erblicken? Stärkt es nicht ihr Vertrauen, vertieft ihre Geborgenheit und erleichtert ihren Gehorsam?

ARISTANDROS Nicht dauerhaft, wenn diese vermeintliche Gnade in Wahrheit auf Betrug beruht.

ALEXANDER Kann ein Götterspruch nicht das, was als Betrug erscheint, als höhere Wahrheit adeln?

ARISTANDROS Eure Hoheit, ist dies ein Ansinnen an den Orakelpriester?

ALEXANDER Nein, ein Gedankenspiel. Ein Ansinnen habe ich gleichwohl: Das Orakel des Zeus möge mir sagen, wann ich meinen Zug nach Persien am günstigsten beginne.

ARISTANDROS Der nächste Neumond ist die beste Gelegenheit, es zu befragen.

ALEXANDER Nutzt sie, Aristandros. Und was immer mir der Gott verkündet: Seid Euch im Voraus meiner Dankbarkeit gewiss.

ARISTANDROS *verneigt sich* Eure Hoheit!

4

ARISTANDROS Diogenes, du warst pflichtvergessen: Du hast dem König nicht Deine Aufwartung gemacht!

DIOGENES Und du hast deinen Beruf vergessen. Denn du hast es getan.

ARISTANDROS Du bist so stolz auf deine Misere wie andere auf ihre Medaille.

DIOGENES Und du, Philosoph, schaust so weit zum Staatsmann hinauf wie der Staatsmann auf den Philosophen herab.

ARISTANDROS Und du? Wie kannst du dich so weit erniedrigen, dass du sogar bettelst?
DIOGENES Ganz einfach, ich habe an Statuen geübt.
ARISTANDROS Und in der Jugend hast du sogar Geld gefälscht!
DIOGENES Nein, berichtigt! Weil Geld immer Falschgeld ist, habe ich aus dem falschen Falschgeld richtiges Falschgeld gemacht.
ARISTANDROS Und erst vor kurzem hat man dich gesehen, wie du aus dem Bordell herauskamst.
DIOGENES Aus dem Bordell herauszukommen hat nichts Ehrenrühriges. Höchstens in eins hineinzugehen.
ARISTANDROS Wozu bist du dann hineingegangen?
DIOGENES Um Unterricht zu geben, wie man Freier wird.
ARISTANDROS Nennst du das auch Unterricht, dass du öffentlich deine Lust an dir selbst befriedigst?
DIOGENES Ist es besser, heimlich die Lust an sich selbst zu bekriegen?
ARISTANDROS Du verdirbst mit deinem Beispiel die Jugend.
DIOGENES Dann sind Hunde und Katzen die größten Jugendverderber.
ARISTANDROS Immerhin lebst du im kategorischen Imperativ der Hunde.
DIOGENES Und wie heißt der?
ARISTANDROS Fass!
DIOGENES Dein Glück, Aristandros, dass ich in meinem Fass ein kategorischer Befehlsverweigerer bin.
ARISTANDROS Das schützt uns nicht vor deiner Tollwut.
DIOGENES Ist sie nicht die einzige Wut, die in ein Tollhaus passt?
ARISTANDROS Du predigst alles, was sich nicht gehört.
DIOGENES Mein Gehör lauscht der Natur, und die gehört sich selbst.
ARISTANDROS Diogenes, du bist nicht bei Verstand.
DIOGENES Nicht bei Deinem. Und dafür danke ich den Göttern.

ARISTANDROS Zieh nicht auch noch die Götter in deinen Dreck.
DIOGENES So sauber wie eure Tempel ist selbst mein Hintern allemal.
ARISTANDROS Lebwohl, Diogenes! Zum Zeichen meiner Hochachtung spucke ich dir vor die Füße.
DIOGENES Und ich, Aristandros, scheiße dir zum Zeichen meiner Kotachtung auf den Kopf.
ARISTANDROS Seit wann ist Diogenes unter die Frisöre gegangen?
DIOGENES Seit ich als Spucknapf nicht tauge.

5

ALEXANDER Ihr seid überrascht, Kampaspe.
KAMPASPE Das bin ich in der Tat. Über das Ausmaß dieser Ehre.
ALEXANDER Und auch in Furcht?
KAMPASPE Zumindest in Ungewissheit über den Zweck meines Hierseins.
ALEXANDER So wenig vertraut Ihr meinem Schutzversprechen?
KAMPASPE Ist nicht, wie der aller Sterblichen, auch der Sinn der Könige höchst wandelbar?
ALEXANDER Ich kann Euch über den Zweck meiner Einladung beruhigen.
KAMPASPE Welcher ist das?
ALEXANDER Die Verewigung von Ruhm und Ehre durch die Kunst. In deren Dienst möchte ich Eure Schönheit stellen.
KAMPASPE Für die gibt es gewiss berufenere Vertreterinnen als eine kriegsgefangene Sklavin.
ALEXANDER Keine taugt als Sinnbild Thebens, der Stadt, die ich erobert habe, so wie Ihr.
KAMPASPE Ich bin nicht die einzige Thebanerin in Euren Ketten. Warum wählt Ihr ausgerechnet mich?

ALEXANDER Es scheint nicht, als wüsstet Ihr die Gunst zu schätzen. Oder wie deute ich dieses Erbleichen?
KAMPASPE Als Ausdruck der Befangenheit. Noch niemals habe ich einem Maler Modell gestanden.
ALEXANDER Apelles weiß Euch diese Befangenheit zu nehmen.
KAMPASPE Apelles? Wer ist das?
ALEXANDER Der Mann, dessen Meisterschaft Eurer Schönheit gerecht wird.
KAMPASPE Wie wird er mich malen? Als Stadt oder als Frau?
ALEXANDER Als Sinnbild und als sinnliche Gestalt, wie es nur seine Kunst vermag.
KAMPASPE Welche Fesseln muss ich als Gefangene tragen?
ALEXANDER Keine. In Fesseln liegen soll nicht einmal Euer Haar. Gönnt Ihr mir einen Vorgeschmack auf seine Freiheit? Wollt Ihr mir seinen Knoten lösen?
KAMPASPE *tut es* Und worauf ruht mein Blick? Auf der verbrannten Erde?
ALEXANDER Die blühenden Wangen lassen die verbrannte Erde vergessen. Ebenso eine entblößte Schulter, wie Elfenbein vor blauem Grund. Bitte die rechte.
KAMPASPE Ihr sprecht mit Theben. *Sie entblößt die Schulter.* Und Theben hat sich dem Eroberer bedingungslos ergeben.
ALEXANDER Der Theben in Euch bedingungslos bewundert.
KAMPASPE Dann erlaubt, dass die Bewunderte ihre Schulter bedeckt.
ALEXANDER Es ist die Kunst, die Euch die Blöße abverlangt.
KAMPASPE Ist es die Kunst oder die Macht, die ich jetzt sprechen höre?
ALEXANDER Die Macht, die eine Bitte ausspricht, für die Kunst.
KAMPASPE *verhüllt ihre Schulter* Erlaubt, dass ihr Gegenstand die Blöße für den Künstler aufspart.
ALEXANDER Das ist kein Verlust, weil diese Weigerung mir Eure Seele zeigt.
KAMPASPE Auch die soll Euer Maler malen?

ALEXANDER Die Seele Thebens und die Eure, Kampaspe.
KAMPASPE Ich muss Euch warnen, Herr. Sie bietet keinen schönen Anblick.
ALEXANDER Sie lässt keinen Makel erahnen.
KAMPASPE Ich kann ihn Euch nennen.
ALEXANDER Das müsst Ihr nicht.
KAMPASPE Es ist die Trauer.
ALEXANDER Ein Ansporn, sie durch schöne Dinge zu zerstreuen.
KAMPASPE Trauer um das Verlorene.
ALEXANDER Schafft jeder Verlust nicht Raum für Neugewinn?
KAMPASPE Diesen Gewinn kann ich noch nicht erkennen.
ALEXANDER Erkennt Ihr nicht, wer vor Euch steht?
KAMPASPE Ein Feldherr, König und Eroberer.
ALEXANDER Diesmal sehe ich Euch erröten.
KAMPASPE Gern, Herr, erlernte ich Eure Kunst, die des Befehlens. Doch meine Scham gehorcht mir nicht.
ALEXANDER Zum Glück!
KAMPASPE Ihr lasst mir keine andere Wahl als zu verstummen.
ALEXANDER Das könnt Ihr nicht. Schon Euer Anblick ist Musik.

Kampaspe senkt den Kopf.

6

DAIMONAX Wieso steckst du nicht bei deinem Meister im Fass und lernst Hund?
MANES Diogenes läuft mit der Fackel um die Akropolis und sucht die Freiheit Athens. Mich hat er in die Unterstadt geschickt.
DAIMONAX Um was zu suchen? Athens Knechtschaft?
MANES Etwas Schwierigeres.
DAIMONAX Einen Menschen?

MANES Noch schwieriger.
DAIMONAX Einen Gott?
MANES Aber nicht doch. Wir reden von etwas Erhabenem.
DAIMONAX Das wäre?
MANES Mein Mittagessen! Daimonax, ich zähle auf dich.
DAIMONAX Und ich, kann ich auf dich zählen? Unsere Hymne ist vollendet. Bis auf den Text.
MANES Ich übe täglich. Vor dem Fasten. *Er singt einen falschen Ton.* Und nach dem Fasten. *Er singt nicht ganz so falsch.*
DAIMONAX *serviert ihm die Reste einer Mahlzeit* Wenn unser Koch so salzen würde wie du singst!
MANES Vor dem Singen muss ich heute schreien.
DAIMONAX Bitte nicht hier.
MANES Ach woher! Auf den Straßen.
DAIMONAX Tut dir was weh?
MANES Nein. Ich muss was ausschreien.
DAIMONAX Du meinst: ausrufen.
MANES Nein. Ausschreien. Wie ein Marktschreier.
DAIMONAX Also auf dem Markt.
MANES Nein. Auf den Straßen.
DAIMONAX Also doch ausrufen.
MANES Schreien kann auch rufen heißen. Das gibt es manchmal, zwei Worte für ein und dasselbe. Wie zum Beispiel Daimonax und Trottel.
DAIMONAX Weißt du sonst keinen Dank für deinen Imbiss als bissige Bemerkungen?
MANES Deine scharfe Küche schärft meinen Witz. Er braucht dringend ein Ziel, sonst beißt er sich selbst.
DAIMONAX In den Schwanz?
MANES Nein, in den Hintern.
DAIMONAX Warum muss ich für deinen Hintern den Kopf hinhalten?
MANES Weil sich dein Kopf als Hintern bestens eignet.
DAIMONAX Das sagt ausgerechnet ein A...gesicht wie du.

MANES Willst du gar nicht wissen, was ich ausposaunen muss?
DAIMONAX Lieber nicht, bei der Posaune.
MANES Eine Bekanntmachung. Mein Meister Diogenes wird morgen fliegen. Mitten auf der Agora.
DAIMONAX Der Hund hat einen Vogel.
MANES Komm um halb zehn. Dann wirst du es erleben. Jetzt muss ich mich warmschreien.

7

APELLES Meine Dame, ich weiß nicht, ob irgendeine meiner Farben genügend Leuchtkraft besitzt, um Eurer Ausstrahlung gerecht zu werden.
KAMPASPE Ich dachte, Euer Auftrag sei, zu malen, und nicht, Komplimente zu drechseln. Aber der Hässlichkeit lässt sich mit dem Mundwerk wohl leichter etwas abgewinnen als mit dem Pinsel.
APELLES Immer wieder stellen Frauen Männer vor das Rätsel, wie der Kreis so großer Schönheit in das Quadrat solcher Bescheidenheit hineinpasst.
KAMPASPE Seid Ihr durch den Umgang mit den Farben der Schönfärberei verfallen?
APELLES Jedenfalls reizt es mich, die Euren einzufangen, wenn Ihr mich in meine Werkstatt begleiten wollt. Alexander wird bald hier erscheinen, um sich über den Fortgang meiner Arbeit ein Bild zu machen. – Psylla, wenn jemand Geringeres nach mir fragt, dann sagst du: »Mein Herr ist nicht daheim.«
PSYLLA *zu sich selbst* Das ist typisch. Malt er Zeus, Mars oder Hephaistos, dann lässt der Meister mich mit einer Hand Farben reiben und mit der anderen die Kerze halten. Geht es aber um ein schönes Weib, dann werde ich draußen als Schildwache abgestellt. *Sie geht unwillig ab.*

APELLES *beginnt zu malen* Eure Augen machen es mir schwer.
KAMPASPE Wie das?
APELLES Ihr versteckt sie vor mir, als seien es zwei Diamanten, die ich Euch entwenden könnte. Dabei will ich doch nur ihren Glanz einfangen.
KAMPASPE Vielleicht fürchten sie jede Art von Gefangenschaft.
APELLES Außer der, die sie anderen bereiten.
KAMPASPE Wenn Ihr die fürchtet, dann malt mich ohne Augen.
APELLES Fast will mir scheinen, Ihr tragt eine Maske.
KAMPASPE Dann seht Ihr, Apelles, mehr als ich.
APELLES Wurdet Ihr je zuvor gemalt, Kampaspe?
KAMPASPE Nein. Und ich wünschte, Ihr maltet mich für alle und jeden unsichtbar.
APELLES Was für eine Missgunst gegen alle und jeden.
KAMPASPE Nein, Fürsorge: Als Gefangene will ich alle und jeden vor einem Schicksal wie meinem bewahren.
APELLES Es ist Missgunst, Eurem Abbild einen Platz unter all diesen Gemälden zu verweigern.
KAMPASPE Was sind das für Bildnisse?
APELLES Dies hier ist Leda, der sich Zeus in Gestalt eines Schwans genähert hat.
KAMPASPE Was für ein schönes Weib, und was für ein hässlicher Betrug!
APELLES Hier seht Ihr Alkmene. Zeus erschien ihr in Gestalt ihres Ehemanns Amphitryon, und so wurde Herkules gezeugt.
KAMPASPE Ein so berühmter Sohn, und eine so infame Tat!
APELLES Steht Zeus, als Gott, nicht über jeder Infamie?
KAMPASPE Im Gegenteil. Je göttlicher der Täter, desto infamer das Verbrechen.
APELLES Ihr urteilt streng. Wart Ihr, Kampaspe, nie verliebt?
KAMPASPE Niemals!
APELLES Dann habt Ihr vielen wehgetan.
KAMPASPE Wie könnte ich das?
APELLES Weil ganz gewiss viele Euch liebten.

KAMPASPE Vielleicht hat mir manch einer geschmeichelt.
APELLES Wozu schmeicheln, wo Schönheit für sich selber spricht?
KAMPASPE Ihr habt Erato nie gesehen.
APELLES Erato? Wer ist das?
KAMPASPE Ein Wesen, in der Knospe schöner, als meine Blüte es je sein kann. Die Knospe wird nie blühen.
APELLES Welcher Winter ließ sie erfrieren?
KAMPASPE Der Winter Krieg. Der Winter Tod. Der Winter Alexander.
APELLES Eine Thebanerin?
KAMPASPE Meine jüngere Schwester. Wir nannten sie nur Aro.
APELLES Sehe ich recht, Kampaspe? Ihr lüftet Eure Maske?
KAMPASPE Den vollen Namen, Erato, hatten wir aufgespart für die junge Frau.
APELLES Ihr zeigt mir Eure Augen.
KAMPASPE Hört auf, Apelles. Malt nicht weiter.
APELLES Ich sehe: Theben weint.
KAMPASPE Seit wann können die Steine weinen?
APELLES Ich bitte Euch, bewegt Euch nicht, Kampaspe!

Er nähert sich ihr. Kampaspe schlägt ihm den Pinsel aus der Hand.

8

KAMPASPE Er hat es nicht ausgesprochen. Aber ich habe es seinen Augen angesehen, Timoklea. Die blieben nicht stumm.
TIMOKLEA Was haben dir seine Augen gesagt?
KAMPASPE Sein Begehren. Gemischt mit Widerwillen.
TIMOKLEA Widerwillen?
KAMPASPE Ja. Widerwillen, zu diesem Begehren gezwungen zu sein.

TIMOKLEA Und seine Worte, was sagten die?
KAMPASPE Dass mich Apelles malen soll als Sinnbild des besiegten Theben. Auf welche Weise. Wo bedeckt und wo verhüllt.
TIMOKLEA Arme Kampaspe. Jetzt wirst du doppelt erobert.
KAMPASPE Er wird mir niemals Gewalt tun.
TIMOKLEA Aber dich blenden. Mit seiner Macht, seinem Glanz, seinem Ruhm. Du wirst vergessen, was er getan hat.
KAMPASPE O nein! Er, der Eroberer, den die Welt für seine Großmut preist, überließ Mädchen, die noch nicht geblutet hatten, seinen blutbespritzten Soldaten. Da bluteten sie zum ersten und zum letzten Mal. So wie meine Schwester. Das vergesse ich niemals. Nie, nie, nie.
TIMOKLEA Du wirst sehen, wie schnell ein »Nie« vergeht.
KAMPASPE Es vergeht genauso wenig wie die Sonne am Himmel. Erinnerst du dich nicht mehr daran? Es hat drei Tage gedauert, bis sie über Thebens Trümmern durch die Rauchwolken drang. Seither umgibt sie für mich immer ein blutroter Schimmer. Genau dieser Schimmer umgibt auch Alexanders Gestalt. Außerdem, wie liebt ein Herrscher? Du kennst doch das Sprichwort: Die Liebe der Könige fliehe wie die Blitze des Zeus.
TIMOKLEA Oder wage alles und stelle dich dem Blitz.
KAMPASPE Um zu verbrennen?
TIMOKLEA Du bist Thebanerin, Kampaspe. Jetzt durch Alexander heimatlose Sklavin. Du könntest den Zerstörer unserer Stadt erhören, um dich desto wirksamer an ihm zu rächen.
KAMPASPE Ich kann denselben Weg gehen wie Aro. Aber niemals Gefühle heucheln. Male dir aus, ich stellte dieses Ansinnen an dich, mit Klytus!
TIMOKLEA Ich bekomme ihn selten zu Gesicht. Er ist ein Mann mit tausend Ämtern. Und alles, was bei ihm aus- und eingeht, sind Soldaten. Einmal ließ er mich auf der Kythara spielen, bevor er abends ausging. Die erste olympische Ode. Ein einziges Mal.

KAMPASPE Das zeugt von wenig Kunstverstand.
TIMOKLEA Im Gegenteil, von großem. Denn ich griff absichtlich in die falschen Saiten. Was soll einem Mann wie ihm das Lied von den Musen und Apoll? Ich habe meiner Kunst für immer abgeschworen.
KAMPASPE Warum? Du könntest in Athen dafür genau so berühmt sein wie in Theben.
TIMOKLEA Hier träume ich von anderer Musik. Von Tönen, die in die Ohren dringen wie Säure, um Männern das Hirn unter dem Helm zu zerfressen. Von Akkorden, die wie skythische Wurfmesser eiserne Harnische durchbohren.
KAMPASPE Was für ein Hass, Musik als Waffe zu missbrauchen!
TIMOKLEA Es ist der Hass der Ohnmacht, ein Stück Beutegut aus Fleisch zu sein bei der großen Plünderung; eine Musikantin unter Schlächtern.
KAMPASPE Glaubst du nicht, dass die Götter uns das alles fügen, Timoklea?
TIMOKLEA Wenn sie alles fügen, dann auch, dass ich mich niemals füge! Schon als Mädchen wollte ich andere Waffen haben als meine Fingernägel und meine Tränen. Ich wollte so reiten, so fechten, so den Speer werfen wie Theagenes. Und ich habe es tatsächlich geübt. Anfangs aus Eifersucht auf meinen Bruder, in aussichtslosem Wettstreit. Dann aus Sorge um Theben, als ich es bedroht sah. Jetzt ist Theben gefallen. Jetzt bin ich selber bedroht.
KAMPASPE Von dem Mann der tausend Ämter?
TIMOKLEA Wenn ich durch seinen Garten gehe, reibe ich mir Staub ins Haar und Asche ins Gesicht.
KAMPASPE Was ängstigt dich?
TIMOKLEA Etwas Barbarisches in Klytus' Wesen. Und sein Kunstgeschmack.
KAMPASPE Was ist daran beängstigend?
TIMOKLEA Einmal, nach dem vertanen Kytharaspiel, bat er mich zum Tanz. Wir durchquerten ein schwarzes Kabinett. Von den Wänden starrten...

KAMPASPE Entblößte Körper? Erregt? Obszön?
TIMOKLEA Ihn reizt eine andere Nacktheit: die der Macht. Die Grausamkeit. Da waren Gesichter von Männern, gepeinigt, schmerzverzerrt, in Agonie. Verstümmelt. Mit abgeschnittenen Ohren; die Zunge auf die Stirn geklebt; die Augen ausgehöhlt und in den Höhlen glühende Kohlen. Eine Orgie von Entsetzlichkeiten. Ein Schulungsort für Folterknechte. Ich konnte nicht mehr tanzen.
KAMPASPE Die Bürgschaft Alexanders schützt dich.
TIMOKLEA Ein Makedonenschwur! Ich selbst, Kampaspe, muss mich schützen.

9

ALEXANDER *klopft an Diogenes' Fass* He!
DIOGENES Wer klopft da?
ALEXANDER Alexander.
DIOGENES Wer ist das?
ALEXANDER Ich bin der König.
DIOGENES Und ich bin Diogenes, der Hund.
ALEXANDER Wieso, Hund, kamst du, als ich dich rufen ließ, nicht zu mir in den Palast?
DIOGENES Weil es von meinem Fass bis zu deinem Palast genauso weit ist wie von deinem Palast zu meinem Fass.
ALEXANDER Bewegt sich nicht das Niedrige zum Hohen und nicht umgekehrt? Und steht ein Palast nicht über einem Fass?
DIOGENES Und ein Fass steht über einem Zwinger.
ALEXANDER Lebe ich etwa in einem?
DIOGENES Du hast ganz Griechenland bezwungen und dadurch zum Zwinger gemacht. Da du in Griechenland lebst, lebst du also im Zwinger.

ALEXANDER Nur ein Hund findet diese Folgerung zwingend.
DIOGENES Immerhin wohne ich in der Logik, denn die Logik ist die Kunst des Fassbaren.
ALEXANDER Und diese Logik beweist dir auch, dass es zwischen Mensch und Hund keinen Unterschied gibt?
DIOGENES Den gibt es sehr wohl: Menschsein ist ein Handwerk und Hundsein ein Hundwerk.
ALEXANDER Ist es nicht dein Mundwerk, das dich vom Hund unterscheidet?
DIOGENES Nein, denn saufen können wir beide, wenn auch nicht so zechen wie Alexander.
ALEXANDER Und beide jault ihr aus dem Maul, wenn ihr die Peitsche spürt.
DIOGENES Höre ich da einen getroffenen Hund?
ALEXANDER Einen provozierten König.
DIOGENES Könige, die kläffen, beißen nicht.
ALEXANDER Was, Diogenes, hat ein Hund dem Menschen voraus?
DIOGENES Dass er sich nicht über die Natur erhebt.
ALEXANDER Reckt der Mensch nicht zu Recht den Kopf gen Himmel statt wie ein Hund in den Kot?
DIOGENES Ja, um mit seinem Kopf den Himmel in Kot zu verwandeln. Das tut kein Hund, weil er Hirn und Darm nicht verwechselt.
ALEXANDER Man sagt mir, du hast Schüler. Worüber belehrst du sie?
DIOGENES In der Wissenschaft des Hechelns, des Fressens, des Urinierens, des Kackens, des Kläffens, des Schwanzwedelns und des Beißens.
ALEXANDER Das Denken kommt in deinem Kurs nicht vor?
DIOGENES Ein wahrer Hund hat ausgedacht. Er lebt.
ALEXANDER Heißt das, wir Menschen leben nicht?
DIOGENES Ihr denkt, ihr tut es. Deswegen fangt ihr mit dem Lebenlernen gar nicht erst an.

ALEXANDER Was würdest du mir als deinem Schüler sagen?
DIOGENES Ich würde dir sagen: Alexander, besser wärst du kein Schlächter.
ALEXANDER Wer behauptet, dass ich schlecht bin?
DIOGENES Jeder. Denn jeder nennt dich einen guten Feldherrn. Aber was ist ein guter Feldherr anderes als ein besserer Schlächter?
ALEXANDER Meine letzte Schlacht ist dann geschlagen, wenn ich die Welt erobert habe.
DIOGENES Und du glaubst: zu ihrem Besten?
ALEXANDER Ja. Denn die verschiedenen Teile der Erde, die jetzt durch willkürliche Grenzen getrennt sind, werde ich zur Einheit zusammenführen und den unzivilisierten Völkern mit unseren Gesetzen auch unsere Wissenschaften und Künste bringen. Auf diese Weise mache ich die ungebildeten Barbaren uns kultivierten Griechen gleich.
DIOGENES Du wärst auch besser kein Gleichmacher. Denn erst einmal machst du Städte dem Erdboden gleich. Aber bald bist du selber ein Klumpen Erde und gleichst dem, was du dem Erdboden gleichgemacht hast.
ALEXANDER Aber vorher darfst du Hund den König Alexander noch um eine besondere Gnade bitten.
DIOGENES Nimm mir nicht das, was du nicht geben kannst.
ALEXANDER Das wäre?
DIOGENES Das Licht der Sonne.
ALEXANDER So leichtfertig verzichtest du auf die Gnade eines königlichen Schattens?
DIOGENES Die Gnade wärmt nicht.
ALEXANDER Bin ich nicht selbst die Sonne meines Reiches?
DIOGENES Dann leidet Griechenland an Sonnenfinsternis.
ALEXANDER Für einen Hund bist du kein schlechter Mond, Diogenes. Mancher könnte sich von dir eine Scheibe abschneiden.
DIOGENES Aber du nicht die Sichel. Du würdest damit ein Blutbad anrichten.

ALEXANDER Und wenn sich die Welt nicht anders waschen lässt?
DIOGENES Wo sitzt der Dreck? In ihr oder in deinem Auge?
ALEXANDER Ich glaube, jetzt gerade sitzt er vor mir.
DIOGENES Siehst du, wenigstens dein Spiegel ist geputzt.
ALEXANDER Ein Hund hält mir den Spiegel vor?
DIOGENES Weil er nicht lügt.
ALEXANDER Ehrlicher Hund, ich lade für übermorgen zu einem frugalen Mahl; meine Gäste sind die tausend Edelsten Athens. Sei du der tausenderste.
DIOGENES Gibt es auch einen Trog?
ALEXANDER Den gibt es, dir zu Ehren.
DIOGENES Ich schicke meinen Diener Manes. Der frisst und kriecht für mich. Und jetzt, du Sonne deines Reiches, geh aus dem Himmel meiner Armut.
ALEXANDER Brav gebettelt. *Wirft ihm eine Münze zu.*

10

APELLES *malend* Ich bitte Euch, sprecht.
KAMPASPE Wovon wollt Ihr, dass ich spreche? Von Eurer Kunst? Von Eures Königs Ruhm?
APELLES Nein. Von dieser Falte zwischen Euren Augenbrauen. Worüber sinnt Ihr nach?
KAMPASPE Ich frage mich: Bin ich ein Hirschgeweih, das sich ein Jäger an die Stirnwand seines Hauses hängt? Eine lebendige Trophäe in einer Beutesammlung? Das kleine Glanzlicht einer großen Selbstbespiegelung?
APELLES Für Alexander wart Ihr vielleicht all dies. Jetzt seid Ihr sehr viel mehr.
KAMPASPE Was könnte das sein?
APELLES Der Gegenstand seines Begehrens.

KAMPASPE Das sagt Ihr, sein Werkzeug!
APELLES Auch das Werkzeug fühlt.
KAMPASPE Was fühlt es?
APELLES Und wenn auch ich bekennen muss: Begehren?
KAMPASPE Wessen Begehren? Macht nicht einzig das Begehren Alexanders mich für Euch begehrenswert?
APELLES Wer so vernünfteln kann, ist sicher von Begehren frei.
KAMPASPE Aber nicht frei von Fühlen.
APELLES Wollt Ihr mir anvertrauen, was Euer Inneres fühlt?
KAMPASPE Was geht mein Inneres Euch an, wo einzig Äußeres gefragt ist? Goldenes Haar, Wangen wie Alabaster, Schultern wie Elfenbein, möglichst entblößt?
APELLES Euer Herz entblößt Ihr nicht.
KAMPASPE Es würde Euer Bild verderben.
APELLES Aber mein Gefühl vertiefen.
KAMPASPE Denkt an den flachen Malgrund, den Ihr füllen müsst.
APELLES Ich erfülle das, was Ihr befehlt. *Er malt weiter. Stille.*
APELLES Kampaspe? Habt Ihr Euch bewegt?
KAMPASPE Nicht um Haaresbreite.
APELLES Es schien mir so.
KAMPASPE Da hat ein Trugbild Euch genarrt.
APELLES Dann war es eine innere Bewegung.
KAMPASPE Ist selbst die der Gefangenen untersagt?
APELLES In meinen Augen seid Ihr frei, Kampaspe. So frei, dass Ihr mir unergründlich werdet.
KAMPASPE Verweist nicht jedes Sinnbild über sich selbst hinaus?
APELLES Ihr verweist nicht. Ihr verwandelt Euch!
KAMPASPE Malt, Apelles, malt! Der König wartet.
APELLES Wie kann ich malen, wenn ich so viel fühle?
KAMPASPE Was fühlt Ihr?
APELLES Vor Trauer will die Hand den Pinsel nicht mehr führen.
KAMPASPE Malt mit der Linken! Alexander liebt es nicht, sich zu gedulden.

APELLES Eben, Kampaspe, war es mir – ich wage es kaum zu sagen – als schlügen Flammen aus Eurem Haar, die Euer Gesicht verzehrten. Euer ganzer Körper ging in Rauch auf.
KAMPASPE Wie er drei Tage über Theben stand, als schwarze Wolke.
APELLES Ich hatte Angst um meine Werkstatt. Aber so viel mehr um Euch.
KAMPASPE Mich – ein Werk unter so vielen?
APELLES Mir mehr wert als alle meine Werke.
KAMPASPE Eine dünne Schicht Wachs und Pigment! Ist es wahr, was man erzählt: dass, wenn Ihr Trauben malt, Vögel herbeifliegen und danach picken?
APELLES Das mag wohl sein.
KAMPASPE Und dass Eure Bildnisse so klar die Falten der Gesichter spiegeln, dass die Schicksalsdeuter daraus deren Zukunft lesen?
APELLES Ich brauche keinen Schicksalsdeuter, um zu wissen, dass die Zukunft schmerzlich sein wird.
KAMPASPE Wieso glaubt Ihr das?
APELLES Sie wird uns trennen.
KAMPASPE Wie kann sie trennen, was niemals verbunden war? Malt, Apelles, malt. Der König wartet.

11

HEPHAISTION Ihr scheint verstimmt, Klytus.
KLYTUS Durchaus. Darüber, dass ein Athener uns vorgezogen wird.
HEPHAISTION Wieso denkt Ihr das?
KLYTUS Wann würdigte Euch Alexander je einer geheimen Unterredung – so ausführlich?

HEPHAISTION Die Würdigung gilt nicht dem Bürger Athens, sondern dem Priester des Zeus.
KLYTUS Aristandros ist auch Philosoph.
HEPHAISTION Alexander ist nur wahrhaft Alexander in der Schlacht – und wen gibt es, den er uns dann vorzieht?
KLYTUS Spürt Ihr nicht auch den Dunstkreis dieser Stadt, Hephaistion, in der auf einen Mann der Tat zehn Schwätzer kommen? In der die Philosophen von Tisch- und Stuhlheit schwafeln, aber kein Holzscheit spalten können für den Küchenherd? Dass sie Euch, je länger wir hier verweilen, verweichlicht, schwächt und lähmt?
HEPHAISTION Noch ist sie mir willkommener Ausgleich gegen die Rauheit des Soldatenlebens.
KLYTUS Unsere Rauheit ist Ausgleich für das verweichlichte Athen. Man muss ihm beibringen, dass zur Rose die Distel gehört, zur Salbe die Peitsche, zum Liebesbett die Folterbank. Und zur Macht ein Quantum Grausamkeit wie eine Prise Pfeffer in das herzhafte Gericht.
HEPHAISTION Euch scheint Athen nicht zu verweichlichen. Im Gegenteil. Euch bringt es so recht in Harnisch.
KLYTUS Besser hätten wir diesen morschen Baum gefällt als die kerngesunde Eiche Theben.
HEPHAISTION Athen hat uns nicht bekriegt.
KLYTUS Genau darum sollte es den Preis der Feigheit zahlen.
HEPHAISTION Wir brauchen Frieden im Hinterland, wenn es nach Asien geht.
KLYTUS Wann endlich? Der Perser gebärdet sich immer noch als Herr der Welt. Und der Skythe schert sich nicht um festgelegte Grenzen, als habe es einen Philipp nie gegeben und als sei Alexander nur ein Schuljunge.
HEPHAISTION Er wird die Welt das Fürchten lehren.
KLYTUS Bei diesem Lebenswandel schwerlich.
HEPHAISTION Was habt Ihr daran zu bemängeln?
KLYTUS Flötenspielerinnen, Pinselkünstler, Klugschwätzer, der-

gleichen scheint jetzt Alexanders liebste Gesellschaft. Wer ihn kaum mehr zu Gesicht bekommt, sind seine Offiziere. Stattdessen begibt er sich zum Fass des Diogenes und redet mit dem Hund von gleich zu gleich. Ist das alles eine Laune? Ein Atemholen vor der großen Tat, Hephaistion? Oder verändert diese Stadt sein Wesen? Liegt in der Luft Athens ein Gift, das unser makedonisches Mark zersetzt und uns zu Memmen macht?

HEPHAISTION Wo er auch ist, und sei es am Ende der Welt, Alexander bleibt immer Alexander.

KLYTUS Es gibt Vermutungen.

HEPHAISTION Welcher Art?

KLYTUS Er lässt ein thebanisches Mädchen abkonterfeien von einem Malerfürsten, als handele es sich um eine persische Prinzessin.

HEPHAISTION Alexander wird nie vergessen, dass er dazu bestimmt ist, die Welt zu erobern und nicht Mädchenherzen.

KLYTUS Aber dass er...

Alexander erscheint mit Aristandros im gemeinsamen Gespräch.

ALEXANDER Hier seht Ihr sie, Aristandros, die Ersten meines Heeres, die mich im Verborgenen abergläubisch schelten, weil ich Orakeln auch dort Gehör schenke, wo ihrer Meinung nach nur Kriegskunst entscheidet.

KLYTUS Mein König, lasst mich...

ALEXANDER Ich schätze dich und deine Meinung, Klytus. Der einzige Mangel, den ich darin sehe, ist der an Freimut, sie vor mir zu äußern. Mir soll es nicht an dieser Tugend fehlen. Darum bat ich Euch, Aristandros, dass Ihr uns den Spruch des Zeus im Beisein meiner obersten Feldherrn verkündet, *zu Klytus und Hephaistion* damit ihr seht, dass Alexander ihn durchaus am hellen Licht der Vernunft zu prüfen wünscht.

HEPHAISTION Mit Verlaub, mein König! Welche Frage habt Ihr dem Orakel vorgelegt?

ALEXANDER Ich bat den obersten Diener des Zeus um eine Weissagung des Gottes, welches Kriegsglück mir in Persien beschieden ist. Wie, Aristandros, lautet die Antwort?
ARISTANDROS In der Nacht des Neumonds erbaten wir einen prophetischen Traum. Und in der Tat durchbrach in dieser Nacht vom First unseres Tempels ein Adler die Wolken und flog unter den Sternen unaufhaltsam gen Osten. In seinen Fängen hielt er ein diamantenes Schwert. Waffe und Vogel überwanden das Meer, die Gebirge, die Wüsten und einen nach dem andern sämtliche Ströme Persiens: Euphrat, Tigris, Oxus, Orontes und Hydaspes. Doch bevor der Adler das ferne Indien erreichte, traf er auf eine Flammenwand. Sie erhob sich über einem Fluss aus unlöschbarem Feuer namens Naphtha, der im tiefsten Asien der Erde entspringt. Das diamantene Schwert zerteilte die Wand mit einem einzigen Hieb. Heraus trat eine Frau mit goldenem Haar, die den Adler lockend herbeirief. Doch sobald seine Fänge ihre Haare berührten, ging sein ganzer Leib in Flammen auf. Und das bedeutet der Traum: Kein König und kein Feldherr der Barbaren hält Euren Siegeszug durch Asien auf. Doch hütet euch vor einer Frau mit brennendem Haar, dass Ihr nicht selbst verbrennt!
ALEXANDER Wir danken Euch, Aristandros, für das neue Rätsel, das unsere alten lösen soll. Jetzt lege ich es der Weisheit meiner Generäle vor.
ARISTANDROS Mein König! *Verneigt sich.*

12

ALEXANDER Nun, Kampaspe, hat der Maler sich an Eurer Schönheit die Zähne ausgebissen?
KAMPASPE Eher fürchtet er angesichts der bescheidenen Qualitäten des Urbilds, dass das Abbild seiner Kunst ein Armutszeugnis ausstellt.
ALEXANDER Dann wäre es Armut an Unvollkommenheiten. Sein Pinsel kann jeden Gegenstand so malen, wie er leibt und lebt. Und wenn du deinem Ruf wirklich gerecht wirst, Apelles, dann kannst du mit der Farbe der Blumen auch deren Duft widergeben.
APELLES Eure Hoheit, wisst, es ist nicht minder schwer, Düfte zu malen als Seelengröße oder Tapferkeit. Es sei denn, das Auge lernt riechen und die Farbe das Philosophieren.
KAMPASPE Womit beginnst du, Apelles, wenn du ein Bildnis malst?
APELLES Mit einem Raster, zur Bestimmung der Proportionen.
ALEXANDER Ich würde mit den Augen anfangen, als der Lichtquelle für alles Übrige.
APELLES Wenn Ihr so malen wollt wie ein König, dann könnt Ihr anfangen, wo Euch beliebt; doch wollt Ihr malen wie ein Maler, dann beginnt Ihr mit einem Raster.
ALEXANDER Lieber entwerfe ich den Schlachtplan für einen ganzen Erdteil als einen Nasenrücken auf einem Blatt Papier. *Zu Kampaspe.* Ihr bedürft gewiss der Erholung nach der langen Mühe?
KAMPASPE Mit Eurer Erlaubnis. *Sie zieht sich zurück.*
ALEXANDER In meinen Augen ist das Bildnis vollendet.
APELLES Es fehlen noch einige Schatten und die Lichter auf dem Inkarnat.
ALEXANDER Setze sie rasch. Und dann entlasse dein Modell und schick mir das Gemälde.
APELLES Wie Ihr befehlt.
ALEXANDER Ach, Apelles?

APELLES Eure Hoheit?
ALEXANDER Wie gefällt dir meine Gefangene?
APELLES Sie scheint mir der größte Schatz, den Ihr Theben entrissen habt.
ALEXANDER Was lockt den Maler?
APELLES Keine Athenerin zeigt diese Mischung aus Schmelz und Sprödigkeit. Aus Licht und Düsternis. Aus Demut und Keckheit.
ALEXANDER Und die Pracht ihres goldenen Haars? Dieses Gesicht wie das der Aphrodite? Ein Wuchs wie der der Artemis? Haut wie Gagat so glatt? Der kecke Witz, der rasch begreift und rasch erwidert?
APELLES Witz ist für den Maler schwierig abzubilden.
ALEXANDER Aber die ihr angeborene Hoheit, die einer Königin, hast du erfasst. Ich danke dir dafür. Schick mir das Bildnis. Rasch.

Apelles öffnet Alexander mit einer Verneigung die Tür, als dieser abgeht.

APELLES Psylla!
PSYLLA *erscheint aus einer anderen Tür* Ja, Herr?
APELLES Bevor du die Werkstatt abschließt, nimm den Pinsel, tauche ihn in Ocker. Dann geh vorbei an meinem neuen Werkstück und stolpere. Hörst du? Du stolperst und fällst so unglücklich, dass du das Gewand Kampaspes mit dem Pinsel triffst und ganz verdirbst.
PSYLLA Dann bin ich schuld, Herr!
APELLES Ja, das bist du. Hier! Der Lohn des Missgeschicks. *Er wirft ihr einen Beutel mit Münzen zu.*

13

DIOGENES O weh, ihr Bürger Athens, da seid Ihr also in Scharen herbeigeströmt, um Diogenes fliegen zu sehen. Aber wo sind seine Flügel? Nun, diese Flügel seid ihr, die verhassteste Räuberbande der ganzen Ägäis. Um zu fliegen genügt es, euch sinken zu sehen, immer tiefer hinunter in das bodenlose Dreckloch eures Gemeinwesens, das aus allem Möglichen besteht, nur nicht aus Menschen. Mich nennt ihr Unmenschen einen Hund, weil ich nicht ablasse, euch aus eurer Dumpfheit wachzubeißen. Schon einmal hat ein würdiges Tier das vor mir versucht; die Stechfliege Sokrates. Er hat euch solange in die Flanken gestochen, bis ihr ihn umgebracht habt. Mich nennt ihr einen verrückt gewordenen Sokrates, und in der Tat, wenn ihr bei Vernunft seid, dann bin ich notwendig verrückt. Denn was ist eure Vernunft anderes als ein Gebiss auf zwei Beinen, das in alles und jedes seine Reißzähne schlägt und es in ein Produkt eures Stuhlgangs verwandelt? Um was zu sichern: ein Dasein auf einem Dunghaufen, den ihr Stadt nennt, als Sauherde, die sich im Dreck wälzt und jede ihrer Schweinereien fromm verbrämt: die Vergewaltigung fremder Völker als Außenpolitik, die Erpressung Schwächerer als Diplomatie und die Finessen eurer Bosheit als Justiz. Nur eure Feigheit zeigt ihr nackt. Ihr Memmen kriecht vor einem hergelaufenen Makedonenhäuptling zu Kreuz und lasst euch widerstandslos von seinen Schergen ins Joch zwingen, als gäbe es in ganz Athen keine Männer. Und jetzt seid ihr in seinem Zwinger und bettelt um den täglichen Knochen, den er euch hinwirft...

KLYTUS *ruft dazwischen* Vorsicht, Alter! Im Zwinger landen auch kläffende Hunde!

DIOGENES *unbeirrt* so wie heute, wo er euch zum Staatsbankett lädt, einem panathenäischen Wettkampf im Winseln und Kuschen, um euch das kärgliche Resthirn mit Samos aus

dem Schädel zu schwemmen. Dem Berserker, der in Theben schlimmer gewütet hat als die Perser in Attika, kriecht ihr so tief in den After, dass man eure rosa Glatzen aus seinem schwarzen Wolfsmaul schimmern sieht. Würde man all den Speichel sammeln, den ihr von ihm und seinen Lakaien leckt, dann stünde die Akropolis bis zum Tympanon unter Wasser. In eurer Feigheit nennt ihr den Despoten auch noch Gott, so als habe die alte Landplage Philipp die neue Weltplage Alexander nicht mit einem Makedonenweib, sondern mit dem ägyptischen Gott Ammon gezeugt. Aber was soll einer so widernatürlichen Kreuzung anderes entstammen als ein Bastard?
KLYTUS *zu zwei Schergen* Packt ihn euch, den Majestätsbeleidiger!
DIOGENES Und einem solchen Monstrum dann Weihrauch zu spenden und unterwürfige...

Die Schergen fesseln und knebeln Diogenes und führen ihn ab.

KLYTUS Athener, ihr habt euch hier versammelt, um jemanden fliegen zu sehen. Jetzt wurdet ihr Zeugen, wie rasch derjenige Bruchlandung erleidet, der gegen den großen Alexander anfliegt! Und das an seinem Ehrentag, an dem er eintausend eurer Edelsten zu seinem Festmahl lädt! Und zwar um das Glück zu feiern, dass ihr ihn jetzt auch euren König nennen dürft. Lasst euch das Beispiel dieses lästernden Flughunds Mahnung sein, dass Alexander Respekt und Dankbarkeit zu schätzen weiß. Und auch, dass rote Striemen auf der Haut beredter sind als jedes noch so schlaue Maul. Wenn ihr über dem Studium von Kunst und Wissenschaft die Disziplin vergessen habt, Athener, dann wird man euch darin belehren so wie den da, und mit mehr Geduld. Denn statt der Knute, wie ihr vielleicht fürchtet, bringen wir euch Musik, und zwar für jeden Bürger, Weib und Mann und Alt und Jung: eine Freudenhymne auf den neuen Herrscher von seinem neuen Volk. Der große Hippikos hat den Auftrag, sie zu komponieren, und

jeder, der diesen Marktplatz überquert, stimmt sie vor Alexanders Standbild an. Desgleichen überall, wo er Soldaten sieht, die Alexanders Banner tragen. So singt eine Stadt mit einer Stimme für den einen Mann, der sie zu neuer Blüte führt. Ist das nicht Wohllaut und wahre Harmonie? Genießt sie, Bürger von Athen, genießt sie! *Er folgt den Schergen.*
PSYLLA Du bist ja ganz weiß im Gesicht, Manes.
MANES Das kann nicht sein. Gerade wurde die Weisheit in Ketten gelegt.
PSYLLA Und du zitterst am ganzen Leib.
MANES Ich versuche mich einzuschwingen auf die neue Harmonie.
DAIMONAX Ich sage Hippikos, er soll sich mit dem Komponieren beeilen.
MANES Wer hätte das gedacht!
DAIMONAX Dass sich ein Künstler beeilt?
MANES Nein. Dass in Athen die Freiheit so auf den Hund kommt, dass der Hund sie verliert.

14

APELLES *malend* Heute kein Blick? Kein Lächeln? Berührung nicht einmal durch Eure Stimme? Ich bitte Euch, Kampaspe: sprecht zu mir.
KAMPASPE Worüber soll ich mit Euch sprechen?
APELLES Sprecht mir von eurer Heimat. Von Theben. Oder singt mir ein Lied Eures Ahnherrn.
KAMPASPE Welches wünscht Ihr zu hören?
APELLES Die pythische Ode, in der er die Macht der goldenen Harfe besingt.
KAMPASPE Welche Strophe?

APELLES In welcher es heißt: »Auf dem Stabe schlummernd des Zeus / lässt beide sausende Fittiche rasten der Adler, aller Vögel König, / weil du ihm ums gebogene Haupt, wolkengleich, die Schranke der Lider, die süße / gegossen.«
KAMPASPE Warum gerade diese?
APELLES Weil sie so oft meinen Neid erweckt hat auf die Macht der Musik, an die diejenige der Malerei niemals heranreicht.
KAMPASPE Soll ich Euch etwa betrüben?
APELLES Nein, erfreuen. Euch kann ich diese Macht von Herzen gönnen. Wollt Ihr für mich singen?
KAMPASPE Die schöne Stimme in unserem Haus, die hatte nicht ich, die hatte Aro.
APELLES Dann sprecht mir von Aro.
KAMPASPE Das würde nun mich betrüben.
APELLES Ich bitte Euch, tut es trotzdem. Damit sich die Betrübnis löst. *Stille.*
KAMPASPE In den ersten Frühlingstagen nahm ich sie frühmorgens auf den Rücken. Sie beugte ihren kleinen, geschmeidigen Körper über mich und wickelte mir ihre langen Zöpfe um die Ohren. Und kicherte, wie kleine Mädchen kichern, wenn sie einem die Hand vor die Augen halten. Ich drohte, sie abzuschütteln, wenn sie nicht Ruhe gibt. Denn es ging steil den Berg hinauf, auf losen Steinen. Ich sollte hüpfen. Barfuß, wie ich war, konnte ich nur stapfen wie ein Storch, es gab zu viele spitze Kiesel. Oben auf dem Geranos-Hügel, südlich der Stadt, war unser Teich, umfasst von alten Ölbäumen, Brombeersträuchern, Buchs und Quitten. Ich bückte mich und ließ sie in einen großen Ginsterbusch purzeln. Da lag sie, packte mit beiden Fäusten ihre Zöpfe und schaukelte im Morgenlicht. Die Zöpfe habe ich ihr selbst geflochten, während sie die Zöpfe ihrer Puppe flocht. Sie war als erste fertig und zerrte mir die Haare aus der Hand. Ich schalt sie und drohte ihr mit Karpo, dem Nachtgespenst. Mit schwefelgelben Augen, roten Haaren und einer Feuerzange in der

Hand hatte es Karpo nur auf Aro abgesehen, auf niemand sonst. Sie sträubte sich. Sie kratzte. Schrie. Aber ich schob sie unerbittlich mir voran ins kalte Wasser, bis die Füße den Grund verloren. Dann erst ließ ich sie los. Aber sie mich nicht. Über dem Kämpfen und Prusten vergaß sie ganz, wie sehr sie fror. Sie tauchte, schwamm und sang. Manchmal dachte ich: selbst unter Wasser singt sie. Wie ein Delphin. Oder die unsichtbaren Wasserwesen in den Seen und Teichen. – Was ist mit Euch, Apelles? Warum malt Ihr nicht? Ihr atmet fast nicht mehr!
APELLES Es ist wie eine sanfte Brandung; eine Dünung.
KAMPASPE Was? Wovon sprecht Ihr?
APELLES Vor mir sehe ich zwei Wesen sich lösen und wieder ineinander verschwimmen; mein Pinsel schwankt und zögert, welcher Umrisslinie er zu folgen hat.
KAMPASPE Von welchen Wesen sprecht Ihr?
APELLES Von Euch, Kampaspe; von Eurer Gestalt und etwas, was noch keine hat.
KAMPASPE Führt, wenn Ihr malt, der Raum selber manchmal den Pinsel?
APELLES Wenn, dann überlasse ich ihm das Feld.
KAMPASPE Jetzt dürft Ihr es nicht. Der König wartet. Malt, Apelles, malt!
APELLES Ich bitte Euch: macht es mir leichter.
KAMPASPE Wie kann ich das?
APELLES Indem Ihr weitersprecht. *Malt.*
KAMPASPE Auf dem Rückweg hielt ich sie an meiner Hand. Bergabwärts war sie mir zu schwer. Einmal gingen wir durch die engen Gassen hinter dem Dirkäischen Tor; einen Weg, den sie nicht kannte, an den alten Getreidespeichern vorbei, die in den Berg gegraben sind. Ich wollte ihr die verlassenen Gewölbe zeigen, aber sie hatte Angst vor der Dunkelheit. »Erst, wenn ich groß bin und eine Fackel habe oder einen Freund«, hat sie gesagt. »Freund Fackel«, das war dann zwi-

schen uns ein stehendes Wort. – Wenn sie wirklich unter Wasser sang, wo ist jetzt ihre Stimme?
APELLES Dort, wo ihr Körper ist.
KAMPASPE Aber wo ist ihr Körper? *Stille.* Die Makedonen haben die Leichen in diese aufgegebenen Speicher geworfen. Das abgemähte Korn von Thebens Feldern. Freund Fackel! Als habe sie es geahnt, das kleine Mädchen: Freund Fackel war der Tod.
APELLES Wieder, Kampaspe! Wieder geschieht es.
KAMPASPE Was geschieht, Apelles?
APELLES Wieder durchpulsen Euren Körper seltsame Gezeiten.
KAMPASPE Was nehmt Ihr wahr, Apelles?
APELLES Durch Eure Gewänder schimmert Eure verlorene Stadt: die Agora, die Königsburg, die Gassen, Plätze, Haine Thebens; das Gewühl des Markttags, der Wind der Ebene. Ich rieche schier den Duft nach Staub und Rauch.
KAMPASPE Gleich, was Ihr seht, Apelles, bringt es zu Ende.
APELLES Wie soll ich das, ein Doppeltes, zu gleicher Zeit? Das Fest der Farben um Eure Gestalt. Und dann den toten Ascherest der Stadt.
KAMPASPE Auch den malt Euer Pinsel sicher schön!
APELLES Von so viel Asche werden alle Farben blind.
KAMPASPE Dann malt mich schwarz auf schwarz.
APELLES Das käme Eurem Wunsch am nächsten, unsichtbar zu sein für alle und jeden.
KAMPASPE Und der Wahrheit.
APELLES Dann wäre schwarz auf schwarz noch schön, denn das seid Ihr in Wahrheit.
KAMPASPE In Wahrheit bin ich unsichtbar. Und Unsichtbares ist nicht schön.
APELLES O doch. Für unsichtbare Augen.
KAMPASPE Malt, Apelles! Malt! Der König wartet.

15

Psylla und Daimonax sitzen vor einer vollen Schüssel.

DAIMONAX Habe ich es nicht versprochen? Brave Sänger, voller Trog!
PSYLLA Ich kann es noch gar nicht glauben.
DAIMONAX Glaub es. So ein Trog ist ohne Trug.
PSYLLA Nun, er könnte leer sein.
DAIMONAX Nicht, wenn jemand etwas hineintrug.
PSYLLA Wenn du etwas hineinträgst, wäre dann der Trog nicht trügerisch?
DAIMONAX Im Gegenteil: wenn ich nichts hineintrage, dann ist es tragisch.
PSYLLA Dann trage.
DAIMONAX Trag ich doch.
PSYLLA Ist es nicht komisch, wie du immer tragich sagst statt tragisch? Wenn du Manes wärst, würde ich sagen, du frisst vor lauter Gier die Buchstaben.
DAIMONAX Wo bleibt er? Seit wann lässt er sich Rinderlende entgehen?
PSYLLA Vielleicht hat ihm das Schicksal seines Meisters den Appetit verschlagen?
DAIMONAX Oder er ist eben doch ein Philosoph.
PSYLLA Was soll das heißen?
DAIMONAX Die Lüfte der Freiheit sind ihm wichtiger als Bratenduft.

Schnuppernd kommt Manes herein.

MANES Das riecht verheißungsvoll.
DAIMONAX Setz dich her und labe dich am Lohn der Sänger.
MANES Ich singe nicht mehr mit.
PSYLLA Was ist in dich gefahren?

MANES Wenn ich bloß wüsste, wo er steckt.
PSYLLA Dein Meister? Im Gefängnis, dachte ich.
MANES Dort war ich. Aber er nicht.
PSYLLA Vielleicht haben sie für bunte Vögel besondere Volièren!
MANES Sie sind imstande und bringen ihn um.
DAIMONAX Deswegen musst du trotzdem nicht verhungern.
MANES Aber mitsingen werde ich nicht.
DAIMONAX Nur unter uns, zur Probe.
MANES Auch nicht zur Probe.
DAIMONAX Du weißt ja noch gar nicht, was du singen sollst.
MANES Dann sing es mir vor.
DAIMONAX Es fehlt noch der Schluss.
MANES Sing den Anfang.
DAIMONAX *singt* Heil dir Eroberer,
 großer Aléxandér,
 und deinem stolzen Heer!
 Heil dir unsterblicher Krieger,
 heil dir künf – tíger, künf – tíger...
MANES Tiger was? Sieger?
DAIMONAX Entweder Pharao oder Schahinschah oder Maharadscha oder Negus Negesti. Es entscheidet sich erst, wenn Alexander seine Feldzugspläne bekannt gibt. Ob nach Persien, nach Ägypten, nach Indien oder auf den Mond.
MANES Aber der Mann im Mond ist unbewaffnet.
PSYLLA Das hindert Alexander nicht daran, mit ihm anzustoßen.
MANES Mit der Lanze?
PSYLLA Mit dem Becher!
MANES Dann singen wir doch statt der Hymne auf seinen künftigen Zug lieber eine auf seinen zünftigen Krug. Da singe ich mit.
DAIMONAX Menschliche Schwächen des Herrschers sind in einer Volkshymne tabu.
MANES Seit wann ist übermenschlicher Durst eine Schwäche?
DAIMONAX Da hast du auch wieder recht. *Singt.*

Eile, Herr Ober, her, eile, Herr Ober, her,
füll Herrn Aléxandér
den leeren Krug!
Fülle den Becher
dem zünftigen Zecher
zu künftigem Zug!

Manes und Psylla stimmen allmählich immer lauter mit ein und wenden sich dann mit Daimonax genüsslich dem Inhalt der Schüssel zu.

16

APELLES Ich habe alle Patzer, die man mir billig glauben kann, verbraucht. Psylla weigert sich, noch einmal den Tollpatsch zu mimen. Und die Lasuren trocknen.
KAMPASPE Was bedeutet das?
APELLES Den letzten Pinselstrich für diesen Hintergrund. Das letzte Licht auf Eurer Stirn. Die letzte Schicht Firnis auf das Ganze. Es bleibt unvollendet!
KAMPASPE Wie lange würdet Ihr für seine Vollendung brauchen?
APELLES Solang ich atme. Solang Ihr lebt.
KAMPASPE So lange wird sich Alexander nicht gedulden. Heute will er Euer Werk. So wie es ist.
APELLES Heute verliere ich mehr als ich ertragen kann. Euch, Euer Bild und mich.
KAMPASPE Euch selbst? Wie kann das sein?
APELLES Ihr habt mich mir selbst entrissen.
KAMPASPE Malt Euer Selbstbildnis. In ihm findet Ihr Euch wieder.
APELLES Mich selber kann ich nicht mehr malen.
KAMPASPE Was hindert Euch daran?
APELLES Ich kann nur malen, was ich achte.

KAMPASPE Was hat die Selbstachtung eines so großen Malers beschädigt? Des berühmtesten in Griechenland?
APELLES Eure Verachtung.
KAMPASPE Woraus schließt Ihr, dass ich Euch nicht achte?
APELLES Nennt Ihr mich nicht Werkzeug Alexanders? Des Mannes, der so viel Leid über Euch gebracht hat?
KAMPASPE Das er mit Eurer Hilfe überschminkt.
APELLES Ich stehe also für Euch im Dienst der Lüge?
KAMPASPE Sind Blut und Feuer für Euch nicht einfach Kolorit? Malt Ihr nicht Greuel schön? Zum reinen Sinnbild?
APELLES Das war mein Auftrag. Aber das Sinnbild griff mit Macht nach meinen Sinnen und zwang sie in eine andere Bahn.
KAMPASPE Und welche wäre das?
APELLES Erinnert Ihr Euch an Euren Wunsch, ich solle Euch unsichtbar malen? Unsichtbar für alle und jeden? Ich habe ihn erfüllt.
KAMPASPE Davon habe ich nichts bemerkt.
APELLES Wie könntet Ihr! Der Euch unsichtbar malte, war ja selber unsichtbar. Ein anderer Apelles, hinter dem devoten Handwerker. Und dieser andere malte nicht einfach, was er sah, sondern das Jenseits der Erscheinung.
KAMPASPE Große Worte!
APELLES Zumindest jenseits der Maske, hinter der Ihr Euch verbergt.
KAMPASPE Was saht Ihr da?
APELLES Wart Ihr es? War es Theben?
KAMPASPE Das ist verbrannt und nicht mehr sichtbar.
APELLES Dieses Gemälde ist durchtränkt von seinem Brand. Irgendwann durchdringt das Wesen die Erscheinung. Dann geht mein Werk von selbst in Flammen auf. Wo Euer Gesicht war, sieht Alexander dann sein Spiegelbild.
KAMPASPE Malt Euer eigenes, Apelles. Ihr seid es wert.
APELLES Darf ich auch sein Inneres malen?
KAMPASPE Warum fragt Ihr das mich?

APELLES Weil dieses Bild dann Eure Züge trägt.
KAMPASPE Verbrennt Euch nicht.
APELLES Ein sonderbarer Ratschlag aus dem Mund des Feuers.
KAMPASPE Und der Brandstifter? Seid das nicht Ihr, Apelles?
APELLES Ich fürchte, diese Augen sind es. *Er nähert sich ihr.*
KAMPASPE Meine? Eure?
APELLES Zur Sicherheit lasst sie uns beide schließen. *Er küsst sie.*

17

ALEXANDER Ihr ahnt gewiss, warum man Euch rufen ließ.
KAMPASPE Ihr wollt wohl jetzt, wo Ihr mein Bild besitzt, vergleichen, ob das Abbild dem Urbild entspricht, oder ob der Maler nachlässig war.
ALEXANDER Nachlässig – oder geblendet.
KAMPASPE Geblendet? Durch wen?
ALEXANDER Durch seinen Gegenstand. Augen wie Diamanten, Haut wie Elfenbein, und Haar wie Gold.
KAMPASPE Sein Gegenstand war Theben, die zerstörte Stadt.
ALEXANDER Die Euer Ahnherr unsterblich gemacht hat und die in Euch weiterlebt. Ich wünsche, Euer Bildnis bliebe so unvergänglich wie Pindars Gesänge.
KAMPASPE Ich fürchte, sein schlichter Gegenstand ist olympische Hymnen nicht wert.
ALEXANDER Immerhin verdient er ein Werk des Apelles. Es kommt Eurer Schönheit so nahe, wie ein Gemälde es nur irgend vermag. Und mir dennoch nicht nahe genug.
KAMPASPE Was fehlt Euch, Herr?
ALEXANDER Ihr selbst. Das Urbild.
KAMPASPE Ihr habt meinen Respekt und meinen Gehorsam.
ALEXANDER Aber nicht Eure Gegenwart.

KAMPASPE Was nützt sie Euch im Krieg, in den Ihr demnächst ziehen werdet?
ALEXANDER Ja. Ich werde Asien vom Perserjoch befreien.
KAMPASPE Und viele Maler brauchen für die Bilder all der Städte, die Ihr erobern werdet, und viele Jungfrauen als deren Sinnbild.
ALEXANDER Euer Bild ist alle diese Bilder, denn Ihr seid für mein Herz die Welt.
KAMPASPE Lasst mich nicht so klein von Eurem Herzen denken.
ALEXANDER Wie kann es klein sein, wenn die bewohnte Welt hineinpasst?
KAMPASPE Noch habt Ihr sie nicht ganz erobert.
ALEXANDER Wenn Ihr mich nicht zurückweist, ist der Rest geringe Mühe. Wollt Ihr auf meinem Siegeszug an meiner Seite sein?
KAMPASPE Wie kann ich wollen, wo ich unfrei bin?
ALEXANDER Hiermit schenke ich Euch die Freiheit.
KAMPASPE Sogar die Freiheit, Euch zurückzuweisen?
ALEXANDER Warum solltet Ihr das tun? Ist es vielleicht ein anderer, der Euch unfrei macht?
KAMPASPE Wen verdächtigt Ihr?
ALEXANDER Man berichtet mir, Apelles habe den Fortgang seiner Arbeit absichtlich verzögert – durch überflüssige Retuschen, häufigen Wechsel der Posen und sogar durch bestellte Patzer seiner Dienerschaft.
KAMPASPE So mühsam war es ihm, mir Reize abzugewinnen.
ALEXANDER Eher so mühsam, sich von Euren Reizen zu lösen. Hat der Maler sich in sein Modell verliebt?
KAMPASPE Warum soll sich ein Lebender in eine tote Stadt verlieben?
ALEXANDER Wie wahr! Statt für Vergangenes und Totes taugt Ihr als Sinnbild so viel besser für Künftiges und Lebendiges. Ein zweites Mal soll Euch Apelles malen! Diesmal als Sinnbild des neuen Hellas, der Befreierin. Hellas, die der Welt ihre Gesetze

bringt, und mit ihnen Kunst, Wissenschaft, Frieden und Einheit in Alexanders Namen. In der Mitte dieses neuen Reiches, in dem es keine Barbarei mehr gibt, werde ich eine neue Hauptstadt gründen, die der geeinten Welt. Willigt Ihr ein, Kampaspe, dann wird sie Euren Namen tragen.
KAMPASPE Niemals, Herr.
ALEXANDER Was scheut Ihr?
KAMPASPE Die Höhe, die das Schicksal Euch bestimmt, macht mich schwindlig.
ALEXANDER Eine Krone auf dem Haupt wird diesen Schwindel heilen.
KAMPASPE Ich bin nicht geboren, es so hoch zu erheben.
ALEXANDER Alexander schenkt Euch eine andere Geburt.
KAMPASPE Was die Sterne entschieden, kann selbst ein Alexander nicht ändern.
ALEXANDER Nicht die Sterne entscheiden, sondern der Wille des Königs – und der Königin.
KAMPASPE Zu der die Sklavin niemals werden kann.
ALEXANDER Wer herrscht, wenn die Besiegte den Eroberer erobert?
KAMPASPE Eine Herrschaft, die an dünnen Fäden hängt.
ALEXANDER Ihr wollt mir nicht als meine Königin nach Persien folgen?
KAMPASPE Gönnt mir eine Frist für eine so gewaltige Entscheidung. Einen Tag.
ALEXANDER Einen Tag. Und eine Nacht. Und morgen werdet Ihr mir Eure Antwort sagen?
KAMPASPE Morgen, Herr. Morgen, ganz gewiss.

18

TIMOKLEA *aufgelöst* Wasser! Wasser bitte, Kampaspe!

Kampaspe reicht ihr Wasser. Timoklea schüttet es sich über das Gesicht.

KAMPASPE Was ist dir, Timoklea?
TIMOKLEA Letzte Nacht, Kampaspe! Letzte Nacht.
KAMPASPE Was war da, Timoklea. Sprich! Was war da?
TIMOKLEA *sich beruhigend* Als junges Mädchen, in unserem Landhaus in Tyanoskyrai, hatte ich Angst, dass ich im Dunkel aufwache, um Mitternacht, und plötzlich erkenne, dass selbst in dieser Finsternis noch eine Sonne im Zenit steht. In meiner Blindheit nahm ich sie nie wahr. Ich erkenne sie erst jetzt, weil sie jetzt untergeht. Damit beginnt die wahre, die wirklich sonnenlose Nacht.
KAMPASPE Und letzte Nacht? Was war da?
TIMOKLEA Wieso blieb sie in Theben, Kampaspe? Aro, deine kleine Schwester?
KAMPASPE Warum fragst du, was du weißt?
TIMOKLEA Damit ich nicht allein bin. Allein mit meiner letzten Nacht.
KAMPASPE Was war da?
TIMOKLEA Erzähle. Sag es. Was geschah mit Aro?
KAMPASPE Hell wie eine Messingglocke. Rein wie der Morgen. Durchdringend wie eine Klinge. So war ihre Stimme. Darum habe ich sie gehört. Aus all dem Kindergewimmer hat sie das Prasseln der Flammen und das Dröhnen der einstürzenden Dächer übertönt, bis hinter die Tempelmauern, hinter denen wir uns auf den Boden pressten. Sie hörte und hörte nicht auf. Es dauerte so lange. Und ich wusste: es ist meine kleine Schwester, der sie Gewalt tun, durch diesen endlosen Ton.
TIMOKLEA Singe, Kampaspe. Singe!
KAMPASPE Was? Was soll ich singen?

TIMOKLEA Irgendetwas. Ein Lied, das du ihr gesungen hast.
KAMPASPE *summt ein Wiegenlied* Timoklea? Was war letzte Nacht?
TIMOKLEA Abends war es vollkommen still. Das Haus war leer, wegen des Fests der Tausend. Das erste Mal griff ich in meine Saiten. Sang und spielte. In der Stille nach den Tönen, aber noch erfüllt von ihnen, bin ich zu Bett. Dann, weit nach Mitternacht...
KAMPASPE Was war da?
TIMOKLEA Bin ich aufgewacht...
KAMPASPE Und?
TIMOKLEA Und war gefesselt. Die Hände auf dem Rücken, mein Nachtgewand als Knebel in meinen Mund geknüllt, völlig entblößt und wehrlos. Er war über mir.
KAMPASPE Wer, Timoklea, wer?
TIMOKLEA Er stank nach Wein und einem Gemisch aus Schweiß und Salben.
KAMPASPE Klytus? Klytus tat dir Gewalt?
TIMOKLEA Ja. Das tat er. Vor einem großen Spiegel, der hinter dem Wandbehang verborgen war.
KAMPASPE Wie bist du entkommen? Den Fesseln, ihm, dem Haus?
TIMOKLEA Irgendwann, weil es so lange dauerte, wich das Entsetzen. Ich besann mich auf die Waffen des Weibs, die ich so verabscheue. Ich mimte Lust. Die Schamlose, die die Erniedrigung erregt und selbst nach Fesseln giert. Meine Darbietung überzeugte ihn. Zu seinem Verhängnis. Ich lockte ihn in den Garten.
KAMPASPE Er ließ sich locken?
TIMOKLEA Bis zum Brunnen, so wie ich es wollte. In seiner trunkenen Geilheit beugte er sich weit über den Rand. Ich stieß ihn. Als er wimmernd unten lag, tief auf dem Grund, habe ich Steine genommen. Steine, so groß wie meine Brüste. So groß wie mein Kopf. Ich habe sie hinuntergeschleudert, bis das Wimmern verstummt war.
KAMPASPE Timoklea! Du hast ihn getötet! Klytus, den Feldherrn Alexanders!

TIMOKLEA Viele Male. Für die vielen Male, die er mich getötet hat.
KAMPASPE Für seine Rächer werden sie nicht zählen.
TIMOKLEA Keine Angst, Kampaspe! Du musst mich nicht verstecken.
KAMPASPE Wohin willst du fliehen?
TIMOKLEA Nirgendwohin.
KAMPASPE Geh zu Alexander. Du bist seine Schutzbefohlene.
TIMOKLEA O ja. Ich werde zu ihm gehen.
KAMPASPE Wirf dich ihm zu Füßen. Berichte ihm die Tat.
TIMOKLEA Hast du eine Gewandnadel? Ein Messer? Und sei es eins, mit dem man Zwiebeln schneidet.
KAMPASPE Was hast du vor?
TIMOKLEA Die Schlacht von Chaironea ist noch nicht zu Ende.
KAMPASPE Du willst...?
TIMOKLEA Ich will und werde.
KAMPASPE Timoklea!
TIMOKLEA Ich würde Säure trinken, nur um sie ihm ins Gesicht zu speien.
KAMPASPE Ich kenne dich nicht mehr.
TIMOKLEA Wie gut! Du weißt von nichts. Ich war nicht hier. Habe um nichts gebeten.
KAMPASPE Du stürzt dich in den Tod!
TIMOKLEA O nein. Dort komme ich her. Ich stürze mich ins Leben.
KAMPASPE Durch Mord?
TIMOKLEA Durch den Vater aller Dinge: Krieg. *Sie stürmt davon.*
KAMPASPE *ruft ihr hinterher* Timoklea!

ALEXANDER Unfassbar! Was tausend Perser nicht vermochten, tut ein kriegsgefangenes Weib!
HEPHAISTION Nicht irgendeines. Die Schwester des Theagenes, des Anführers von Thebens Heiliger Schar, und trotz ihres Geschlechts vom gleichen Schlag.
ALEXANDER Seine Schutzbefohlene! In seinem eigenen Haus!
HEPHAISTION Das Gastrecht war ihm offenbar nicht heilig. Klytus soll ihre Ehre angetastet haben.
ALEXANDER Wer behauptet das?
HEPHAISTION Die Gefangene. Er habe ihr im Rausch Gewalt angetan. Sie wehrlos im Schlaf überwältigt.
ALEXANDER Wurde der Vorwurf untersucht?
HEPHAISTION Ich fürchte, es gibt keinen Grund, ihn zu bezweifeln.
ALEXANDER Ist dann das Schicksal Klytus' nicht gerechte Sühne?
HEPHAISTION Es ist an Euch, hier Recht zu sprechen. Selbstjustiz durch Mord ist Unrecht.
ALEXANDER Ein größeres Unrecht wäre es, diese Selbstjustiz als Mord zu ahnden.
HEPHAISTION Wollt Ihr an Timoklea Gnade walten lassen?
ALEXANDER Wie soll ich Unerschrockenheit und Ehrgefühl bestrafen?
HEPHAISTION Unerschrocken ist sie. Als man sie fasste, trug sie einen Dolch. Sie wollte Euch das gleiche Schicksal bereiten wie Pausanias Eurem Vater.
ALEXANDER Woher diese Vermutung?
HEPHAISTION Sie hat sich des geplanten Anschlags auf Euer Leben selbst gebrüstet. Hat sie damit nicht ihr eigenes Urteil gefällt?
ALEXANDER Welches Urteil, glaubst du?
HEPHAISTION Ihren Tod seid Ihr Euch selber schuldig.
ALEXANDER Der Löwe soll den Sperling strafen?

HEPHAISTION Wenn nicht Euch selbst, dann schuldet Ihr ihn Klytus. Und dem ganzen Heer.
ALEXANDER Und welchen Tod?
HEPHAISTION Durch Steinigung. Als Spiegel ihrer Tat.
ALEXANDER Steinigen? Ein Weib?
HEPHAISTION Die Mörderin.
ALEXANDER Kann es da keine Milde geben? In Anbetracht von Klytus' Tat?
HEPHAISTION Die Milde wäre Härte gegen Klytus' Männer. Sie warten auf den Richterspruch, um ihn selbst zu vollstrecken.
ALEXANDER Ich soll sie der Wut seiner Soldaten preisgeben, Hephaistion?
HEPHAISTION Sonst weckt Ihr ihren Groll; je versteckter, desto gefährlicher.
ALEXANDER Wie, Hephaistion! Makedonen meutern gegen Alexander?
HEPHAISTION Ihr seid für sie ein Gott, für den sie alles wagen. Und diese Hingabe setzt Ihr aufs Spiel, wenn Ihr Euch allzu menschlich zeigt.
ALEXANDER Ist Großmut keine Eigenschaft der Götter?
HEPHAISTION Nicht diese. Ihr seid erst am Anfang Eurer Bahn. Bevor Ihr nach den Sternen greift, stolpert Ihr bereits über ein Weib?
ALEXANDER Geh, Hephaistion, überbring das Urteil.
HEPHAISTION Welches?
ALEXANDER Das das Heer verlangt.
HEPHAISTION Mein König! *Verneigt sich.*

PSYLLA Wo kommst du her, so flügellahm?
MANES Vom geflügelten Diogenes, der leider wirklich lahmt.
PSYLLA An den vermeintlichen Flügeln?
MANES Nein, an den Beinen; er kann sie kaum mehr bewegen.
PSYLLA Traf ihn der Schlag?
MANES Viele Schläge.
PSYLLA Wer schlug den armen Hund?
MANES Eine makedonische Militärkapelle. Zum Lohn für zu viel Schlagfertigkeit in politischen Fragen.
PSYLLA Wie äußert sich dein Meister dazu?
MANES Er kann kaum einen Bissen herunterbringen, geschweige denn reden. Ich muss ihn füttern, damit er nicht verhungert.
PSYLLA Wird er jemals wieder bellen?
MANES In Bälde, sagt der Arzt, trotz allem.
PSYLLA Und fliegen?
MANES Ich glaube, die Lust darauf ist ihm vergangen, bei so viel Gegenwind aus Makedonien.
PSYLLA Makedonien hat selber Gegenwind. So dass es in den Brunnen fiel.
MANES Auch der thebanische Gegenwind hat sich gelegt.
PSYLLA Ja, für immer. In einem Hagelsturm. Harte Zeiten für unbeschirmte Damen!
MANES Glücklich, wer jetzt ein Fass über dem Kopf hat. Oder sogar ein richtiges Dach wie du.
PSYLLA Ein Dach allein macht nicht glücklich. Zumindest nicht meinen Meister. Seit die Dame Kampaspe die Werkstatt verlassen hat, herrscht in seinem Gemüt totale Sonnenfinsternis. Ständig steigt er auf das Podest, auf dem sie ihm Modell stand, hält sich ein Gaze-Tüchlein unter die Nase, schnuppert daran und seufzt dabei so tief, als habe er unter seiner Lunge einen Brunnen ausgeschachtet. Und tatsächlich tröpfelt es ihm aus den Augen. Ich suche gleich mal auf dem Markt nach Werg und Flachs.

MANES Und du meinst, dass dann das Tröpfeln aufhört?
PSYLLA Auch einem Maler hilft manchmal die Dichtung.

Während sie sich in Richtung Markt entfernt, schlägt Manes pfeifend eine andere Richtung ein. Da ertönt die Trillerpfeife von Daimonax.

DAIMONAX Halt! Aufhören!
MANES Darf man sich nicht mal mehr eins pfeifen?
DAIMONAX Falsche Tonart!
MANES Ich pfeife in gar keiner Tonart.
DAIMONAX Und ob. Pfeifs noch mal.
MANES *tut es.*
DAIMONAX Das ist ionisch. Zwei Drachmen Bußgeld. Erlaubt ist nur noch dorisch. *Er pfeift es ihm vor.* Bis die Staatstrauer um General Klytus vorbei ist. Und das kann dauern.
MANES So? *Pfeift.*
DAIMONAX Das ist lydisch. Eine Drachme!
MANES Dann so! *Pfeift.*
DAIMONAX Das ist mixolydisch. Drei Drachmen. Hör doch. *Pfeift.*
MANES Aha. *Pfeift.*
DAIMONAX Das ist hypomixolydisch. Dorisch geht so. *Pfeift ihm vor.*
MANES *putzt sich die Ohren* Habe ich richtig gehört? *Pfeift.*
DAIMONAX Du vergisst das pythagoreische Komma.
MANES *hält sich die Ohren zu. Schreit* Hör auf! Hör auf! Mach mich nicht wahn-sin-nig! *Pfeift frenetisch.*
DAIMONAX Perfekt!
MANES War das dorisch?
DAIMONAX Nein. Das war klytisch. Das passt auch.

21

Nächtliche Dunkelheit. Timoklea liegt tot unter einem Haufen von Steinen, aus denen nur ein Unterarm hervorschaut. Kampaspe nähert sich mit einer Fackel, die sie zwischen die Steine steckt, um Timokleas Grab zu untersuchen. Sie bedeckt den Unterarm und die Hand mit Steinen. Dann zieht sie die Überreste von Timokleas Kythara unter den Steinen hervor, die zerrissenen Saiten zusammensuchend und ironisch Pindar zitierend.

KAMPASPE »Goldene Leier, beiden gleichen Rechtes zu eigen, Apoll und den Musen, den veilchengelockten, dich hört, das Fest zu beginnen, der Tänzer Schritt.« – Hörst du, Timoklea? Hörst du? –»Wenn nur erst die Saiten dir rauschen und du anhebst zum Spiel...« *Sie zertrümmert die Kythara vollends mit rhythmischen Schlägen und legt Timokleas Gesicht frei.* Timoklea! Timoklea! Hörst du mich? Ich bin es, Kampaspe, die dich nicht begleitet hat in deinen Krieg. Er war zu ungleich. Eine Frau gegen tausend Männer. Dein Leichentuch sind blutbespritzte Steine. Und als Weihguss bringe ich dir statt Wein und Öl diese salzigen Tropfen. Hättest du ein Grab, dann hätte ich dir eine Locke gebracht. Aber so, unbestattet, hast du die ganze Erde als Gruft, und für die ganze Erde ist eine Locke nicht genug. *Sie schneidet sich alle Haare ab, schichtet sie auf einen Haufen und zündet sie an. Sie brennen lichterloh.* Da! Jetzt siehst du: Ich habe keine Angst vor dem Feuer. Komm her, Freund Fackel. Komm! *Sie hält ihren kahlen Schädel in die Flammen. Eine Stichflamme schießt in die Höhe, um jäh zu verlöschen.*

22

ALEXANDER Bevor wir von den geheimen Zeichen der Götter sprechen, verratet mir zuerst das augenscheinlichste und immer übersehene Geheimnis, Aristandros! Wie kommt es überhaupt, dass unsere Augen sehen? Wie gelangt das Bild von Aristandros' Gesicht in Alexanders Kopf?

ARISTANDROS Durch verborgene Ströme pneumatischer Korpuskeln, Eure Hoheit. Sie gehen von meinem Körper aus, und Euer Auge saugt sie auf geheime Weise an. Dann lenkt es sie auf einen plastischen Spiegel tief im Innern Eures Gehirns, in den diese Korpuskeln sich genau so eindrücken, wie sie mein Körper ausgesandt hat; so wie ein Siegelring sich in Wachs eindrückt.

ALEXANDER Was geschieht, wenn in dem Strom dieser Korpuskeln Aphrodite ihr Bad nimmt? Oder gar Eros, ihr frivoler Sohn, darin herumtollt?

ARISTANDROS Eros scheint diese winzigen Körper so zu erregen, dass sie magnetisch auf dem inneren Spiegel haften und sich auch dann nicht lösen, wenn das begehrte Gegenüber den Augen längst entschwunden ist. Vermutlich entwickeln sie ähnliche Saugfüße wie der Efeu am Buchenstamm.

ALEXANDER Das heißt: um wieder klar zu sehen, reißt man den Efeu aus?

ARISTANDROS Das wäre eine martialische Lösung für ein erotisches Problem.

ALEXANDER Ansonsten verbrennt man die lästige Kletterpflanze. Oder aber – die allererstaunlichste Lösung – sie verbrennt sich selbst.

ARISTANDROS Diese Form der Liebesernüchterung kam mir noch nie zu Ohren.

ALEXANDER Hätten meine Augen den Vorgang nicht erblickt, ich würde ihn nicht glauben. Ich ließ Apelles die Kampaspe malen, ein junges Weib aus Theben, Pindars Urenkelin. Gestern, ich lag beim Mahl, hatte noch kaum den ersten Tropfen Wein genippt, da meldeten mir Diener plötzlich Brandgeruch. Ohne die Nähe von Kerzen oder Fackeln begann der Holzgrund des Gemäldes, gerade erst herbeigeschafft, noch kaum getrocknet, von selbst zu glimmen. Jäh schlugen Flammen aus dem gemalten Kopf, verzehrten dessen Haar und schwärzten den ganzen oberen Teil des Bildes, die Landschaft mit den Trümmern Thebens. Die Diener löschten, aber zu spät. Apelles muss nochmals ans Werk.

ARISTANDROS Erlaubt mir den Rat: Lasst ihn Kampaspe malen, aber seht sie nicht.

ALEXANDER Woher rührt Eure Besorgnis?

ARISTANDROS Von jenem prophetischen Traum, den Zeus uns auf Eure Frage gesandt hat.

ALEXANDER Ich erinnere mich an ihn. An jene Frau hinter der Flammenwand des Naptha-Stroms, an der sich der Adler die Schwingen verbrannte.

ARISTANDROS Außerdem trug sich gestern ein denkwürdiges Ereignis zu.

ALEXANDER Welches Ereignis war das?

ARISTANDROS Zwei Falken haben einen Reiher auf dem Tempeldach getötet. Blut floss von den Ziegeln bis hinunter auf die Mauern und die Säulen.

ALEXANDER Wie ist Eure Deutung?

ARISTANDROS Alexanders Gegenwart ist höchste Ehre für Athen, doch in Athen solltet Ihr nicht bleiben. Es kann Euch so wenig Heimat sein wie irgendein Segment des Himmels den Kometen. Im Gegenteil, Ihr seid bedroht, wenn Ihr Euch nicht aufschwingt in die Euch vorbestimmte Bahn: den ganzen Erdkreis.

ALEXANDER Als Mensch? Als Gott?

ARISTANDROS Als Feldherr und als König. Wenn man dem nach seinen Siegen göttliche Verehrung zollt, dann hat das Schicksal es verfügt. Die Schrift der Sterne tilgt kein Menschenspruch.

ALEXANDER Wir danken Euch, Aristandros, für unsere Teilhabe an Eurer Einsicht.
ARISTANDROS Mein König! *Nach einer Verneigung entfernt er sich.*
ALEXANDER Was sagst du, Hephaistion?
HEPHAISTION Ich sage: Mars steht an der Himmelsspitze und blickt Mond und Sonne freundlich an. Venus wird überstrahlt von Jupiter. So wird Alexander den Großkönig Dareios überstrahlen.
ALEXANDER Ich habe deine Ungeduld gespürt, Hephaistion. Jetzt kommt sie an ihr Ziel. Wir ziehen nach Persien.
HEPHAISTION Wen, mein König, beruft Ihr für das Heer an Klytus' Stelle?
ALEXANDER Dich! Du wirst mir Hephaistion und Klytus sein. Gemeinsam werden wir ein großes Reich zertrümmern, um ein noch viel größeres aufzubauen.

23

Diogenes liegt neben seinem Fass auf einem improvisierten Krankenlager.

PSYLLA *singt* Jetzt, wo der Ma-, wo der Ma-,
  wo der Makedone abmarschiert,
  wozu noch eine Hy-, eine Hy-,
  eine Hymne einstudiert?
DAIMONAX *singt* Der neue König geht zwar schon,
  doch hinterlässt er eine Gar – ni – son!
MANES Und dem General Klytus ein Mausoleum.
PSYLLA Meinem Meister den Auftrag für ein Kolossalgemälde.
MANES Meinem ein Jahr lang Bellverbot.
DAIMONAX Mit Ausnahme der Volkshymne.

PSYLLA Weil sie nicht unter den Bell-Canto fällt?
MANES Du sagst es.
DAIMONAX Ich hoffe, ihr habt unser Stückchen geübt?
MANES Nicht ohne Dirigenten.
PSYLLA Das heißt, du brauchst den Stock?
MANES Willst du Pinselin mich prügeln?

Kampaspe erscheint mit einem Kopftuch über ihrem kahlen Schädel.

KAMPASPE Wohnt hier Diogenes, der Hund?
MANES Er hält hier Hof.
KAMPASPE Bist du sein Hofhund?
MANES Nein, ich bin Manes, sein Herr Diener.
KAMPASPE Ist dein Herr zu sprechen?
MANES Wen darf ich melden, edle Dame?
KAMPASPE Theben.
MANES Ach? Just eben Theben? Wie die Stadt?
KAMPASPE Die bin ich.
MANES Statt Mensch? Und was ist Euer Begehr, Frau Theben?
KAMPASPE Obdach, für die Nacht.
MANES Obacht! Dies hier ist eine Heimstatt nur für Hunde. Versteht Ihr mich, Frau Stadt?
KAMPASPE Genau deswegen klopfe ich an.
MANES Habt Ihr sonst keine Bleibe in Athen?
KAMPASPE Theben passt nicht in seine Mauern.
MANES Mein Herr ist leider unpässlich.
KAMPASPE Was ist ihm geschehen?
MANES Weil er sich nicht anpasst, wollte man ihn mundtot machen.
KAMPASPE Kann er noch sprechen?
MANES Er macht sich durch Handzeichen verständlich.
KAMPASPE Fragt ihn bitte, ob meine Gesellschaft ihm genehm ist.
MANES Er möchte wissen, was Ihr von ihm wollt.
KAMPASPE Ich suche eine Lehrstelle als Hund.

MANES Mein Meister fragt: Warum?
KAMPASPE Damit ich nie so grausam werde wie ein Mensch.
MANES Er bietet Euch die Hütte nebenan. Bis vor kurzem hat hier Laïs zur Untermiete gewohnt.
KAMPASPE Die berühmte Hetäre?
MANES Nein, eine attische Dogge, die jetzt zum Kampfhund ausgebildet wird. Ihr könnt einziehen, wenn Euch das undichte Dach nicht stört.
KAMPASPE Ich kann es richten.
MANES Bitte sehr. Hier habt Ihr Werkzeug. *Er reicht ihr Hammer und Nägel.*
DAIMONAX *zu Manes und Psylla, während Kampaspe sich ans Werk macht.* Stellt Euch vor, ihr steht arglos an einer Zwiebelbude auf der Agora, und plötzlich biegt um die Ecke ein makedonischer Offizier. Ich, Daimonax. Und so biege ich um die Ecke. Also!
PSYLLA / MANES *salutieren, stehen stramm und singen im Chor. Kampaspe hämmert erst im Rhythmus ihres Gesangs und hält dann in Verwirrung inne.*
Heil dir Eroberer,
großer Aléxandér!
Dir zum Lobe, Herr,
sing ich mein Lied.
Heil dir unsterblicher Krieger,
heil dir künf – tíger,
künf – tiger
Herrscher der Welt.
Ziehe nach Persien, zieh in den Krieg,
zweiter Ach-, zweiter Ach-, zweiter Ach- hilles,
glorreicher Held,
dein Schicksal will es,
dein ist der Sieg.
KAMPASPE Mein Schicksal habt ihr mir aus dem Kopf gesungen, samt meinem Namen. Ich kann mich nicht mehr erinnern, wer ich bin.

MANES Uns habt ihr gesagt, Ihr heißt Theben. Frau Theben, wie die einstige Stadt.
KAMPASPE Die einstige? Gibt es sie nicht mehr?
MANES Nein. Sie wurde vor kurzem zerstört.
KAMPASPE Und ich? Liege ich etwa auch in Trümmern? *Sie betastet erst ihren Körper, dann ihren Kopf, entdeckt das Kopftuch und zieht es herunter.* Wo sind meine Haare?
MANES Verbrannt, habt Ihr gesagt.
KAMPASPE Wie schrecklich! Wie konnte das passieren? Wer von Euch schenkt einer armen jungen Frau eine Perücke? Und, wenn Ihr einen übrig habt, vielleicht auch einen Namen.
MANES Muss es der einer Stadt sein?
KAMPASPE Ein Flussname würde es auch tun.
MANES Wie findet Ihr Orontes?
KAMPASPE Nicht schön.
MANES Oder Ganges?
KAMPASPE Auch nicht.
MANES Wie wäre es mit Naphtha?
KAMPASPE Wo fließt dieser Fluss?
MANES Irgendwo im tiefsten Asien.
KAMPASPE Diesen Namen probiere ich aus.
MANES Und wie?
KAMPASPE Ihr müsst mich so rufen.
MANES *ruft* Naphtha! Naptha!

Beim Klang des Namens hebt Kampaspe die Arme.

DAIMONAX *und* PSYLLA *stimmen mit ein* Naphta! Naphtha! Naphtha!

Kampaspe dreht sich im Rhythmus der Rufe um die eigene Achse, erst langsam, dann immer schneller. Irgendwann stürzt sie zu Boden.

NACHWORT
Hans-Thies Lehmann

1

Der Titel der vorliegenden Sammlung ist Programm. Der als Übersetzer zumal der Dramen Racines, aber auch antiker Tragödien bereits zu verdientem Ruhm gekommene Simon Werle nennt sie: »MYTHEN.MUTANTEN«. Das markiert eine Einsicht: Wie bei allem kulturellen Erbe, so findet auch das Nachleben der antiken mythologischen Imagination nicht in musealer Verwahrung statt, sondern allein in mutiger Mutation, in aktueller Umschrift, in jeweils neu gefundener Metamorphose der überlieferten Figuren, Erzählungen, Motive. Als Arbeit am Mythos. Der erfahrene Übersetzer Werle weiß: Bei literarischen Texten kann *Übertragung*, also das Herübertragen aus dem einen in den anderen Sprachbezirk, aus dem Vergangenen in die Gegenwart nicht bedeuten, sklavisch einem hochfragwürdigen Ideal vermeintlich treuer Sinn-Übertragung nachzujagen. Vielmehr soll die eigene Sprache, die eigene Zeit, verfremdet, neu erfahrbar werden durch den Einspruch, das Hineinsprechen der Rede aus der Fremde und Ferne. Für den Umgang mit den überlieferten mythischen Bildern gilt dasselbe. Der Autor Werle greift sie mit liebendem Interesse auf, nimmt aber nur seinen Ausgang bei ihnen, verschiebt, versetzt sie, erfindet neue, die alten umspielend. Auf diese Weise wird Gegenwart, schräg beleuchtet durch das Mythische, neu sichtbar, lässt umgekehrt der Mythos, im Licht zeitgenössischer Poetik umgefärbt, eine bisweilen grelle Aktualität erkennen.

2

Man hat *acht dramatische Dichtungen* »im antiken Kontext« vor sich. Dieser Kontext ist ein weitläufiges Gelände. Es beherbergt zum einen mythische Stoffe, die nicht auf eine Theatertradition zurückblicken, sondern die man vor allem aus dem Repertoire der Bildenden Künste kennt – so der von Apollon gehäutete Satyr Marsyas oder der von der strafenden Göttin Artemis in einen Hirsch verwandelte und von den eigenen Hunden zerrissene Aktaion. Zum anderen begegnet man auch Gestalten wie Medea, Antigone und Hippolytos, die vom Theater durch Jahrtausende immer wieder neu gedeutet wurden. Durchaus aktuell wirkt die Darstellung der Schrecken antiker imperialer Machtpolitik in MELOS. DIE INVASION. Das Stück knüpft an bei Thukydides, bei dessen berühmtem Melier-Dialog, der in kommentarloser Sachlichkeit wiedergibt, mit welchen Argumenten das übermächtige Athen die Insel Melos zur Bundesgenossenschaft erpressen will. Das nimmt bei Werle eine mythische Unausweichlichkeit an, die sich mit einer impliziten, aber deutlichen Kritik heutiger Imperialismen paart. Hinzu kommen ein Stück aus der ägyptischen (NAUKRATIS) und eines aus der alexandrinischen Welt (APELLES UND KAMPASPE).

Zeitgenössisch sind diese Stücke aus der nur scheinbar fernen mythologischen Landschaft der Antike schon durch einige auffallend gesetzte thematische Akzente: die Zwanghaftigkeit politischer Macht und Gewalt; abgründige Reflexionen auf die der künstlerischen Mimesis innewohnende Grausamkeit; Grundfragen der nicht nur antiken Philosophie nach der logischen Fasslichkeit des Seins. Während die szenischen Abläufe eine nachvollziehbare dramaturgische Logik der Impulse und Reaktionen aufweisen (auch wenn es hier und da zunächst rätselhaft scheinende Motive gibt), besteht die eigentümliche Qualität der Stücke vor allem in ihrer sprachlichen Kraft. In diesen Stücken wird eine Dimension des Mythos für das Theater gewonnen, an der heute viel gelegen ist: *Abstand zur Anthropozentrik*. Werle bietet den Lesern – und hoffentlich bald einmal den Zuschauern – seiner Dramen eine poetische Aktualisierung der mythischen Imagination, die immer wieder den Bereich des unmittelbar Psychologischen, ja des Humanen mit Mitteln der Dichtung transzendiert.

3

Am mythischen Denken und Vorstellen beeindrucken bekanntlich immer wieder die Züge von Animismus und ein Potential zu Metamorphosen, an denen die scheinhafte Beherrschung der Wirklichkeit durch kategoriale Unterscheidungen zuschanden wird: Interaktionen, Mischungen, Verwechslungen von Menschen mit Tieren und Göttern. Diese mythische Welt ist lesbar als eine Fülle von Traumbildern, in denen sich vor- und unbewusste Affektströme niederschlagen, mit Gilles Deleuze zu reden: ein »Tier-Werden« oder eine rhizomatisch zu denkende Verkettung heterogener Realitätsebenen, in denen die Grenzen aufgehoben sind zwischen Stoffen und Lebewesen, Menschen und Tieren, Pflanzen und Energien. Ein in diesem Sinne »mythisches« Bewusstsein für die trans-subjektiven Dimensionen der Erfahrung scheint allenthalben in der Bildlichkeit und Metaphorik der hier vorliegenden Texte durch – und korrespondiert mit überraschender Deutlichkeit einem Gegenwarts-Bewusstsein, das immer mehr begreifen muss, dass die Geschichte der Menschen nicht getrennt werden kann von Naturgeschichte, von dem, was Pflanze und Tier, was Insekten und Gewässern, Stoffen und Erdreich widerfährt.

Weit entfernt ist dieser Impetus von gewohnten Mythos-Adaptationen, die sich nur auf die menschlichen Akteure konzentrieren, die transpersonalen Mächte und Kräfte aber als vermeintlich veraltet auslassen. Die sprachliche und szenische Anlage dieser »kleinen« Stücke, die manchmal geradezu nach einem »intimen« Theater zu rufen scheinen, macht es zwar möglich, dass die schwer greifbaren und identifizierbaren mythischen Kräfte und Energien im Rahmen von szenisch gedachter Figurenrede erscheinen, die genügend Spuren alltäglicher Psychologie aufweist, um glaubhafte Bühnengestalten zu bilden. Zugleich aber meldet sich – ähnlich wie in der Tradition phantastischer Literatur – eine nicht-ganz-menschliche Welt zu Wort, Halbwesen zwischen leibhaftiger Gestalt, Zitat, Legende und Traumbild. Es handelt sich um eine aus der Sprache geborene, *sprachgezeugte Welt von Zwitterwesen*, schwer greifbaren und doch glaubhaften Hybriden, die sich dem logischen Begriff und Zugriff nicht voll erschließen, umso leichter freilich der denkenden Phantasie.

Zunächst wimmelt es nur so von *Tieren*. Auftritte im Text haben nicht nur die zahlreichen im Zusammenhang mit antikischen Szenerien sozusagen erwartbaren Tierarten: Widder und Ziegen, Schafsböcke und Esel, Eulen, Delphine oder Hunde. Sondern auch und immer wieder: Schlangen, Echsen, Eidechsen, Spinnen, Ratten, Mäuse, Maulwürfe, Vögel aller Art usw. Es gibt sogar eine Schicksals-Zecke als dramatis persona. Baumsorten wie Eibe, Esche, Erle, sonderbare Pflanzen mit ihren exotischen Namen (Myrrhe, Lorbeer…) bringen fortwährend diese Aura einer geheimen Sphäre unsichtbarer, doch wirksamer Kräfte in die Vorstellungskraft. Die Tier- und Pflanzenwesen, Kentauren und Halbmenschen, die märchenhaften Verwandlungen – das Fleisch des Menschenkörpers wird zum Stein der Statue und umgekehrt – rätselhafte Verbrennungen und Körper, die geheimnisvoll aufleuchten, Gliedmaßen aus Gold, glück- und verderbenbringende, erlösende, entsühnende Kleider, mythische Bilder aus Vorzeiten – Opferfeuer, deren Flammen prasseln, aufplatzende Lebern von Opfertieren, triefendes Fett und zischende

Glut... – all das wird, konkret erzählt, als sinnlich gegenwärtig fühlbar, wirkt seltsam »normal«, nicht als Ausgeburt regellosen Schweifens im Imaginären, sondern als plausibel behauptete Wirklichkeiten, als in sich kohärenter Wirkraum jenseits der rationalistischen Doxa. Keine Spur darin von antik gebildetem Antiquariat, wie man zunächst argwöhnen mag. Vielmehr erfrischen und befruchten sich hier gegenseitig die Aura der Namen und eine zeitgenössische Sprache, die rätselhaften Naturmotive des Mythos und ein heutiges ökologisches Bewusstsein.

4

Als Mutanten sind mythische und legendenhafte Figuren verbreitet vor allem in der populären *Fantasy-Kultur*. Die hat sich mit besonderer Lust der mythischen und märchenhaften Bildwelten der Antike und des Mittelalters angenommen, mischt, zumal im Film, bedenkenlos Mensch, Maschine, Pflanzen und Tierformen zu grotesken Hybriden und Aliens, schafft Metamorphosen von Maschine zu Mensch, Pflanze zu Tier, Tier zu Mensch und Maschine, die, real unmöglich, in digital erzeugten Bildwelten wie selbstverständlich geschehen. Während auf dieser populärkulturellen Ebene alles Interesse dem momentanen Überraschungs- und Unterhaltungswert gilt, hat man lange darauf warten müssen, dass das Theater sich der *Sprach*phantasien bemächtigt, die in den mythischen Bildern stecken. Es ist ja die auszeichnende (und problematische) Möglichkeit der Sprache, dass sie es vermag, mit ihren Zeichen Realitäten zu behaupten, Wirklichkeit zu setzen, Zusammenhänge zu stiften ganz unabhängig von deren »realer« Möglichkeit oder auch nur logischen Denkbarkeit. Die Sprache bleibt insofern immer das schnellste und radikalste »Medium«. Darum stellt sich trotz der schier übermächtigen Präsenz der Bilderzählung in der Medienkultur die Frage, ob nicht jenseits der puren verantwortungslosen Bilderindustrie (die nur auf instantanen Konsum abzielt) die uralte Chance des mythischen Vorstellens in sprachlichen, in poetischen Versionen besser überdauert als in illustrativer Visualisierung. So wie die szenischen und narrativen Versionen, die von den antiken Erzählungen über Ovid bis in die Gegenwart reichen.

5

Der Mythos kennt im Wesentlichen nur den Schrecken, für das Glück des Menschen verfügt er, wie Hans Blumenberg bemerkt hat, über keine Bilder. In den mythischen Erzählungen geht es immer wieder um Zerreißung, Zerstückelung, Vergewaltigung, Mord und Totschlag, Betrug und Verrat. Werles Stücke machen diese Schrecken einerseits fasslich, indem sie menschlich werden, übernatürliche Dämonie wandelt sich ins Märchenhafte und Phantastische. Andererseits werden sie aber als Schrecken in furchterregenden Details mit sprachlichen Mitteln ausbuchstabiert. Die körperlichen Einzelheiten der Selbstblendung des Ödipus oder der fürchterlichen Folter, denen ein Sklave unterworfen wird, damit der Künstler seine Qualen malen kann, sind Beispiele dafür. Ein anderer Zug des Mythos ist die Erbarmungslosigkeit der Götter, die religionsgeschichtlich wohl zunächst »erfunden« wurden, um durch Gestaltgebung eine Verarbeitung von entsetzenden Erfahrungen mit unbeherrschbaren, dem Menschen feindlichen Gewalten zu leisten. Werle greift das auf. Götter, die den Bittenden und Betenden ohne eine Antwort lassen, dieux cachés, verborgen bleibende Götter, deren Schweigen schon das Unheil anzeigt, wenn sie dem Menschen die erbetenen Zeichen verweigern, aus denen er ihren Willen ablesen könnte. Auch dies wird bei Werle ein Echo aus der Frühzeit für Themen einer heutigen Gegenwart. Die unerhört bleibenden Bitten um ein gütiges Schicksal sind bittere Realität der

Gegenwart eines längst Tatsache gewordenen Weltbürgerkriegs, mit dauernd wechselnden unübersichtlichen Fronten, Verhältnissen, von denen nur eines gewiss ist: dass sie die Mehrzahl der Menschenkörper des Planeten objektiv in eine Katastrophe mythischen Ausmaßes stürzen: in Tod, Verwundung, Elend, Hunger, Flucht.

6

Werles Vertrauen auf die Wirkkraft der Sprache lässt ihn auf die antike Theatertradition der Verwandlung des physischen Schreckens in die Sprache zurückgreifen (Botenbericht). Aber auch auf die Technik der Renaissancedramatik, zumal Shakespeares, durch Lachnummern von Clowns, Komik und zumal durch abundierende Wortspielwitze (concetti) ein Gegengewicht zum Ernst der Dramen zu schaffen. Die ausgiebige Nutzung dieses Kunstmittels lässt das eine der Stücke, das in mehrfacher Hinsicht ein wenig aus dem Rahmen dieser Sammlung fällt wie ein – freilich unterhaltsames – elisabethanisches Pastiche wirken. APELLES UND KAMPASPE. DAS VEXIERBILD ist ein Schauspiel in drei Akten frei nach Motiven der frühen elisabethanischen Komödie »Campaspe« (1584) von John Lyly um die schöne thebanische Kriegsgefangene Kampaspe, in die sich sowohl Alexander der Große wie der berühmte Maler Apelles verlieben, der ihr Abbild herstellen soll (und von dem die Legende berichtet, Vögel hätten nach den von ihm gemalten Trauben gepickt). Dieses Werk beschließt Werles dramatischen Reigen und weist kaum zufällig auch thematisch zurück auf das Eröffnungsstück HIPPOLYTOS. DER MENSCHENBAUM. In beiden geht es um eine Kunstreflexion: um die Frage nach der dem mimetischen Abbilden des Schönen wie des Schreckens selbst innwohnenden Gewalt, um das Thema der Kunst zwischen Wahrheitsanspruch und Indienstnahme durch die Mächtigen. HIPPOLYTOS greift auf das zentrale Schreckbild des grausam zerstückten Leibs zurück. (Berühmt ist zumal die Erzählung des alten Théramène in Racines »Phèdre«, wie das eigene, von einem aus dem Meer aufgetauchten Ungeheuer in Panik versetzte Pferdegespann Hippolytos in seinem zerbrechenden Wagen über die Klippen zu Tode schleift, seinen Leib zerreißend und blutig zerstückelnd.) Werle erfindet eine indirekte, eine schräge Perspektive auf den Stoff: das Thema des gequälten Körpers und der unaufhebbaren Schuld auch der Kunst spielt sich allein in Szenen zwischen Hippolytos und einem Maler ab, der in seines Vaters, des Königs Theseus' Auftrag ein Gemälde unsäglicher Folterqualen anfertigen musste.

7

Das am direktesten politische Stück der Sammlung ist MELOS. DIE INVASION, eine höchst gegenwärtige, bitterböse Abrechnung mit der Gewalttätigkeit der »enkratischen« Sprache (Roland Barthes), der Sprache im Umkreis der Macht, die Gewalt, Betrug und Erpressung in ausgefeilt argumentative Rhetorik kleidet, dabei aber von Verrat und Selbstverrat der Schwächeren profitiert. – In MARSYAS. DER WETTSTREIT trifft der schon zum Tode verurteilte Sokrates auf dem Athener Friedhof auf die zu Sprache und Leben erwachende Statue des Satyrn und Titanenkinds Marsyas als auf sein verdrängtes Spiegelbild. Marsyas' Monolog greift den uralten Wettstreit auf zwischen dem Humanum, das eine Philosophie in Anspruch nimmt, die alle Welterfahrung auf denkendes Unterscheiden und Erkennen beschränken will, und dem natur- und allverbundenen »dionysischen« Gesang der Satyrn, die Kinder der Titanen sind. – Die Szenenfolge AKTAION. DIE VERWANDLUNG führt, wiederum besonders stark skandiert durch shakespearisch anmutende Clowns- und Totengräberszenen, vor, wie sich das mythisch verhängte oder erträumte Schicksal unerbittlich erfüllt – allen hilflosen Versuchen zum Trotz, es zu verhindern. Die moderne Erfahrung von Vergeblichkeit findet einen adäquaten Resonanzraum im Mythologischen. Die Göttin Artemis wird im Verlauf immer undurchsichtiger und unbestimmbarer, ist nicht mehr einfach die Göttin der Jagd aus dem Mythos, deren schönen Leib Aktaion nie hätte erblicken dürfen, sondern scheint zugleich ein hässlich spinnenhaftes Wesen zu sein, am Ende fast identisch mit der Zecke Schicksal namens Echidna. Einmal wird sie umsonst angefleht: »Bärengöttin, Schlächterin, Mörderin Artemis! *Stille.*« Dann folgt der Versuch der Korrektur, lautspielerisch mit den gleichen Vokalen: »Sphärengöttin. Lächelnde Förderin, Artemis!« Wieder folgt Stille. Beide Ansprachen, Schimpf wie Verehrung bleiben ohne Echo. – THEBEN. DIE BOTSCHAFT führt tradierte Elemente der Tragödien um Ödipus und Antigone zusammen, schreibt aber zentrale Motive radikal um. Eine angepasste Ismene ist hier die Stärkere der beiden Schwestern und wird Herrscherin, Kreon ist der aus panischer Angst vor Ansteckung im Dunkel des Unterirdischen hausende »Aufklärer« und Säuberer Thebens von allem »Schmutz«. MEDEA. DAS SONNENFLEISCH verbindet durch ein sprachliches Netz von Verweisen und Bildanalogien das mythische Thema des göttlichen Vaters der Medea, des Sonnengottes Helios, mit dem Verbrennungstod der Rivalin Glauke. Werle betont, wie schon Hanns Henny Jahnn es tat, die rivalisierende Beziehung zwischen dem älteren und dem jüngeren Sohn Medeas. Der Reichtum des objektiv gegebenen intertextuellen Dialogs mit der dramatischen Tradition des Stoffs zeigt sich auch an (nicht bewusst intendierten) Echos aus Senecas und Heiner Müllers Medea-Bearbeitungen sowie in einer ausnahmsweise expliziten Thematisierung des eigenen Schreibens, wenn Werle Jason zu Medea sagen lässt, sie sei für die Griechen schon eine »mythische Figur«. – NAUKRATIS. DIE DOPPELSTADT wählt die antike Stadt am Nil mit einer griechischen Enklave »im 6. Jahrhundert v.u.Z.« zum Schauplatz eines verkappten Familiendramas, das eingebettet wird in die antagonistische Rivalität zwischen der altägyptischen und der olympischen Religion.

8

Die Musikalität dieser Texte, ihr subtiler Rhythmus, die Lebendigkeit, mit der die Rede jeweils auf die Geburt der kommenden Replik hinzielt, sind die Zeichen einer Feinfühligkeit, die sich auf einer seltenen Höhe sicheren Stilgefühls bewegt. Sie unterstützen eine der wenigen Gesten, die heute im Theater eine kritische Kraft behaupten (oder besser: wiedergewinnen) müssen, nämlich seine Zuschauer mit dem Anspruch auf Geduld, auf Hinhören, auf Denken und Mitvollziehen von Reflexionsprozessen zu konfrontieren, noch basaler: mit dem Anspruch, einem poetischen Sprech- und Sprachvorgang auf der Bühne mit Aufmerksamkeit zu folgen. Simon Werles dramatisch-poetische Aktualisierungen des Mythos erheben diesen Anspruch. Er versteht seine Intention auf ein heutiges Theater mit mythologischen Themen als bewusste Anknüpfung an einen vielfach verloren gegangenen Gesprächszusammenhang, in den er seine Texte einschreibt. Ist es doch das Theater, dem die Möglichkeit gegeben ist, weder auf die Abstraktion des Literarischen noch auf die Überwältigungsästhetik der Bilderkultur bauen zu müssen, sondern als szenische Praxis im Hier und Jetzt die uralten und zugleich gegenwärtigen Bilderwelten des mythischen Imaginationsraums als Performance lebendiger Stimmen und wirklicher Körper zur Geltung zu bringen, die sich der begrifflichen, kategorialen Fixierung entziehen und gerade dadurch ihre dringende Gegenwärtigkeit beweisen. Obwohl radikales Sprachtheater, bieten Werles Texte ein großes szenisches und spielerisches Potential. Es erfordert Mut, sich ihrem Anspruch zu stellen. Das notwendige Quantum Courage dazu wäre den Theatern, Dramaturgien und Regisseuren zu wünschen. Die Poesie dieser Stücke wäre wohl am besten von Schauspielern zu erproben, die sich eher als Erkundende, als Seismographen der Spannung zwischen den Sprachebenen, denn als Selbstdarsteller verstehen. In der Realität einer Aufführung dürfte sich dann einmal mehr erweisen, was sich als Erkenntnis schon dem Leser aufdrängt: wie sehr der Mythos vielleicht gerade heute als eine große Darstellungschance anzusehen ist, sofern er es erlaubt, die in sich verstrickte, unentwirrbar vieldeutige Weltwirklichkeit szenisch und poetisch zu artikulieren, an der der nur theoretische Diskurs immer wieder scheitern wird.

QUELLENANGABEN

HIPPOLYTOS. DER MENSCHENBAUM geht in der Figur des Titelhelden zurück auf die mythischen Erzählungen um den Sohn des Theseus, der in der Antike durch Euripides und im französischen Klassizismus durch Racine seine bleibende Prägung zur Tragödiengestalt erfuhr. Die Person des Parrhasios hat mit dem historisch bezeugten griechischen Maler des fünften Jahrhunderts v. u. Z. nichts gemein außer den Bezug zu einer ihm fälschlich zugeschriebenen Anekdote, die Seneca der Ältere in den »Controversiae« (X 5) berichtet. Demnach habe Parrhasios, als Alexander der Große nach der Eroberung von Olynth die Bevölkerung der Stadt der Sklaverei preisgab, einen alten Mann als Sklaven gekauft und zu Tode foltern lassen, um ihn als Modell für Prometheus zu benutzen. Das Lied des Hippolytos fußt auf einem Gedicht von Alkman in eigener Übersetzung und Bearbeitung.

MELOS. DIE INVASION enthält in dem zentralen Rededuell zwischen Euphrades und Teisias zahlreiche Anleihen aus dem sogenannten Melierdialog im fünften Buch von Thukydides' »Geschichte des Peloponnesischen Krieges«. Die Gestalten der Argo und des Glaukon und ihr Konflikt sind ohne Bezug zu historischen oder mythologischen Figuren und Motiven frei erfunden. Eine Erstfassung des Stücks wurde 2003 unter dem Titel »Die Invasion« am Theater Bielefeld uraufgeführt (R: Kirsten Uttendorf) und im selben Jahr in »Theater der Zeit« abgedruckt.

MARSYAS. DER WETTSTREIT rückt die mythologische Figur des Satyrs in genealogische Zusammenhänge, die er in der antiken Tradition nicht besitzt, um die Gestalt als Gegenpol zu Sokrates zu nobilitieren. Dessen historische Realität ist in Einzelheiten (den Umständen seines Todes und dem Beruf des Vaters) dramaturgischen Erfordernissen folgend verändert. Desgleichen setzt die Perspektive des Marsyas auf die vermeintliche Botschaft seines stummen Gegenübers sokratische und platonische Denkfiguren – in philosophiehistorischer Hinsicht unzulässigerweise – in eins. Das Lied an die Zikade ist eine eigene Bearbeitung von Anakreons gleichnamigem Gedicht. Das dem Text vorangestellte Motto aus Platos »Symposion« entstammt der Übersetzung Schleiermachers.

AKTAION. DIE VERWANDLUNG nimmt Bezug auf Ovids Behandlung des Stoffes in den »Metamorphosen« (III, 131-252). Bis auf den Titelhelden und die Verwandlungsszene selbst sind die Personen und die Handlung des Stückes frei erfunden. Lediglich die Gestalt des Chiron greift einzelne Elemente der mythologischen Überlieferung auf.

MEDEA. DAS SONNENFLEISCH entstand parallel zu einer Neuübertragung der Medea-Tragödie des Euripides. Die von Euripides nicht verwendeten Elemente des Medea-Mythos sind der Darstellung von Robert Ranke-Graves in »Griechische Mythologie« entnommen.

THEBEN. DIE BOTSCHAFT ist die Frucht übersetzerischer und pädagogischer Auseinandersetzung (im Rahmen einer Gastprofessur am Institut für angewandte Theaterwissenschaft der Universität Gießen) mit den beiden berühmtesten Tragödien des Sophokles: »Ödipus Tyrannos« und »Antigone«. Das Chorlied der beiden Wächter ist ein Pastiche verschiedener Motive aus Pindars Epinikien.

NAUKRATIS. DIE DOPPELSTADT bietet die Weiterentwicklung eines eigenen dramatischen Stoffes, der als Libretto für Benjamin Langs Kammeroper »Jahrtausend« im Jahr 2000 am Stadttheater Gießen uraufgeführt wurde. Die antiken Quellen des Stücks beschränken sich auf summarische Informationen zum historischen Naukratis bei Herodot und auf archäologische Befunde. Der zitierte altägyptische Stelentext ist entnommen aus Collier/Manley, »How to read egyptian hieroglyphs«.

APELLES UND KAMPASPE. DAS VEXIERBILD ist eine freie Bearbeitung und Fortschreibung von John Lylys »A most excellent Comedie of Alexander, Campaspe and Diogenes« aus dem Jahr 1580, unter Zuhilfenahme von Plutarchs »Das Leben Alexanders des Großen«. Das Stück verdankt der Vorlage Thema, Figurenkonstellation und etliche, insbesondere komische Einzelszenen, nicht aber Charaktere und Plot.

Den größten Dank schuldet der Autor allerdings Dr. Karlheinz Braun für die geduldige Bereitstellung eines Ariadnefadens durch die Irrgänge des mutagenen Labyrinths.

SIMON WERLE

geboren 1957 in Freisen, lebt in München. Studium der Romanistik und Philosophie in München und Paris.

Prosa: Grundriss der Entfernung (Kirchheim 1986), Proxima Centauri (Kirchheim 1988), Die Eroberung der Luft (Kunstmann 1991), Abendregen (Kunstmann 1999), Der Schnee der Jahre (Nagel und Kimche 2003).

Weitere Theaterstücke: Der Weichselzopf (1994, UA 2000), Hillside Avenue (1996), Parabel Parzival (2003, UA 2005), Das Blut des Falken (2001, UA 2006), Buch der Könige (2009) Paltrascheks Tochter (2013).

Übersetzungen: Aus dem Altgriechischen (Euripides, Sophokles); Französischen (Corneille, Racine, Molière, Voltaire, Marivaux, de Musset, Jarry, Genet, Beckett, Koltès u.a.); Englischen (Shakespeare, Jonson, Otway), Italienischen (Tasso).

Die Buchausgaben der übersetzten Theaterstücke von Sophokles, Corneille, Racine, Molière und Koltès sind im Verlag der Autoren erschienen.

Auszeichnungen: Preis der Frankfurter Autorenstiftung 1985; Paul-Celan-Preis des Deutschen Literaturfonds 1988; Johann-Heinrich-Voss-Preis der Deutschen Akademie für Sprache und Dichtung 1992: Tukan-Preis der Stadt München 2003.

HANS-THIES LEHMANN

geboren 1944, lebt in Berlin. Arbeitete von 1981 bis 1987 an der Universität Gießen am Aufbau der Angewandten Theaterwissenschaften mit und lehrte danach bis zu seiner Emeritierung 2010 Theaterwissenschaften an der Goethe-Universität in Frankfurt am Main.

Er veröffentlichte zahlreiche Bücher zum Gegenwartstheater, vor allem zu Bertolt Brecht und Heiner Müller. 1999 erschien sein inzwischen in über 20 Sprachen übersetztes Buch »Postdramatisches Theater«. Ein weiteres wichtiges Arbeitsfeld ist für ihn das Theater der Antike: 1991 erschien »Theater und Mythos«, »Tragödie und Dramatisches Theater« 2013.

Klassisches im Verlag der Autoren

Ad de Bont, Eine Odyssee / Haram / Desaparaciodos
Deutsch von Barbara Buri. Mit seiner Odyssee dramatisiert Ad de Bont Homers Epos und spannt damit den Bogen von der antiken zu einer heutigen Familiensaga. 212 S. € 16

Anton Čechov, Über Theater
Hg. von Peter Urban u. Jutta Hercher in der Übersetzung von Peter Urban. Unverzichtbar für jeden Theatermacher und Zuschauer: alles, was Čechov je über Theater geschrieben hat. 344 S. € 24

Daniil Charms, Theater!
Deutsch von Peter Urban. Alles, was auf dem Theater darstellbar ist vom russischen Großmeister der kleinen Form, der absurden Komik und der schwarzen Pointe. 248 S. € 14

Pierre Corneille, Der Cid / Spiel der Illusionen
Deutsch von Simon Werle. Die beiden berühmtesten Stücke des französischen Dichters – »Die ›grande tragédie‹ ist seit Simon Werles neuer Versübertragung auch bei uns spiel- und lesbar geworden.« *Georg Hensel* 168 S. € 14

Wolfgang Deichsel, Der hessische Molière
Werke, Bd. 2. Hier wird der französische Komödiendichter zu einem deutschen Volksstück-Autor. 240 S. € 14

István Eörsi, Hiob proben und andere Stücke
Deutsch von Katharina Hill und Hans Skiretzki. In den Stücken dieses Bandes spielt der große ungarische Schriftsteller und »bekennende Menschenfreund« *FAZ* mit den alten Mythen über das Thema Verantwortung und Schuld. 204 S. € 14

Rainer Werner Fassbinder, Theaterstücke
Enthält Fassbinders Versionen von Sophokles' Ajax, Lope de Vegas' Das brennende Dorf und Goethes Iphigenie. 676 S. € 24

Dario Fo, Mistero buffo / Obszöne Fabeln
Deutsch von Peter O. Chotjewitz. Die Fabeln und Legenden nach mittelalterlichen und antiken Volkserzählungen sind das zentrale Werk des Nobelpreisträgers. 160. S. € 18

Henrik Ibsen, Dramen in einem Band
Neu übersetzt und hg. von Heiner Gimmler. Best of Ibsen: die 13 bekanntesten Dramen. 1.296 S. € 44

Eugène Labiche & Botho Strauß, Das Sparschwein
Inzwischen ist die französische Farce eine deutsche Komödie – in der Fassung von Botho Strauß. 116 S. € 12

Tom Lanoye, Atropa. Die Rache des Friedens
Deutsch von Rainer Kersten. Der trojanische Krieg: der hohe Tragödienton von Euripides trifft auf den Jargon heutiger Politiker. 92 S. € 10

Tom Lanoye, Mamma Medea / Mefisto forever
Deutsch von Rainer Kersten. Die Medea des Euripides ist die Quelle für Lanoyes Schauspiel, Klaus Manns Roman die für Mefisto forever. 206 S. € 16

Tom Lanoye & Luk Perceval, Schlachten!
Deutsch von Rainer Kersten und Klaus Reichert. Die spektakuläre Adaption von Shakespeares Rosenkriegen für einen vielstündigen Theatermarathon. 344 S. € 14

Dea Loher, Manhattan Medea / Blaubart
Loher erzählt zwei alte Mythen als zeitgenössische Dramen des ausgehenden 20. Jahrhunderts. 136 S. € 14

Molière, Der Menschenfeind / Der Tartuffe
Deutsch von Simon Werle. »Simon Werle hat witzig gereimt ohne zu knitteln, der Text ist leicht, wie selbstverständlich zu sprechen, er ist modern bei völligem Verzicht auf modischen Wortschnickschnack.« *FAZ* 192 S. € 20

Heiner Müller, Gesammelte Irrtümer
Texte und Gespräche. Die legendären Interviews: ein selbständiger Teil seines Werks. Band 1: 206 S. € 14, Band 3: 240 S. € 16

Jean Racine, Berenike / Britannicus
Deutsch von Simon Werle. 138 S. € 13

Jean Racine, Phädra / Andromache
Deutsch von Simon Werle. 152 S. €
Simon Werle hat mit seiner Versübersetzung die Tragödien Racines auf den deutschen Bühnen heimisch gemacht.

Kevin Rittberger, Puppen / Fast Tracking / Kassandra
»Kassandra hat bei Kevin Rittberger viele Gesichter.« *Theater heute* 180 S. € 16

Ivana Sajko, Archetyp: Medea / Bombenfrau / Europa
Deutsch von Alida Bremer. Die Trilogie der kroatischen Autorin geht auf antike Motive zurück, ist aber im Zusammenhang mit der jüngsten osteuropäischen Geschichte zu lesen. 108 S. € 12

Hjalmar Söderberg, Gertrud / Abendstern
Deutsch von Walter Boehlich. Der berühmte schwedische Romancier hat auch ein großes Theaterstück geschrieben, das Drama einer Liebeskatastrophe. 156 S. € 14

Sophokles, Ajax / Antigone
Deutsch von Simon Werle. In der neuen Übertragung von Simon Werle ist der bisher fast unbekannte Ajax eine Entdeckung für das deutsche Theater. 136 S. € 12

Urs Widmer, Die schwarze Spinne / Sommernachtswut
Jeremias Gotthelfs Novelle ist in der Theaterfassung von Urs Widmer ein Stück choreografisches Volkstheater mit Musik. 136 S. € 12